Gemeindegründung praktisch – in Deutschland und darüber hinaus

Wie Gemeinden gepflanzt werden und wachsen können

Mit Impulsen fürs Gespräch
in Teams und Kleingruppen

Eide Schwing

Korntaler Reihe
Band 7

VTR

Bibliographische Information der Deutschen Nationalbibliothek
Die Deutsche Nationalbibliothek verzeichnet diese Publikation in der
Deutschen Nationalbibliografie; detaillierte bibliografische Daten sind
im Internet über http://dnb.d-nb.de abrufbar.

Korntaler Reihe
herausgegeben von der
Akademie für Weltmission Korntal gGmbH
Hindenburgstr. 36
70825 Korntal-Münchingen
Germany

ISBN 978-3-941750-29-6
Verlag für Theologie und Religionswissenschaft (VTR),
Gogolstr. 33, 90475 Nürnberg, Germany, http://www.vtr-online.de

© 2010, Eide Schwing

Umschlaggestaltung: VTR
Umschlagsfoto: Timm Markgraf
Satz: VTR
Printed in the United Kingdom by Lightning Source UK Ltd.

Inhalt

VORWORT 7
ZUM PRAKTISCHEN GEBRAUCH DIESES BUCHES 9
DANK 9

1 FÜR WEN DIESES BUCH GESCHRIEBEN WURDE 11
   1.1 Hierzu soll es dienen 11
   1.2 Gelernt durch Theorie und Praxis 12

2 WAS ZEICHNET DIE STRATEGIE DER ZUKÜNFTIGEN GEMEINDE AUS? 15
   2.1 Eine Gemeinde, die ihre biblische Berufung erkennt 16
   2.2 Eine Gemeinde, die strategisch arbeitet 17

3 WIE SOLL DIE ZUKÜNFTIGE GEMEINDE AUSSEHEN? 23
   3.1 Die Gruppe im Haus als Hausgemeinde oder als Zelle einer Gemeinde? 23
   3.2 Die anspruchsvolle, jedoch komplexe Gemeinde oder die *Simple Church*? 25
   3.3 Entscheidungshilfen bei der Suche nach der geeigneten Form 30

4 ANALYSE UND AUSWAHL DES STANDORTS FÜR DIE NEUE GEMEINDE ... 33
   4.1 Gott führt Gemeindegründer: Die Strategie des Paulus 34
   4.2 Praktische Umsetzung 37
   4.3 Elburn – Wie eine Organisation wieder neu an Gemeindegründung denkt 39
   4.4 Hannover (Wettbergen) – Wie eine Organisation mutig neue Schritte geht 43
   4.5 Allgemeingültiges 46

5 DIE AUSLÖSER ZUM START NEUER GEMEINDEN 49
   5.1 Eine Gemeinde als Initiator und Förderer 49
   5.2 Ein Gemeindeverbund als Initiator und Förderer 51
   5.3 Einzelpersonen und Gruppen als Initiatoren und Förderer 51
   5.4 Die in Elburn und Hannover angewandte Strategie 53

6 DAS TEAM: DAMIT DIE GEMEINDE SCHNELLER WÄCHST UND VIELSEITIGER WIRD 56
   6.1 Die Dynamik eines Teams beflügelt, fordert aber auch heraus 56
   6.2 Die Zusammensetzung eines „idealen" Teams 60

7 DER GEMEINDEGRÜNDER: JEMAND MUSS WISSEN, WO ES LANG GEHT 65
7.1 Wünschenswerte Qualitäten eines Gemeindegründers 66
7.2 Auf der Suche nach dem geeigneten Leiter – weitere Merkmale als Eignungstest 70

8 WEGE ZU DEN HERZEN DER MENSCHEN – KONTAKTAUFNAHME UND EVANGELISATION 74
8.1 Von Jesus und seinen Schülern lernen 74
8.2 Kontakte – und wie man sie knüpft 79
8.3 Kontakte pflegen, damit Beziehungen wachsen 100
8.4 Eine Analyse der Kontaktaufnahmen 111

9 DER GEZIELTE AUFBAU EINER KERNGRUPPE 117
9.1 Die Notwendigkeit einer Kerngruppe 117
9.2 Ziele für den Aufbau einer Kerngruppe 118
9.3 Merkmale guter Teammitglieder 118
9.4 Aufbau einer Kerngruppe – Wie macht man das? 121
9.5 VGS-Leitertreffen: Damit das Wachstum weitergeht 136

10 DER GOTTESDIENST – EIN SCHLÜSSELFAKTOR FÜRS WACHSTUM 140
10.1 Der Beginn öffentlicher Gottesdienste – was zu einem erfolgreichen Start gehört 140
10.2 Der Zeitpunkt des ersten Gottesdienstes muss überlegt sein 141
10.3 Gottesdienste, die Menschen ansprechen – eine besondere Chance für neue Gemeinden 146
10.4 Die Zielsetzung der Gemeinde prägt die Gottesdienste 148
10.5 Das Interesse der Besucher gewinnen 149
10.6 Gemeinde zum Mitmachen – auch im Gottesdienst 153
10.7 Gäste zum nächsten Gottesdienst einladen 154
10.8 Atmosphäre und Botschaft 157
10.9 Schlussfolgerung 158

11 DAS GEMEINDEGEBÄUDE UND SEIN EINFLUSS AUF DAS GEMEINDEWACHSTUM 160
11.1 Die Geschichte der frühen Gemeinde und ihrer Treffpunkte 160
11.2 Versammlungsräume, die auch zukünftiges Wachstum ermöglichen 163
11.3 Die Räume verraten viel über die Gemeinde 164
11.4 Die Übergangsräume in Elburn 165
11.5 Die Übergangsräume in Hannover 166
11.6 Mehrere Gottesdienste oder ein größeres Gebäude? 167

Inhalt

11.7 Gebäude müssen die Dienste und Mission der Gemeinde unterstützen 171

12 EINE GEMEINDE, DIE WEITERGIBT 178
12.1 Eine Vision für Evangelisation und Auslandsmission 178
12.2 Gott sendet eine Gemeinde zur Evangelisation 181
12.3 Unterstützung der Mission in anderen Kulturen 183
12.4 Mitwirkung an der Ausbildung christlicher Berufsgruppen 186

13 GEMEINDEN GRÜNDEN, DIE IHRERSEITS GEMEINDEGRÜNDUNG UNTERSTÜTZEN 188
13.1 Was bewegt uns, neue Gemeinden zu gründen? 188
13.2 Was können wir tun, damit mehr neue Gemeinden aufwachsen? ... 193

14 DER ABSCHIED DES GEMEINDEGRÜNDERS 196
14.1 Zwei Modelle 196
14.2 Gründe zum Bleiben oder Gehen 201
14.3 Vorbereitung der Gemeinde 204
14.4 Gute Beziehungen zum Verband 206
14.5 Arbeitsbeschreibung des neuen Pastors 207
14.6 Beziehungen nach dem Abschied 208

15 VOM UMGANG MIT GEGENWIND 210
15.1 In guter Gesellschaft 211
15.2 Nicht mit gleichen Mitteln verteidigen 211
15.3 Positiv bleiben 212
15.4 Zusammenhalten 212
15.5 Nicht vom Kurs abbringen lassen 213

ANHANG 214

16 EINE BESONDERE SITUATION: GEMEINDEGRÜNDUNG DURCH GEMEINSCHAFTSVERBÄNDE IN DEUTSCHLAND 214
16.1 Eine neue Gemeinde muss Vollversorgung anbieten 214
16.2 Die Zeiten haben sich geändert 214

17 FRAGEN ZUR DISKUSSION UND ZUR VERTIEFUNG 216
Zu Kapitel 1: Für wen dieses Buch geschrieben wurde 216
Zu Kapitel 2: Was zeichnet die Strategie der zukünftigen Gemeinde aus? 217
Zu Kapitel 3: Wie soll die zukünftige Gemeinde aussehen? 218
Zu Kapitel 4: Analyse und Auswahl des Standorts für die neue Gemeinde 218
Zu Kapitel 5: Die Auslöser zum Start neuer Gemeinden 220

Zu Kapitel 6: Das Team 220
Zu Kapitel 7: Der Gemeindegründer 221
Zu Kapitel 8: Kontaktaufnahme und Evangelisation 221
Zu Kapitel 9: Der gezielte Aufbau einer Kerngruppe 223
Zu Kapitel 10: Der Gottesdienst 225
Zu Kapitel 11: Das Gemeindegebäude und sein Einfluss auf das Gemeindewachstum 226
Zu Kapitel 12: Eine Gemeinde, die weitergibt 227
Zu Kapitel 13: Gemeinden gründen, die ihrerseits Gemeindegründungen unterstützen 228
Zu Kapitel 14: Der Abschied des Gemeindegründers 230
Zu Kapitel 15: Vom Umgang mit Gegenwind 231
Praktische Übung: Gemeindegründung auf dem Papier 232

BIBLIOGRAFIE UND ANDERE HILFEN 233
Deutschsprachige Literaturangaben 233
Englischsprachige Literaturangaben 234
Literatur, die sich besonders mit Leiterschaft befasst 234
Adressen und Internetseiten 235
Weitere Organisationen, die Gemeinden gründen oder fördern 235

IDEENVERZEICHNIS (AUSZÜGE) 236

STICHWORTVERZEICHNIS 237

BIBELSTELLENVERZEICHNIS 241

Vorwort

Bücher über Gemeindegründung für den deutsch-sprachigen Raum sind große Mangelware. Bücher im deutsch-sprachigen Raum, von einem Praktiker geschrieben, sind eine echte Seltenheit! Eide Schwing ist ein Mann der Praxis, der auf zwei Kontinenten Gemeinden gegründet hat und somit weiß, welche Themen und Handlungsweisen für Gemeindegründer von heute an der Tagesordnung sind. Auf den Seiten dieses Buches finden Sie verlässliche und erprobte Inhalte, die Sie als Gemeindegründer vor Fehlern bewahren und in die Segensspuren Gottes führen können. Lesen Sie dieses Buch betend und mit anderen gemeinsam beratend. Denn in Ihrem Bemühen, mehr Menschen mit Jesus Christus durch die Gründung einer Gemeinde in Verbindung bringen zu wollen, ist diese Lektüre ein kostbares Geschenk und eine notwendige Hilfestellung.

Dr. Dietrich Schindler
Leiter der Inland-Mission
im Bund freier evangelischer Gemeinden

Zum praktischen Gebrauch dieses Buches

Die Bibelzitate sind, soweit es nicht anders vermerkt ist, folgender Übersetzung entnommen: *Gute Nachricht* (Stuttgart: Deutsche Bibelgesellschaft, 2000).

Wenn das Wort *Leiter* gebraucht wird, kann durchaus auch auf eine Leiterin Bezug genommen werden. Beide Formen (maskulin und feminin) sind hier und bei ähnlichen Begriffen gleichzeitig gemeint. Für die leichtere Lesbarkeit entschied ich mich jedoch für die eine Form.

Wo in den Beispielen nur der Vor- oder Nachname genannt ist, handelt es sich meistens nicht um die wirklichen Namen.

Die Diagramme wurden mit Hilfe von Microsoft Office 2007 erstellt.

Dank

Es ist mir ein herzliches Anliegen, einigen zu danken, die an der Entstehung dieses Buches beteiligt waren. Das sind zunächst die Mitarbeiter der Evangelical Fellowship Church in Elburn, Illinois und die Mitarbeiter der Christus-Gemeinde Hannover. Ohne Mitarbeiter gelingt Gemeindegründung nicht – dann hätte ich nur von Misserfolgen schreiben können. Dank gebührt auch Eva Deckert für die Übersetzung meiner englischen Arbeit, die ich verarbeitet und weitergeführt habe. Von den Studierenden an der Akademie für Weltmission in Korntal möchte ich Anna Maren Schwarz und Ana Maria Cabodevila sowie Eduard Schelenberg und Jens Tellbach erwähnen. Sie haben sich anlässlich ihres Studiums gründlich mit dem Manuskript befasst und wertvolle Empfehlungen gegeben. Sehr wichtige Korrekturen brachten Astrid und Gerd Berlin ein, die nicht zuletzt zu einem besseren Verständnis des Textes beitrugen. Iris Rannefeld danke ich für die Prüfung des Textes und ihre ermutigenden Anmerkungen.

Dann wäre da noch Helga, meine Frau, zu nennen, die nicht müde wurde, sich immer wieder mit meinen Aufzeichnungen zu befassen. Helga war bei beiden Gemeindegründungen sehr stark beteiligt und ohne sie wäre das nicht geworden, über das ich hier schreibe. Dankbar sind wir Gott natürlich für unsere Kinder, Silvia und Christopher, die ebenfalls zum Team gehören – von Kindheit an haben sie miterlebt, was Gemeindegründung heißt und waren selbst aktiv dabei – besonders in ihren jeweiligen Altersgruppen.

Im Text selbst werden noch andere genannt, denen ich zu Dank verpflichtet bin. Die beiden Diakonissen Elsa Bühler und Ruth Rhenius möchte ich nennen, weil sie in all den Jahren für uns gebetet haben und weil Sister Ruth in Elburn selbst sehr stark beteiligt war. Auch Diakonisse Ingeborg Spiller, die in Hannover für die Gemeinschaft Alemannstraße (mit Bahnstrift) verantwortlich war, hat uns mit ihren Gebeten unterstützt und durch ihr Mitfreuen an dem, was Gott unter uns tat, ermutigt. Die genannte Gemeinschaft hat uns auch in den Anfangsjahren finanziell tatkräftig unterstützt. Darüber hinaus waren zwei ihrer Mitglieder, Richard und Klara Kursawe, von Beginn an Förderer unserer neuen Gemeinde.

1 Für wen dieses Buch geschrieben wurde

„Ich schreibe euch immer wieder dasselbe; aber mir ist das keine Last und euch macht es noch sicherer" (Phil 3,1).

1.1 Hierzu soll es dienen

„Ich könnte mir eine Beteiligung an einer Gemeindegründung auch gut vorstellen", schrieb Astrid, nachdem sie die ersten Kapitel dieser Lektüre Korrektur gelesen hatte. Genau das ist eine Absicht dieses Buches: Es soll Christen – egal ob sie nun hauptberuflich Gemeindearbeit leisten oder sich nebenberuflich in der Gemeinde engagieren – inspirieren und motivieren, über den Start neuer Gemeinden nachzudenken und zu prüfen, wie sie daran beteiligt sein könnten. Für manche kann solch ein Buch auch ernüchternd sein, wenn sie merken, dass Gemeindegründung doch nicht ihre Aufgabe ist. Andere dagegen können es kaum abwarten, dass Jesus Christus ihnen zeigt, ob und wie sie in eine Gründungsarbeit einsteigen sollen. Dieses Buch soll einen kleinen Beitrag zur Wegfindung leisten.

Ein weiteres Ziel dieses Buches wird durch eine dankbare und herausfordernde Äußerung eines Kursteilnehmers an der Akademie für Weltmission in Korntal bekräftigt. Wir hatten gerade eine kurze Pause im Kurs „Praxis der Gemeindegründung", als Jörg Seitz mich ansprach: „Eide, du solltest ein Buch darüber schreiben." Er war dabei, sich auf eine konkrete Gemeindegründung vorzubereiten, für die er hauptberuflich zuständig war.

Außerdem erhielt ich durch Begegnungen mit Christen, die sich gerade mit Gemeindegründung befassten, den Eindruck, dass eine weitere Lektüre in deutscher Sprache notwendig wäre, um den Prozess der Gründung Schritt für Schritt zu beschreiben und gleichzeitig die große Perspektive im Auge zu behalten. Aber dies alles nicht als Rezept, dem man genau folgen muss, sondern als Denkanstoß, um neue Anregungen zu erhalten und an Sachverhalte erinnert zu werden, die leicht übersehen werden.

Ein Gemeindegründer, der überlegt, welcher Schritt als Nächster dran ist, soll in diesem Buch brauchbare Anregungen finden. Andere, die auf der Stelle treten oder gar Rückgang zu verzeichnen haben, werden hier und da im Text Gründe für das Ausbleiben des Wachstums entdecken. Es ist mein Wunsch, dass sie dann nicht aufgeben, sondern vielmehr inspiriert werden, die nötigen Kurskorrekturen einzuleiten, um neu motiviert vorwärtsgehen zu können. Wichtig ist dabei die Frage: „Herr, was ist für uns der nächste Schritt?"

Eine weitere Gruppe soll von diesem Text profitieren können: Es gibt Christen, die sich in wachsenden Hauskreisen engagieren, denen aber der Gemeindeanschluss fehlt. Der Kreis wächst und manchmal fragen sich die Leiter: „Wie soll es weitergehen? Sollten wir eine Gemeinde gründen?" Ein solcher Hauskreis könnte das Buch abschnittsweise durcharbeiten, um sich über Möglichkeiten und Anforderungen einer Gemeindegründung zu informieren.

Es könnten auch Prediger, Pastoren und Gemeindeleiter, die in etablierten Gemeinden arbeiten, an diesem Buch interessiert sein, weil die Fokussierung auf wesentliche Aspekte des Gemeindeaufbaus, wie sie in der Gründungsphase nötig ist, auch für bestehende Gemeinden neue Impulse bringt. Gelegentlich ist es heilsam, sich gedanklich zurückzulehnen und zu fragen: „Was ist in dieser Gemeindearbeit eigentlich wichtig? Was bringt uns voran?" Die folgenden Ausführungen sollen also denen Hilfen anbieten, die sich auf eine Gründung vorbereiten.

1.2 Gelernt durch Theorie und Praxis

Die folgenden Einblicke in die Entstehung dieses Buches werden dem Leser zum besseren Verständnis dienen. Als Gerüst diente meine Abschlussarbeit am Luther Rice Seminary (jetzt: Luther Rice University) in Lithonia/Atlanta in den USA, wo ich besonders durch Dr. William P. Beck unterstützt wurde. In der Arbeit beschrieb ich Prinzipien und Methoden der Gemeindegründung, wie sie meine Frau und ich mit unseren Mitarbeitern in der Gründung der Evangelical Fellowship Church in Elburn, Illinois, umzusetzen versuchten. Schon damals (1994) widmete ich ein Kapitel der Frage, wie dies in Deutschland angewandt werden könnte.

In den neun Jahren, in denen wir in den USA wohnten, lernten wir sehr unterschiedliche Gemeinden kennen und haben viele Anregungen erhalten, die uns für den Gemeindebau nützlich wurden. Profitiert haben wir des Weiteren von einem mehrtägigen Seminar und von Literatur, in denen C. Peter Wagner, Robert E. Logan und Carl F. George die Bausteine für Gemeindegründungen aufzeigten. In den folgenden Jahren habe ich immer tiefer zu verstehen versucht, wie wir beten, planen und arbeiten müssen, damit Menschen zu mündigen Christen werden und Gemeinden gesund wachsen.

Nachdem meine Frau und ich mit unseren beiden Kindern nun wieder fünfzehn Jahre in Deutschland leben und durch Gottes Güte die Christus-Gemeinde Hannover gründen konnten, war es an der Zeit, Erkenntnisse und Erfahrungen in schriftlicher Form weiterzugeben. Wir möchten sie denen zugänglich machen, die sich auf eine Gemeindegründung vorbereiten oder bereits mittendrin stehen.

1 – Für wen dieses Buch geschrieben wurde

Dankbar bin ich der Akademie für Weltmission in Korntal, die mich seit 2004 eingeladen hat, den Kurs „Die Praxis der Gemeindegründung" zu unterrichten. In diesem Kurs, der zuvor von Dr. Craig Ott durchgeführt wurde, besprechen wir ebenfalls die Schritte, die zur Gründung neuer Gemeinden nötig sind und bedenken die biblisch-theologischen Beweggründe für den Start neuer Gemeinden. Auch weil immer wieder Studierende teilnehmen, die bereits selbst bei der Gründung von Gemeinden im In- und Ausland beteiligt waren, kommt es im Unterricht zu hilfreichen Gesprächen und zu Aha-Erlebnissen sowie zu Erkenntnissen, die sich mancher schon vor dem Beginn einer Gemeindegründung gewünscht hätte. Weil Lehren auch mit Lernen zu tun hat, bin ich dankbar für das Feedback der Studierenden im Kurs.

„Das Leben ist zu kurz, um alle Fehler selbst zu machen", sagt man. Die Wiederentdeckung der Gemeindegründung (es wurden ja schon immer Gemeinden gegründet) machte viel Experimentieren erforderlich. Das soll auch so bleiben. Es ist jedoch unnötig, die Fehler zu wiederholen, die andere schon oft genug gemacht haben. Positiv ausgedrückt: Wir können Gott für die vielen Lehren und Erfahrungen danken, die auf dem Gebiet der Gemeindegründung weitergegeben werden.[1] Bücher und Arbeitsmappen sind eine große Hilfe, Seminare ebenfalls. Wo Gemeindegründer mit Vorgehensweisen erfolgreich waren, sollte man sich das näher ansehen – nicht um es einfach zu kopieren, sondern um zu fragen: Was läuft da? Weshalb funktioniert es dort? Wäre das etwas für uns?

Zwanzig Jahre hat es gedauert, bis das Buch druckreif war. Dabei geht es also nicht um Ideen, „die man mal irgendwann umsetzen müsste", sondern um solche, die wir größtenteils in Aktion erlebt haben. Während ein Gemeindegründer von seiner Vorgehensweise überzeugt sein sollte, wird er sich auch immer wieder mal fragen, ob er die richtigen Schwerpunkte setzt. So musste ich mich vor Jahren mit der Frage auseinandersetzen, ob wir besucherorientierte oder besucherfreundliche Gottesdienste gestalten wollen. Weitere wertvolle Impulse und Herausforderungen brachten die Berichte von Hausgemeinden, der „Emerging Church", der „Simple Church" und der missionalen Gemeinde.

Nun bin ich überzeugt, dass Leser von den folgenden Ausführungen manches lernen können. Ich weiß aber ebenso, dass noch viel mehr zu bedenken ist und dass viele Gemeindegründer anders denken als ich. Lassen Sie uns alles mit Weisheit und in Liebe prüfen, denn auch für dieses Buch gilt der Hinweis: „Zu Risiken und Nebenwirkungen fragen Sie Jesus und die Bibel."

---

[1] Erfreulich offen wird in folgendem Magazin über Schiffbrüche in Gemeindegründungen berichtet, aber auch über konkrete Hilfen, wie man Konflikten begegnen sollte: Wilfried Plock, *Gemeindegründung: Beiträge zu Gemeindegründung & Gemeindeaufbau.* (Konferenz für Gemeindegründung, Hrsg.) 04/2004.

Wohl dem Gemeindegründer, der auch jemanden fragen kann, der ebenfalls Gemeinde pflanzt, wenn er selbst vor einem Problem steht und mal ins Unreine über seine Situation reden möchte. Auf den Punkt gebracht: Geistliche und fachmännische Begleitung von Gemeindegründern ist förderlich und heilsam. Sie erspart Niederlagen und Kosten.

Noch ein Wort zu dem Begriff Gemeindegründung. Ein anderer vielsagender Ausdruck für diesen Vorgang ist *Gemeindepflanzung* – die gängige Vokabel in der englischsprachigen Welt. Der Ausdruck hat etwas Lebendiges, etwas Natürliches. Weil aber in Deutschland der Ausdruck *Gemeindegründung* zurzeit gebräuchlicher ist, benutze ich ihn. Beide Begriffe lassen sich durch die Bibel legitimieren. Sie spricht vom Pflanzen und Bewässern: „Ich [Paulus] habe gepflanzt, Apollos hat begossen; aber Gott hat es wachsen lassen" (1Kor 3,6). Das ist übrigens ein Wort, das Gemeindegründer nie vergessen dürfen: Gott lässt es wachsen. Doch redet die Bibel auch vom Bauen, wenn sie von Gemeinde spricht: „Lasst euch selbst als lebendige Steine zu einem geistigen Haus erbauen" (1Petr 2,5a).

2 Was zeichnet die Strategie der zukünftigen Gemeinde aus?

„Ihr wisst auch, dass ich nichts verschwiegen habe. Ich habe euch alles gepredigt und gelehrt, was euerm Heil dient – öffentlich, aber auch in euern Häusern" (Apg 20,20; Hfa).[1]

Da saßen wir nun und waren gespannt, was uns Professor Dr. George W. Peters nach der Vorstellungsrunde an Wichtigem für unsere Gemeindearbeit sagen würde, denn wir wollten unsere Gemeinschaften wachsen sehen. Wir, das waren Prediger unter der Leitung von Erwin Schellong aus einem Gemeinschaftswerk in Berlin. Dann kam die Überraschung. Statt uns ein Referat zu halten, konfrontierte uns Peters mit einer Frage: „Was verstehen Sie unter Gemeinde?" Ich bin damals bereits einige Jahre in der Gemeindearbeit tätig gewesen, doch diese Frage hatte ich mir so konkret nie gestellt. Natürlich hatte ich meine Vorstellungen, aber auf den Punkt gebracht hatte ich sie nicht. An dem Abend wurde mir klar, dass sich Gemeinden schon in ihrer Zielsetzung gewaltig unterscheiden. Weil die Antworten auf diese Fragen so richtungsweisend sind, spreche ich sie hier an, noch bevor andere entscheidende Themen (Kontaktaufnahme, Evangelisation usw.) bedacht werden. Dass die Klärung dieser Frage auch für eine entstehende Gemeinde möglichst früh geschehen sollte, bestätigte mir ein mehrfacher Gemeindegründer, als er Folgendes schrieb:

> Die Situation ist sehr verfahren und mühsam. Und weißt du auch warum? Weil wir nie darüber geredet hatten, welche Gemeinde wir eines Tages werden wollen. Einst einte uns das Ziel, Reich Gottes in unserer Stadt zu bauen. Die ersten Jahre ging es um unsere Existenz, das heißt, wird es etwas mit der Gemeindegründung oder nicht. Werden wir als Gemeinde bestehen oder nicht? Unsere Zusammenarbeit war geprägt von einer Einheit des Verstandes, aber nicht des Herzens. Jetzt befinden wir uns in einer neuen Phase der Gemeindegründung und haben mächtige Probleme, einen Weg zu finden. Die Situation ist so diffus, dass ich Seiten bräuchte, um die Unterschiede deutlich zu machen. Hätten wir bloß unsere Hausaufgaben zu Beginn der Gemeindegründung erledigt![2]

---

[1] *Hoffnung für alle: Die Bibel* (Basel: Brunnen, 1996). Im Folgenden zitiert als: Hfa.
[2] Mit freundlicher Genehmigung des mir bekannten Autors. E-Mail vom 21. November 2006.

2.1 Eine Gemeinde, die ihre biblische Berufung erkennt

Wie soll sie einmal aussehen, die neue Gemeinde? Was soll sie charakterisieren? Für wen soll sie da sein? Wenn ein Gemeindegründer oder ein Gründungsteam an diesen Fragen arbeitet, in der Bibel nach Vorgaben sucht und die örtlichen Gegebenheiten berücksichtigt, wird er seine Vorstellung von Gemeinde schriftlich festhalten müssen.

Wie kann man kurz das Wesen einer lokalen Gemeinde beschreiben?[3] Was wollen wir eigentlich gründen oder pflanzen? Hier ist ein Versuch Gemeinde zu definieren:

> Die Gemeinde ist ein Zusammenschluss von Menschen an einem Ort, die durch das Wirken des Heiligen Geistes zu Jesus Christus gekommen sind, Sündenvergebung und neues Leben empfangen haben. Geleitet durch Gottes Wort und bevollmächtigt durch den Heiligen Geist, erfüllen sie nun gemeinsam den Willen Gottes, und zwar im Hinblick auf Gott (Anbetung und Gemeinschaft), im Hinblick auf andere Christen (Gemeinschaft und Dienst) und im Hinblick auf die Welt (Dienst und Evangelisation). Damit diese Berufung Gottes von den Christen ausgeführt werden kann, gibt Gott der Gruppe verschiedene Gabenträger (z. B. Leiter). Die Gruppe gehört Gott, dem Vater, dem Sohn und dem Heiligen Geist.[4]

Auf der Suche nach einer kürzeren Formulierung für die Gemeinde – die genannte lässt sich schlecht merken – gab mir Reinhold Scharnowski, dem Gemeindegründung sehr am Herzen liegt, folgende Antwort:

> Wenn du mich nach meiner Minimal-Definition von Gemeinde fragst, dann würde ich sagen: „Gemeinde ist eine Gruppe von Nachfolgern Jesu Christi, die miteinander unterwegs sind und sich regelmäßig treffen, um Gott anzubeten, einander zu dienen und den Auftrag Christi in der Welt auszuführen … (leiturgia, koinonia und diakonia)."[5]

Diese und eine seiner früheren Formulierungen habe ich noch folgendermaßen zusammengefasst:

---

[3] Eine Beschreibung der *Simple Church* folgt im nächsten Kapitel.
[4] Vgl. auch George W. Peters, *Gemeindewachstum. Ein theologischer Grundriss* (Bad Liebenzell: Verlag der Liebenzeller Mission, 1982), 55 ff.
[5] Reinhold Scharnowski (persönliche Mitteilung, 24.03.2009).

Gemeinde ist eine Gruppe von mindestens zwei oder drei Nachfolgern Jesu Christi, die sich regelmäßig treffen und in drei Richtungen aktiv sind, um Gott anzubeten (nach oben), einander zu dienen (nach innen) und den Auftrag in der Welt auszuführen (nach außen) – eine Gruppe, die sich auch selbst als Gemeinde versteht.

In allen Formulierungen für die Gemeinde Jesu sind die drei Ausrichtungen zu finden, die ich mit der Haltung meiner Arme und Hände ausdrücken möchte: Die erhobenen Hände – wie sie in der Bibel zum Gebet erhoben wurden – symbolisieren die Ausrichtung der Gemeinde zu Gott. Die Geste der Umarmung symbolisiert die Ausrichtung der Gemeinde nach innen, zu den Schwestern und Brüdern. Die offenen Arme, die ausgestreckten Arme symbolisieren die Ausrichtung der Gemeinde zur Welt, wo es gilt, Menschen für Jesus zu gewinnen, der Menschen herzlich zu sich einlädt.

Für die Gemeindegründung in Hannover hatten wir schon früh folgende Aussagen zu unserer grundsätzlichen Berufung vor Augen:

Der Auftrag unserer Gemeinde ist, Gott zu ehren, indem wir

* **ihn anbeten**
* **Gemeinschaft erleben**
* **uns für den Dienst ausrüsten lassen und**
* **die gute Nachricht weitersagen, sodass Menschen durch Jesus Christus ewiges Leben bekommen.**

Wir wollen Menschen für Christus gewinnen, ausrüsten, senden und ermutigen.[6]

In weiteren Aussagen, die später noch zur Sprache kommen, haben wir festgelegt, mit welchen Mitteln wir diese Vorgaben verwirklichen wollen.

2.2 Eine Gemeinde, die strategisch arbeitet

Die Gemeinde nimmt immer deutlicher Gestalt an, indem die wachsende Zahl der Beteiligten in den folgenden Wirkungsfeldern in der Kraft des Heiligen Geistes tätig wird: Kleingruppen, Gottesdienste sowie Kurse.

---

[6] Ziel und Zweck der Christus-Gemeinde Hannover e.V., Vogesort 25e, 30457 Hannover.

2.2.1 Kleingruppen, geleitet von Christen, die sich um Menschen kümmern

Bibelgesprächskreise, Jugendgruppen, Dienstgruppen wie das Musikteam oder die Theatergruppe – sie alle helfen den Teilnehmern, Freundschaften zu bilden, das Wort Gottes kennenzulernen und es anzuwenden. Gruppen bieten Möglichkeiten zum Dienen, zum Leiten, zum Mitteilen der guten Nachricht von Jesus Christus an solche Menschen, die Jesus noch nicht nachfolgen. Je mehr Kreise eine evangelistische Zielsetzung haben, desto höher ist das Wachstumspotenzial. Hier wird Gottes Hilfe auch für die Nöte und Bedürfnisse der Menschen gesucht und Hoffnung vermittelt. In den Gruppen wird füreinander gebetet, aber auch für Menschen im Bekanntenkreis, die man erreichen möchte.

Was auch immer der Schwerpunkt einer Kleingruppe ist, der Wunsch, gemeinsam Menschen für Christus zu gewinnen, gehört in jede Gruppe. Diese evangelistische Ausrichtung muss immer wieder betont werden. Neil Cole, der bewegende Erfahrungen mit Minigruppen (2-3 Personen) gemacht hat, ist überzeugt, dass die aktive Beteiligung in der Evangelisation sich positiv auf die Charakterbildung eines Christen auswirkt. Er schreibt: „Die Vorstellung, den eigenen Charakter weiterzuentwickeln, aber den Missionsauftrag nicht zu erfüllen, ist – um es vorsichtig zu formulieren – ein merkwürdiges Konzept."[7] Auch um geistliches Wachstum zu erleben, wird ein Christ sich am Weitergeben des Evangeliums beteiligen.

2.2.2 Gottesdienste, in denen Gott geehrt wird und Gott ins Leben der Menschen hineinredet

In den Gottesdiensten soll Gott gemeinsam geehrt, sein Wort gehört und Gemeinschaft erlebt werden. Hier kommt die gesamte Gemeinde zusammen, alle Hauskreise und Gruppen, Menschen jeden Alters und Menschen auf den verschiedensten Wachstumsstufen des Glaubens, Mitarbeiter und Gäste. Die Gottesdienste sollten geprägt sein von der Gewissheit „Gott ist da" und von dem Ton der Hoffnung „Jesus hat Pläne für dein Leben; ihm wird es gelingen; er wird mit dir und deinen Problemen fertig."

2.2.3 Kurse, in denen Menschen fürs Leben lernen – wie man zum Glauben kommt und im Glauben lebt

Eine Fortbildung über den Umgang mit der Zeit, Glaubensgrundkurse oder das Seminar „Wie finde ich meinen Platz als Mitarbeiter in der Gemeinde?" fördern die persönliche Reife der Teilnehmer. Sie helfen Gemeindegliedern, eine

---

[7] Neil Cole, *Klein und stark: Minigruppen: Ein Weg zur ganzheitlichen Nachfolge* (Emmelsbüll: C&P, 3. Auflage 2005), 128.

2 – Was zeichnet die Strategie der zukünftigen Gemeinde aus?

Sicht für ihre gabenorientierte Mitarbeiterschaft zu gewinnen und die nötigen Fähigkeiten zu erwerben.

Zwei der Möglichkeiten, Themen zu finden, die Interesse wecken, damit Menschen an diesen hilfreichen Kursen teilnehmen, sollen hier genannt werden. Einmal kann die Studie über die Menschen im Zielgebiet oder in der ersten Zielgruppe wichtige Aufschlüsse über die Bedürfnisse der Menschen bieten. Zweitens kann das Leitungsteam sich nach den Bedürfnissen der Menschen in der entstehenden Gemeinde und deren erweiterten Freundeskreis erkundigen (z. B. durch anonyme Umfragen).

Dabei stehen diese drei Wirkungsfelder – Kleingruppen, Gottesdienst und Kurse – nicht getrennt nebeneinander, sie ergänzen sich. So können Menschen die Gemeinde entweder auf dem Weg über den Gottesdienst kennenlernen oder aber über eine der Kleingruppen oder durch die Teilnahme an einem der Kurse.

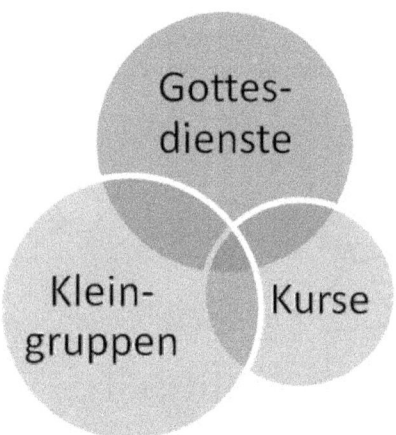

Abbildung 1:
Drei Bereiche innerhalb einer Gemeinde, die sich ergänzen. Dabei spielen Gottesdienste und Kleingruppen (Hauskreise oder Mitarbeiterteams) die größte Rolle.

Das Schlüsselwort heißt: EINLADEN. Eingeladen wird zu den Gottesdiensten, zu den Kleingruppen und Kursen. Besonders gut ist das Echo auf die Einladungen dort, wo bereits Brücken des Vertrauens zwischen dem Einladenden und dem Eingeladenen bestehen. Die Liebe wird Christen motivieren, die unterschiedlichsten Brücken zu anderen Menschen zu nutzen und selbst aufzubauen.

Besonders gut ist das Echo auf die Einladungen dort,
wo bereits Brücken des Vertrauens bestehen.

Gegenseitiges Vertrauen erleichtert das Einladen zur Gemeinde und zu Jesus. Außerdem bewirken solche Einladungen auch mehr, wenn die Eingeladenen da angesprochen werden, wo sie der Schuh drückt, wo sie merken, dass ihnen Hilfe angeboten wird – sei es, dass sie mehr von Gott wissen wollen, nach Gemeinschaft hungern, etwas aus ihrem Leben machen wollen oder Rat für die verschiedensten Lebensfragen suchen. Übrigens schließt dieses Einladen das Hingehen mit ein. Es ist die Offenheit gemeint, die ansprechbar ist und die selbst die Initiative zum Aussprechen der Einladung ergreift.

Die Gehstruktur („Geht hin in alle Welt!") macht die Kommstruktur („Komm und sieh!") nicht überflüssig. Beide sind nötig. Jesus lebte seinen Dienst in der Gehstruktur, er ging hin, er kam in diese Welt und suchte die Nähe zu den Menschen. Gleichzeitig lud er ein: „Kommt her zu mir!" (Mt 11,28) und ließ zu sich einladen „Kommt und seht!" (Joh 1,39). Auch in unserer Zeit werden Christen zu anderen Menschen hingehen, sie dort aufsuchen, wo sie wohnen und wirken und ihre Nöte anpacken. Sie laden zu Jesus Christus und zur Gemeinde ein. Je näher sie dabei die Gemeinde zu den Wohnorten und Milieus der angesprochenen Menschen bringen, um so wirkungsvoller wird ihre Mission sein.

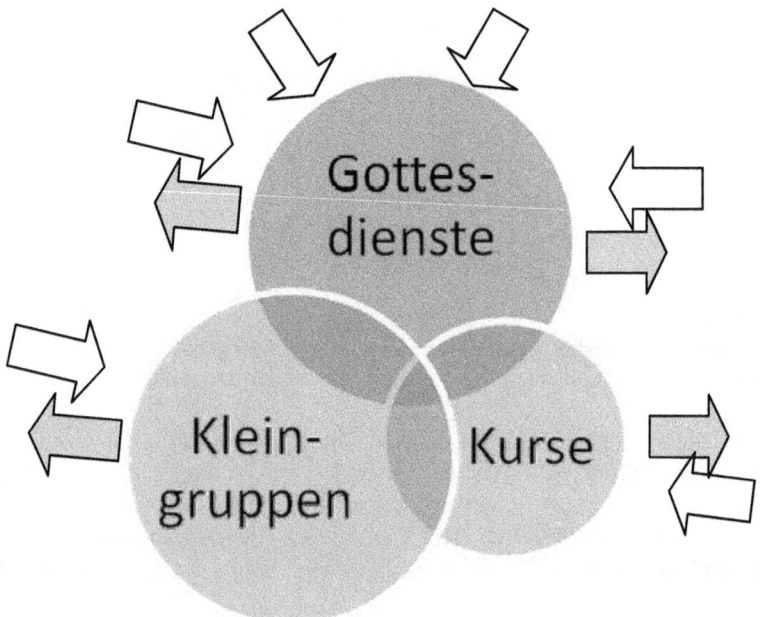

Abbildung 2:
Von allen drei Bereichen gehen Impulse aus, gehen Christen hin und laden ein. Manche Gäste kommen auch ohne persönliches Zutun einzelner Gemeindeglieder.

2 – Was zeichnet die Strategie der zukünftigen Gemeinde aus?

Aber nicht nur im Bereich der Evangelisation ist dieses Schlüsselwort wichtig. Auch für die Förderung der Christen und ihren Glauben heißt es: EINLADEN. Die Kleingruppen bieten etwas, was in den Gottesdiensten nicht so intensiv geschehen kann, z. B. die Zeit für längere persönliche Gespräche. Die Gottesdienste wiederum bieten etwas, was die Kleingruppen nicht so vermitteln können, z. B. die glaubensstärkende Atmosphäre, wenn viele Christen im gemeinsamen Gesang Gott loben. Die Kurse bieten ebenfalls ihre besondere Hilfe an. Je nach Kurs wird dort zu Jesus eingeladen, der Glaube vertieft oder praktischer Rat gegeben. Weil alle Wirkungskreise etwas zu bieten haben und weil Wachstum im Glauben sowie die gegenseitige Fürsorge dann besser geschehen kann, laden wir ein: in den Gottesdiensten zu den Kleingruppen und Kursen, in den Kursen zu den Gottesdiensten und Kleingruppen, in den Kleingruppen zu den Gottesdiensten und Kursen.

Je näher Christen die Gemeinde – also sich selbst – zu den Wohnorten und Milieus der angesprochenen Menschen bringen, um so wirkungsvoller wird ihre Mission sein.

Überzeugungen, die die Art und Weise der Gemeindearbeit beschreiben, sind in einem weiteren kurzen Dokument festgehalten. In diesen Grundwerten wird einiges von dem dokumentiert, was uns in den jeweiligen Bereichen wie Gottesdienst, Kleingruppen, Kursen und Gemeindeleitung wichtig ist.

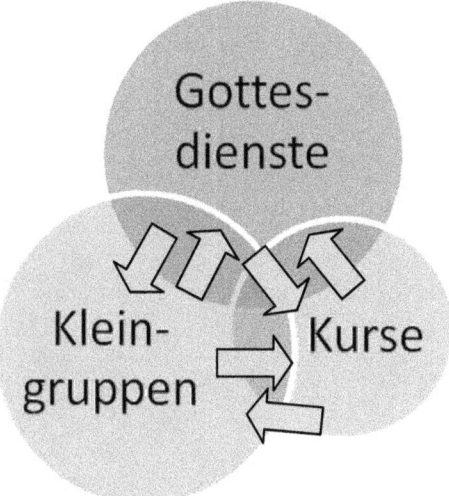

Abbildung 3:
Drei Bereiche innerhalb einer Gemeinde, die sich ergänzen. Auch hier ist Einladen ein Schlüsselwort.

2 – Was zeichnet die Strategie der zukünftigen Gemeinde aus?

Nachdem die biblische Berufung der Gemeinde erarbeitet wurde und die hauptsächlichen Methoden festgelegt sind, soll nun noch die Frage nach der beabsichtigten Größe der Gemeinde gestellt werden.

3 Wie soll die zukünftige Gemeinde aussehen?

3.1 Die Gruppe im Haus als Hausgemeinde oder als Zelle einer Gemeinde?

Die angestrebte Gemeindegröße wirkt sich stark auf die Planung aus. Es spielt bereits beim Planen eine Rolle, ob man langfristig eine Gemeinde von 50, 100, 500 oder mehr Gottesdienstbesuchern anstreben möchte. Mehr noch, es besteht ein großer Unterschied zwischen dem oben beschriebenen Modell, das auf viele Kleingruppen und gemeinsame größere Gottesdienste setzt, und dem ganz anderen Modell der Hausgemeinde, auch Hauskirche genannt. Beim Modell der Hauskirche versteht sich die Gruppe der Gläubigen, die sich in einem Haus versammelt, als Gemeinde. Unter quantitativem Wachstum verstehen Hauskirchenleiter das Wachsen bis zu einer überschaubaren Größe (20-30 Personen) und dann das Initiieren immer neuer Hauskirchen durch ihre Mitglieder. Bei unserem Modell einer größeren Gemeinde verstehen sich die Kleingruppen als einzelne Zelle der Gesamtgemeinde.[1] Leiter sehen es hier als quantitatives Wachstum, wenn Kleingruppen wachsen und sich multiplizieren, damit aber auch zum Wachstum der Gesamtgemeinde beitragen. Auch hier besteht der Wunsch, Kleingruppen zu multiplizieren, aber auch durch die Gesamtgemeinde wieder neue Gemeinden zu gründen oder zusammen mit anderen, solche Gründungen zu unterstützen.

Kleine Gemeinden unterscheiden sich wesentlich von großen Gemeinden und solchen, die anstreben, groß zu werden. Kleine Gemeinden werden z. B. anders geleitet als große. Wenn in Deutschland eine Gemeinde über 100 Gottesdienstteilnehmer verzeichnet, würde ich beginnen, sie als groß zu bezeichnen. In der Türkei kann man wahrscheinlich bereits eine Gemeinde mit 30 Teilnehmern im Gottesdienst eine große Gemeinde nennen.

Es sollen hier nicht alle Vorteile und Herausforderungen von kleinen oder großen Gemeinden aufgezeigt werden. Einige Denkanstöße machen jedoch deutlich, wie folgenschwer die Entscheidung in die eine oder andere Richtung ist.

---

[1] Ich halte diese beiden Modelle für die wirkungsvollsten in unserer Zeit. Der Leser kann von anderen Modellen selbstverständlich auch hilfreiche Schlüsse ziehen. Carl F. George beschreibt sehr treffend, welche Methoden und Umstände im Laufe der Geschichte zu großem Wachstum beitrugen. Carl F. George, *Gemeindemodell für die Zukunft: Die Meta-Gemeinde. Wie eine Gemeinde wächst und doch familiär bleibt* (Frankfurt: Aquila, 1994); im Folgenden zitiert als: *Meta-Gemeinde*, 29-46.

In der Türkei

Während unseres Besuchs führten wir zahlreiche Gespräche mit Christen aus dem In- und Ausland. Wir besuchten Gemeinden, sahen zu, hörten hin und entdeckten, dass selbst in der Türkei beide Modelle möglich sind. Dennoch, als meine Frau und ich Andreas und Kerstin[2] in der Türkei besuchten, die bereits eine Gemeinde gegründet hatten, wurde mir die Frage nach dem angestrebten Gemeindemodell eindrücklich vor Augen gestellt. Andreas war überzeugt, dass es bessere Gründungsmodelle geben muss, als die bis dahin gängigen. Das Ziel des Aufbaus einer großen Gemeinde, die dann von einem begabten Pastor und Ältesten geleitet werden soll, hatte in seinen Augen manche Schwächen. Vom Eintreffen des Gemeindegründers bis zur finanziellen Selbstständigkeit und zum Beginn einer neuen Gemeinde dauert es meist viele Jahre (zehn Jahre sind keine Seltenheit). In dem Landstrich, den wir besuchten, kam noch das Problem hinzu, dass dieses traditionelle Vorgehen bei der Gründung wenig multiplizierbar ist, weil die neuen Christen zunächst mit dem Vorbild nicht mithalten können, das ein ausländischer Verkündiger oder Gemeindeleiter vermittelt. Die jungen Christen können oft keine theologische Ausbildung vorweisen. Wenn der ausländische Fachmann die Rolle des ersten Pastors übernimmt, entsteht der irreführende Eindruck, dass sein Wissen und seine Erfahrung die Standardvoraussetzungen für Gemeindegründung sind. Deshalb wird es später schwerfallen, einheimische Gemeindegründer oder Pastoren zu finden.

Strebt man dagegen eine Hausgemeinde an, kann man die Gründung und Leitung derselben wesentlich eher wiederholen. Der Gründer könnte sogar als Gründer-Coach wirken, was die Stärken der Christen vor Ort zum Einsatz bringen würde: Sie kennen die Kultur, beherrschen die Sprache und können sich leichter in die Lage der einheimischen Mitbürger versetzen. Außerdem wird der Eindruck vermieden, das Evangelium sei letztendlich doch eine Sache der Ausländer. Wird die „Fackel des Evangeliums" möglichst bald in die Hände der örtlichen Christen gegeben, könnten durch schnelle Multiplikation der Hausgemeinden ganze Landstriche mit dem Evangelium durchdrungen werden, was mit herkömmlichen Gemeinden nicht in diesem Tempo möglich wäre. David Garrison berichtet ausführlich von solchen Gemeindegründungsbewegungen in Asien, durch die Zehntausende von Hauskirchen gegründet wurden.[3]

---

[2] Namen geändert.
[3] David Garrison, *Gemeindegründungs-Bewegungen: Wie Gott eine verlorene Welt rettet* (Bonn: Verlag für Kultur und Wissenschaft Dr. Thomas Schirrmacher, 2007).

3.2 Die anspruchsvolle, jedoch komplexe Gemeinde oder die *Simple Church*?

Es geht bei der angestrebten Gemeinde allerdings nicht nur um die Frage nach der Größe. Seit einigen Jahren wird viel von neuen Formen für Gemeinde geredet und geschrieben.

3.2.1 Evangelisation und Jüngerschaft – wieder einmal anders ausgeführt

Die neuen Gemeindeformen sollen besonders Menschen ansprechen, die durch postmodernes Denken und Handeln geprägt sind. Für sie und von ihnen werden Wege gesucht, über die das Evangelium ansprechend verkündigt und die Gemeinschaft gestaltet werden kann, wie es für die angesprochenen Menschen Sinn ergibt – wo sie sich wohlfühlen. Ob es sich nun um die Bewegung der „Emerging Church" handelt oder um andere, **gemeinsam ist dabei allen der Wunsch, Menschen für Christus zu gewinnen und sie im Glaubensleben zu fördern.** Die neuen Wege, die man dafür findet, wurden teilweise bereits in früheren Generationen der Christenheit praktiziert. So spielt zum Beispiel der Gebrauch von Symbolen und Geschichten in den Gottesdiensten wieder eine große Rolle.

3.2.2 Zurück zum Wesentlichen

Nicht selten sind es solche Christen, die sich bereits sehr für den aufwendigen Gemeindebau eingesetzt haben, die nun **zurück zum Wesentlichen** wollen: *Back to the basics*. Dabei wollen sie Evangelisation und Gemeindebau nicht nur anders, sondern auch besser machen als die modernen Gemeinden. Dass Autoren der neueren Bewegungen dabei Vorwürfe gegen die Arbeitsweise von Willow Creek usw. – dieser, wie ich meine, gesegneten Gemeinden, erheben, finde ich bedauerlich. Müssen nicht schon viele Kritiken vom Tisch, weil die Vorgehensweisen oder gar Motive von Willow Creek and deren Leitern – um nur eine dieser prägenden Gemeinden zu nennen – häufig missinterpretiert werden? Dass Willow Creek die eigene Gemeindearbeit selbst untersucht – ja sogar von andern unter die Lupe nehmen lässt – und ständig zu verbessern wünscht, wird zu wenig in Betracht gezogen.

Nun gibt es aber erfreulicherweise viele Gemeindebauer, die Willow Creek von Herzen dankbar sind und dennoch etwas Neues wollen – wie ja auch Willow Creek einmal radikal anders war und auch in unseren Tagen den meisten Gemeinden in den USA und erst recht in Deutschland zeigen kann, was kreative Liebe ist und wie man Gemeinde baut und lebt.

Eins steht allerdings fest, die großen Gemeinden brauchen dringend Hilfe von kleinen und mittelgroßen Gemeinden, von denen die meisten erst noch gegründet werden müssen. Große Gemeinden allein sind überfordert, sie können die Bevölkerung nicht allein mit dem Evangelium durchdringen, ebenso wenig können sie allen Christen geistliche Heimat bieten. Neben diesen großen Gemeinden, die in mehrfacher Weise auf hohem Niveau arbeiten, muss es Scharen von kleinen und mittelgroßen Gemeinden geben.

In Nordamerika gibt es, wie Joel Comiskey schreibt, eine Flut von Büchern, die für einfache Gemeinden eintreten und sich mehr davon wünschen. Er weist auf Neil Cole's Buch *Organic Church* hin, sowie auf George Barna's *Revolution* und auf Thom Rainer's *Simple Church*. Alle reden von der Sehnsucht innerhalb der Gemeinde Jesu nach einfach strukturierten und sich multiplizierenden Gemeinden. Die Frage, die alle Autoren stellen, lautet: „Wie können wir im einundzwanzigsten Jahrhundert eine Gemeindegründungsbewegung haben?"[4]

Unter *Simple Church* versteht Thom Rainer nicht unbedingt eine kleine Gemeinde, auch kein bestimmtes Gemeindemodell. Er bringt es auf den Punkt: Wenn dich jemand fragen würde, wie er durch die Dienste deiner Gemeinde zu einem Nachfolger Christ werden könnte – einer mit tieferer Hingabe, was würdest du sagen? Wie geschieht Jüngerschaft bei euch? *Simple Church* ist keine Methode, sondern ein Konzept. Es versucht den Prozess der Jüngerschaft so übersichtlich und einfach aufzuzeigen, dass die Leute es verstehen und gern und gründlich anwenden. Alles, was die Gemeinde unternimmt – alle Programme und Veranstaltungen – muss mit diesem Konzept kompatibel sein.

Vor einigen Jahren forderte ich die Mitarbeiter in unserem Leiterkreis einmal heraus, indem ich sagte: „Wir stellen uns jetzt eine Person vor, die gestern zum Gottesdienst mitgebracht wurde. Was müsste alles geschehn, bis sie hier mit in unserem Leitertreffen sein könnte?" Wir sammelten die einzelnen Schritte schriftlich auf Moderationskarten und versuchten sie dann zeitlich anzuordnen. Jetzt ergaben so manche Aktivitäten Sinn, die wir immer wieder betonten (und die im Laufe dieses Buches noch erläutert werden).

3.2.3 Die *einfach-wirkungsvolle* Gemeinde erklärt

Neue Formen für die Gemeinde brechen sich Bahn und damit auch neue Begriffe, unter denen man allerdings nicht immer dasselbe versteht. Weil es ja nicht nur darum geht, dass eine Gemeinde einfach ist, sondern auch wirkungsvoll, möchte ich sie hier die einfach-wirkungsvolle Gemeinde nennen.

---

[4] Joel Comiskey, *Planting Churches that Reproduce: Starting a Network of Simple Churches* (Moreno Valley, CA: CCS Publishing, 2009), 22; im Folgenden zitiert als: Comiskey, *Planting Churches*.

3 – Wie soll die zukünftige Gemeinde aussehen?

Was spricht für *einfach-wirkungsvolle* Gemeinden?

Als ich vor Jahren mit Gemeindegründern in Ungarn und später in einem islamisch geprägten Land zusammen war, um ihnen durch Vorträge und Gespräche bei ihrer Arbeit behilflich zu sein, musste ich vor Ort mein Konzept sehr umstellen. Denn die Gemeinden, die ich bei den Referaten im Sinn hatte und von denen ich erzählte, waren „zu groß und zu reich" – wie es einer der Missionare auf dem Rückmeldebogen formulierte. Ich musste mich umstellen und vermittelte daraufhin wichtige Lehren und Erfahrungen aus unserer Kleingruppenarbeit. Viele Gemeindegründer und deren Teammitglieder können mit „Sauls Rüstung" nichts anfangen, sie können aber auf andere Weise Ziele ansteuern und Siege erleben – mit Jesus und für Jesus.

Während einer Pastorenkonferenz in Liberty Corner, USA, berichtete ich einem anderen Pastor begeistert von einem gelungenen Event, zu dem wir eingeladen hatten. Viele Besucher waren zu diesem Ereignis in der vorgottesdienstlichen Phase unserer Gemeindegründung gekommen. Mein Kollege meinte dann: „Aber denke daran, wie du die Menschen gewinnst, so musst du sie auch ansprechen, damit sie bleiben." Das bedeutet doch, wenn wir sie durch anspruchsvolle Konzerte für die Gemeinde gewinnen, wollen Menschen auch weiterhin anspruchsvolle Konzerte. Werden sie durch gefühlsbetonte Verkündigung für die Gottesdienste gewonnen, wie werden sie reagieren, wenn sich das ändert? Natürlich gibt es Wachstum im Glauben, sofern Menschen Jesus folgen und lernen, bei den Angeboten der Gemeinden nicht nur an sich zu denken.

Wir haben in Hannover anspruchsvolle Musik und Predigtreihen geboten. Die Gottesdienste wurden sorgfältig geplant und vorbereitet. Das war kostspielig und zeitaufwendig, obwohl es vielen Mitarbeitern einen Platz für die Anwendung ihrer Gaben gegeben hat und sie sich auch finanziell konkret für diese Bereiche einsetzten. Außerdem bauten sehr engagierte Mitarbeiter, die meist selbst Eltern waren, unsern Mini-Club und den Kids-Treff am Sonntagmorgen immer weiter aus.

Das Gute dabei war, dass der Gottesdienst für viele der Eingang zu unserer Gemeinde wurde. Herausfordernd dabei ist allerdings, diesen hohen Standard zu halten oder noch zu erhöhen. So zeigte eine Umfrage in der Gemeinde, verglichen mit einer sechs Jahre zuvor durchgeführten Erhebung, eine gewisse Unzufriedenheit mit dem Gottesdienst, wobei es um die Predigten, die Musik und die gefühlte Inspiration ging. Das Ergebnis war natürlich eine Anfrage an mich und uns, die wir maßgeblich für die Gottesdienste verantwortlich waren. Wir erkannten aber auch, dass sich die Erwartungen der Teilnehmer verändert haben und wir dementsprechende Angebote zum Wachstum im Glauben bieten müssten. Allzu schnell schleicht sich in Gemeinden ein Konsumverhalten ein, das sich auf zweierlei Weise bemerkbar macht: Passivität und Kritik einerseits, bei anderen erhöhter Einsatz, der sie an die Grenzen ihrer Kräfte bringt.

3 – Wie soll die zukünftige Gemeinde aussehen?

Was sind einige Merkmale einer einfach-wirkungsvollen Gemeinde?

Einfache Programme

In der einfach-wirkungsvollen Gemeinde arbeiten Christen daran, Menschen auf unkomplizierten Wegen zu gewinnen, z. B. durch Hauskreise und persönliche Gespräche. Die Gottesdienste werden schlicht gehalten und vermitteln, was nötig ist, zum Glauben zu kommen und im Glauben zu leben. Lieder und Verkündigung, Stille und Gebet, gegenseitiges Dienen soll Menschen bewusst in die Gemeinschaft mit Gott und die Gemeinschaft untereinander führen. Indem alle Beteiligten sich durch eine Einfachheit der Gottesdienste auf das Wesentliche konzentrieren, werden dann auch die angesprochen, denen es um das Wesentliche geht.

Technische Ausrüstung

Die elektronischen Geräte müssen Diener bleiben, sie sollen bedienbar bleiben, dann leisten sie einen guten Beitrag zur Gemeindegründung. Das gilt auch für Musikinstrumente. Es soll nicht dazu kommen, dass man für Technik und Instrumente viel Zeit investiert, um jemanden zu finden, der sie bedienen kann. Es muss auch einfach gehen.

Unkomplizierte Strukturen

Strukturen spielen in unserer Gemeinde eine wichtige Rolle und wurden auch in der erwähnten Umfrage positiv beurteilt. Aber müssen, z. B., schon bei Gemeindegründungen alle Arbeitsbeschreibungen für die kommenden Aufgaben vorliegen? Das Führen von Statistiken ist nötig, aber es soll einfach gehalten werden. Eine Gemeinde lebt nicht davon, dass sie viele Dokumente produziert.

Fürsorgende Beziehungen

Weil es um Beziehungen geht, sind dem Gründungsteam die Menschen wichtiger als Zahlen. Ob man wirklich die Menschen meint, kann man testen. Mitarbeiter nehmen, nachdem sich die Gäste verabschiedet haben, die Liste der Gottesdienstteilnehmer vor und fragen bei jeder Person: „Wer hat heute ‚Ralf' gesehen? Wer hat mit ihm gesprochen?" Das lehrt uns, den Gottesdienst mit offenen Augen zu erleben und wir erkennen außerdem, wo jemand in Not ist.

Angestrebt werden Gemeinden, die so einfach sind, dass sie sich in wenigen Jahren reproduzieren, dass ihre Mitglieder den Mut haben, eine ähnliche Gründung noch einmal anzupacken. Dass sie einfache Gemeinden genannt werden, heißt allerdings nicht, dass es um rückständige Gemeinden geht, auch nicht um langweilige Veranstaltungen oder um Gottesdienste, die schlecht vorbereitet sind. Es heißt auch nicht, dass eine einfache Gemeinde kein Wachstum möchte, ganz im Gegenteil. Mehr Menschen in der Gemeinde und mehr Gemeinden – daran soll gearbeitet werden.

3 – Wie soll die zukünftige Gemeinde aussehen?

Es geht darum, an der Berufung für die Gemeinde festzuhalten – ja, es geht darum, der Berufung, die Gott für die Gemeinde hat, mit leichterer Ausrüstung folgen zu können. Dabei haben evangelistische Beziehungen einen hohen Stellenwert. So hören unsere Mitbürger das rettende Evangelium und Gott wird geehrt, wenn sie sich ihm anvertrauen. Um dieser Berufung folgen zu können, stellen wir uns immer wieder Fragen, die für eine schlanke Organisation und zweckmäßige Strukturen sorgen sollen: Ist dieses Treffen wirklich nötig? Ist diese oder jene Aktivität nach außen gerichtet (Evangelisation) oder dient sie nur den Christen? Entspringt ein Vorschlag in einer Arbeitsgruppe dem Wunsch, Menschen für Jesus zu gewinnen?

Eindeutige Lehren

Natürlich betrifft das auch die Frage der Methodik. Die Lehre vom Beten – um ein Beispiel zu nennen – kann so kompliziert dargestellt werden, dass junge Christen sich dennoch nicht trauen, an einer Gebetsrunde teilzunehmen. Genauso kann man viele Abende benutzen, um über das Reden von Jesus zu Nichtchristen zu lehren. Es ist aber wichtiger, Christen in einfacher Weise zu zeigen, wie auch sie das Evangelium weitergeben können und zwar auf eine Art und Weise, wie es zu ihnen passt.

Leicht fassbare Beschreibung der Gemeinde

Joel Comiskey nennt die Prinzipien, die nach der Bibel eine Gemeinde ausmachen. Dabei geht es in der Bibel niemals um Gebäude, sondern immer um Menschen. Sie haben ihr Vertrauen in Jesus Christus gesetzt und erkennen ihn als Herrn an. Wie kann man eine Gemeinde beschreiben? Auch hier geht es darum, einfache Definitionen zu finden.

1. Eine Gemeinde sollte aus mehr als drei Personen bestehen (abgeleitet von Mt 18,15-35).

2. Die Gemeinde sollte von Gott eingesetzte Leiter haben, denen gegenüber man verantwortlich ist. Die Leiter wiederum müssen vor Gott Rechenschaft ablegen, denn sie sollen über die Gemeinde wachen (Hebr 13,17).

3. Die Gemeinde lebt und arbeitet mit Jesus Christus als dem, der das Sagen hat. Eine Versammlung wird erst dann Gemeinde, wenn Jesus Christus der Herr ist.

4. Gemeinden sollten beide Sakramente feiern: die Taufe und das Abendmahl (Mt 28,18-20; 1Kor 11).[5]

---

[5] Comiskey, *Planting Churches*, 45-46.

Es gibt also Umstände und Gebiete, in denen ein Modell dem anderen vorzuziehen ist. Wie findet man nun heraus, welche Form sich am besten eignet? Hier folgen einige Entscheidungshilfen.

3.3 Entscheidungshilfen bei der Suche nach der geeigneten Form

3.3.1 Das Umfeld der neuen Gemeinde
Gibt es in der Region bereits funktionierende Beispiele für die angestrebte Gemeindeform? Wirkt der Gottesdienst einer großen Gemeinde eher als positive Werbung für das Evangelium oder als Zielscheibe für aggressive Angriffe, während Hausgemeinden weniger Angriffsfläche bieten? In Ländern oder Regionen, in denen Christen belästigt oder verfolgt werden, bieten die kleineren Hauskirchen viele Vorteile.

3.3.2 Das Selbstverständnis und die Begabung des Gemeindegründers
Wo liegen die Gaben des Gemeindegründers? Wo liegen seine Interessen? Kann er sich zurückhalten und dem lokalen Leiter in einer vertrauensvollen Beziehung als Gründer-Coach dienen? Welche Vorbilder hat er? Was sieht er als erfolgreiche Gemeindegründung an? Gibt es Christen, die eher für die Leitung von großen Versammlungen geeignet sind, als für die Arbeit in kleinen Hauskreisen oder auch Hausgemeinden?

Es muss allerdings unter den Leitern oder im Gründungsteam Einmütigkeit über das Ziel und die Vorgehensweise herrschen.

Außerdem ist zu fragen, ob er sich an Vorgaben der sendenden Gemeinden oder Organisationen halten muss.

Es gibt in der Bibel sowohl kleine Gemeinden als auch große. Wir sind frei, das für den Ort und die Menschen beste Modell zu wählen. Es muss allerdings unter den Leitern oder im Gründungsteam absolute Einmütigkeit über das Ziel und die Vorgehensweise herrschen, sonst wird durch interne Reibereien wertvolle Zeit und Kraft vergeudet.

3.3.3 Ein Vergleich zum besseren Verständnis
Sowohl durch kleine Lebensmittelläden im Dorf oder in der Stadt als auch durch Supermärkte und Einkaufszentren gelangen Lebensmittel zu den Menschen. Dabei sind für das Management eines Supermarkts ganz andere Voraussetzungen erforderlich, als für die Führung eines kleinen Ladens.

Beide sind wichtig. Wer aber z. B. in den Städten der USA etwas mit kleinen Lebensmittelläden erreichen will, wird es schwer haben – es sei denn, er bietet Produkte oder einen Service an, die in den Supermärkten nicht zu haben sind. Einkaufszentren sind gefragt, was immer mehr auch für Deutschland zutrifft. Die gleichen riesigen „Malls" wären an manch anderen Plätzen dieser Erde allerdings fehl am Platz, z. B. in kleinen Ortschaften.[6]

Andererseits nutzen gerade ältere Mitbürger gerne die nahegelegenen Läden, wo sie möglicherweise sogar persönlich begrüßt werden. Auch kleine Fachgeschäfte haben ihre Kundschaft.

In manchen Ländern ist es angebrachter, mit kleinen Gruppen und Gemeinden zu arbeiten, besonders dort, wo das Evangelium noch nicht weit verbreitet ist oder großer Gegenwind herrscht. Aber nicht nur dort, sondern auch, wo man in einer Gesellschaft Minderheiten oder besondere Zielgruppen ansprechen möchte. Es gibt aber auch Länder, in denen großen Gemeinden ihren besonderen Beitrag zur Rettung von Menschen ausführen können. Wichtig: Beides hat seinen Platz, weil Menschen so verschieden sind und durch unterschiedliche Gemeinden erreicht werden. Beide Formen haben ihre Vorteile und auch Herausforderungen.

3.3.4 Anbindung und theologische Prägung der Gemeinde

Bei der Frage, welche Gemeinde angestrebt wird, muss man auch bedenken, ob die Gemeinde zu einem Verband oder Bund gehört und welche theologische Prägung gewünscht oder nicht gewünscht ist. Auch in diesen Fragen wird dem Gemeindegründer oder dem Gründungsteam eine prägende Rolle zukommen.

Nun darf das Bild des Gründungsteams von der entstehenden Gemeinde nicht wie in Zement gegossen sein. Es muss flexibel bleiben, denn wir kennen die Zukunft nicht und wissen nicht, welche Aufgaben Gott noch für uns bereithält, welche Türen er öffnet oder welche er auch mal schließt und welche Menschen er der Gemeinde anvertraut. Wir wissen auch nicht, wie lange der Gründungs-

---

[6] Ähnlich war es auch im deutschen Schulsystem. Es gab in der Bundesrepublik bis in den Sechzigern noch in vielen Dörfern kleine Schulen, die dann aber durch große Mittelpunktschulen abgelöst wurden, zu denen die Schüler aus den umliegenden Ortschaften meist mit Bussen anreisen. Diese Schulen können wesentlich mehr Sportgeräte, technische Ausrüstung und andere Ausstattung zum Unterrichten anbieten. Im Fachunterricht können in größeren Schulen auch wegen der Zusammensetzung des Lehrkörpers die Schüler besonders gefördert werden.
Dennoch suchen Jugendliche und Erwachsene später im Leben wieder kleine Klassen oder auch Schulen auf, ein Grund dafür ist die Spezialisierung in der Berufswelt. Kann es sein, dass es auch für Christen Lebensphasen gibt, in denen sie sich zu großen Gemeinden hingezogen fühlen und in einer weiteren Phase ihres Christseins das Verlangen haben, in kleinen Gemeinden zu leben und zu dienen?

prozess dauern wird. Oft bedenken Teams und ihre Unterstützer nicht, wie zäh die Gründungsarbeit sein kann und wie groß die Gefahr der Entmutigung ist. Auf der anderen Seite kann man auch in Deutschland beobachten, wie neue Gemeinden eine erstaunliche Frische zeigen und zahlenmäßig schneller wachsen als etablierte Gemeinden.

3.3.5 Örtlicher Standpunkt

Nachdem klar ist, wie die neue Gemeinde aussehen könnte und was ihr wichtig ist, muss überlegt werden, wo sie gebaut werden soll. Diese Reihenfolge der Ereignisse ist nicht zwingend, denn manchmal steht der Ort fest, bevor noch über die Vorgehensweise entschieden wird. Ist man sich über das Wo (Ort) und Was (Was für eine Gemeinde) im Klaren, muss die Frage nach dem Wie beantwortet werden. Wie soll die Gründung verlaufen?

4 Analyse und Auswahl des Standorts für die neue Gemeinde

„Danach war uns klar, dass Gott uns gerufen hatte, in Mazedonien die Heilsbotschaft zu verkündigen. Wir suchten sofort nach einer Gelegenheit zur Überfahrt" (Apg 16,10; Hfa).

Beim Nachdenken über die Gründe für das schnelle Wachstum seiner Gemeinde sagte ein Gründungsmitglied, dass die Gemeinde deshalb wachsen würde, weil sie eben das passende Angebot am richtigen Platz und das zur rechten Zeit angeboten habe. So wie die Beschaffenheit des Bodens die Ernte des Bauern bestimmt und wie die Zusammensetzung und Entwicklung eines Stadtteils den Erfolg eines Geschäfts bedingen, so beeinflusst die Wahl des Ortes den Erfolg einer neuen Gemeinde. Die unterstützende Organisation muss als guter Haushalter den Stadtteil begutachten, bevor sie sich an ein Gemeindegründungsprojekt wagt. Durch Kontakte mit Einwohnern, anderen Gemeindeleitern und öffentlichen Behörden können Informationen über den Ort gesammelt werden. Angaben über Bevölkerungswachstum oder Bevölkerungsfluktuation sollten ausgewertet werden. Auch Umfragen unter den Einwohnern des Ortes bringen wichtige Aufschlüsse, die sich auf die Angebote der entstehenden Gemeinde auswirken. Erkenntnisse über einen Ort und dessen Bevölkerung helfen bei der Antwort auf die Fragen, wo eine Gemeinde begonnen werden sollte, unter welcher Zielgruppe innerhalb der Bevölkerung dies angepackt werden könnte und wer sich dafür am besten eignet. Über das Internet lassen sich wichtige Informationen sammeln. Die persönlichen Erkundigungen vor Ort bringen allerdings größere Chancen für Kontakte.

Stuart Murray meint, dass aufmerksames Beobachten die am meisten unterschätzte Möglichkeit ist, um wertvolle Informationen in einem Ort zu sammeln. Wer einfach mal durch die Straßen geht – nicht nur fährt – und Menschen beobachtet, sich Gebäude und das Umfeld anschaut, lernt viel darüber, wie die Menschen dort miteinander umgehen und was ihnen wichtig ist. Ein Spaziergang allein, bei dem er Geräusche, Gerüche und andere Eindrücke auf sich wirken lässt, hilft dem Erkunder, die Stadt zu verstehen. Zwei könnten auch gemeinsam gehen und unterwegs über die Eindrücke im Gespräch reflektieren. Es ergeben sich zusätzliche Erkenntnisse, wenn der Spaziergang auch mal spät abends unternommen wird. Wer durch die Straßen spaziert oder die Atmosphäre in einem Park aufnimmt, der bekommt ein Gefühl für die Stadt. Der aufmerksame Beobachter wird auch Anliegen entdecken, für die er beten kann.[1]

---

[1] Stuart Murray (*Planting Churches: A Framework for practitioners*, Colorado Springs: Paternoster, 2008), 87.

Im Folgenden sollen diese Fragen beantwortet werden: Was lehren biblische Beispiele über die Auswahl eines Ortes für eine Gemeinde? Wie hat die Anwesenheit der Fellowship Deaconry[2] in Elburn die dortige Gemeindegründung gefördert? Warum war Elburn ein geeigneter Ort für eine neue Gemeinde? Es geht hier um Gottes Führung.

4.1 Gott führt Gemeindegründer: Die Strategie des Paulus

Biblische Beispiele lehren, dass Gemeindegründer auf Gottes Leitung vertrauen können, wenn sie eine Stadt für eine neue Gemeinde suchen. Barnabas und Paulus wurden vom Heiligen Geist auf ihre Missionsreise ausgesandt. Sie erhielten einen Missionsauftrag von Jesus Christus, den Paulus einmal so formuliert: „Er hat mich bevollmächtigt, sein Apostel zu sein. Mein Auftrag ist es, zur Ehre seines Namens Menschen aus allen Völkern dafür zu gewinnen, dass sie sich Gott im Gehorsam unterstellen und ihm vertrauen" (Röm 15; GNB). Das Ergebnis der Verkündigung des Evangeliums an vielen Orten war die Entstehung von Gemeinden Jesu.

Obwohl man nicht genau wissen kann, welche Kriterien Paulus dazu bewogen, gerade diese oder jene Reiserouten festzulegen, sind doch einige Gründe für die Wahl des Verkündigungsortes und damit auch des Standortes einer neuen Gemeinde ablesbar. Die Autoren Shenk und Stutzman haben im Vorgehen des Paulusteams in Kleinasien eine interessante Reihenfolge entdeckt, die häufig auch heute zutrifft: „Vision, Plan und Gelegenheit flossen zusammen bei der Gemeindegründung in Philippi".[3]

4.1.1 Gott beruft und sendet seine Botschafter

Der Heilige Geist hatte gesprochen und die Gemeinde in Antiochia gehorchte. Sie beanspruchten Barnabas und Saulus nicht für ihre Gemeinde, sondern sie sandten die beiden, um das zu tun, was Gott für sie geplant hatte:

> Als sie [die Gemeinde in Antiochia] aber dem Herrn dienten und fasteten, sprach der Heilige Geist: Sondert mir aus Barnabas und Saulus zu dem Werk, zu dem ich sie berufen habe. Da fasteten sie

---

[2] Im Folgenden kurz „Deaconry" genannt. Eine diakonische Einrichtung, die in Elburn ein Heim für ältere Frauen und ein Einkehr-Zentrum als Freizeitheim unterhielt. Weiteres wird in den folgenden Kapiteln erklärt.
[3] David W. Shenk und Ervin R. Stutzman, *Creating Communities of the Kingdom* (Scottdale, PA: Herald Press, 1988), 57; im Folgenden zitiert als: Shenk and Stutzman, *Creating Communities*.

4 – Analyse und Auswahl des Standorts für die neue Gemeinde

und beteten und legten die Hände auf sie und ließen sie ziehen. Nachdem sie nun ausgesandt waren vom Heiligen Geist, kamen sie nach Seleuzia und von da zu Schiff nach Zypern. Und als sie in die Stadt Salamis kamen, verkündigten sie das Wort Gottes in den Synagogen der Juden (Apg 13,2-5; LUT).

Man fragt sich, warum Barnabas und Paulus sich dafür entschieden, nach Zypern zu segeln. Welche Strategie hatten sie? Was hatten sie geplant? Wie oft hat Gott sie direkt geleitet, wie er es tat, als er sie nach Europa rief?

Als sie aber bis nach Mysien gekommen waren, versuchten sie, nach Bithynien zu reisen; doch der Geist Jesu ließ es ihnen nicht zu. Da zogen sie durch Mysien und kamen hinab nach Troas. Und Paulus sah eine Erscheinung bei Nacht: Ein Mann aus Mazedonien stand da und bat ihn: Komm herüber nach Mazedonien und hilf uns! Als er aber die Erscheinung gesehen hatte, da suchten wir sogleich nach Mazedonien zu reisen, gewiss, dass uns Gott dahin berufen hatte, ihnen das Evangelium zu predigen (Apg 16,7-10; LUT).

4.1.2 Gott leitet seine Boten beim Planen

Paulus bereitete sich vor, Gottes Ruf zu folgen. Er plante seine Reisen und Aktionen dementsprechend. Zum Beispiel wünschte er sich, dass er in Spanien predigen würde, denn er schrieb an die Christen von Rom: „Wenn ich diese Angelegenheit zum Abschluss ... gebracht habe, möchte ich auf dem Weg über euch nach Spanien reisen" (Röm 15,28).

Paulus gehorchte seinem Ruf zur Missionsarbeit (Apg 13,2), er beachtete die speziellen Visionen (Apg 16,9) und er plante seine Reisen so gut wie möglich nach seinen Zielen und Prioritäten (Röm 15,24). Paulus kannte seine spezielle Berufung.

Eine der Prioritäten, die seine Entscheidungen prägte, war sein Wunsch, das Evangelium denen zu predigen, die es noch nicht gehört hatten, denn er schreibt: „Dabei war es mir stets eine Ehrensache, die Botschaft nur dort zu verkünden, wo man noch nichts von Christus gehört hatte. Ich wollte nicht auf einem Fundament aufbauen, das ein anderer gelegt hat" (Röm 15,20). Ein anderes Handlungsmuster, dem er folgte, war die Suche nach der jüdischen Synagoge einer Stadt, um die Juden und gottesfürchtigen Menschen zuerst zu erreichen (Apg 13,13.46).

Andere Prioritäten seiner Strategie können nur vermutet werden. Vielleicht suchte Paulus gezielt wichtige Städte auf. Vielleicht führte ihn der Heilige Geist zu diesen Städten, ohne dass Paulus einer genauen Strategie folgte. Michael Green weist darauf hin, dass Paulus in Städten predigte, die wichtig für ganze Provinzen waren (Ephesus) oder sogar für die ganze Welt (Rom).[4] Green glaubt, dass Paulus` Strategie einfach Folgende war: Er hatte nur ein Leben und war entschlossen, es – so weitreichend und effektiv wie möglich – an den Dienst für Christus hinzugeben. Gleichzeitig hatte Paulus individuelle Personen, Städte, Provinzen und die ganze Welt im Sinn.[5]

Ein wichtiges Kriterium bei der Entscheidung, länger an einem Ort zu wirken, war die Offenheit für das Evangelium. Die Nachricht von Jesus wurde verkündigt und darauf reagierten die Menschen mit Neugierde, wie zunächst in Athen (Apg 17,19), mit Glauben wie in Thessalonich (Apg 17,4). Die Verkündigung stieß aber auch auf Ablehnung, die oft mit Unruhen und Gewalttätigkeiten gegen Paulus und sein Team verbunden wurde. Deshalb mussten sie weiterreisen. In Antiochia, Pisidien, schüttelte er den Staub von seinen Füßen (Apg 13,44-52), wie es schon Jesus seinen Jüngern gesagt hatte (Mk 6,10-12) und reiste weiter nach Ikonion. Offene Türen waren ein Grund, länger an einem Ort zu wirken. Es waren aber nicht immer die verschlossenen Türen, durch die Paulus zur Weiterreise veranlasst wurde. Als er von Athen (Apg 17) und Troas (Apg 20) fortging, hatte er andere Gründe. Er wollte Jesus auch in anderen Städten bekannt machen, dann auch neue Gemeinden stärken und der aussendenden Gemeinde in Antiochia von dem Handeln Gottes in der Missionsarbeit berichten.

4.1.3 Gott schenkt uns Gelegenheiten zum Überbringen der Guten Nachricht

Paulus plante seine Arbeit, nutzte aber auch die besonderen Gelegenheiten, die Gott ihm gab. Er nutzte die Chance, mit Frauen zu sprechen, die sich außerhalb von Philippi zum Gebet versammelt hatten (Apg 16,13). In derselben Stadt brachte er das Wort des Herrn zum Gefängnisdirektor, nachdem ein Erdbeben sowohl die Gefängniswände als auch das Leben des Aufsehers erschüttert hatten.

Paulus nahm die Einladung an, während einer Versammlung auf dem Areopag in Athen zu sprechen (Apg 17,19). Später in seinem Dienst, hatte er die Erlaubnis, als Gefangener mit König Agrippa zu sprechen (Apg 26,1). Ein weiteres Beispiel: Er traf Aquila und Priszilla in Korinth, die er unterrichtete und die seine treuen Mitarbeiter wurden (Apg 18,2). Dies zeigt auch, dass Gott für Paulus und das Evangelium Türen öffnete – Gelegenheiten, die er nutzte.

---

[4] Michael Green, *Evangelisation zur Zeit der ersten Christen,* (Neuhausen-Stuttgart, Hänssler, 1970, 299-306; im Folgenden zitiert als: Green, *Evangelisation*.
[5] Green, *Evangelisation*, 300.

4.2 Praktische Umsetzung

Vision, Plan und Gelegenheiten charakterisieren auch heute die Strategien für Gemeindegründung – sogar für die Wahl einer Stadt als zukünftigem Standort einer Gemeinde. Wenn die unterstützende Organisation sich der Aufgabe gewidmet hat, das Evangelium im Auftrag Gottes zu den Menschen eines Landes oder einer spezifischen Zielgruppe zu bringen, um sie für Christus und seine Gemeinde zu gewinnen, kann Gott den Leitern eine Vision für eine bestimmte Stadt geben.

4.2.1 Vision

Der Ausdruck *Vision*, hier in einem etwas anderen Sinn als bei Paulus' Ruf nach Philippi gebraucht, steht für die Überzeugung der Leiter von dem, was Gott durch sie tun wird. So erkannte auch der damalige Direktor des Theologischen Seminars Tabor (jetzt: Evangelische Hochschule Tabor), Günter Hopp, das Wachstum des Ortes Elburn und sah in der Anwesenheit der Deaconry dort eine Chance für Gemeindegründung. Er teilte seine Vorstellung dem Direktor der Deaconry in den USA mit und danach begann die Planung.

4.2.2 Datenerhebung

Im Allgemeinen kann die Vision durch eine Umfrage in dem Ortsteil unterstützt werden. Die Antworten auf folgende Fragen können wertvolle Informationen geben:

- Wer lebt in der Stadt (unter Berücksichtigung der ethnischen, wirtschaftlichen und religiösen Faktoren)?

- Welche Gemeinden arbeiten bereits in der Stadt und mit welchem Erfolg erreichen sie die Bevölkerung?

- Gibt es eine wachsende Gemeinde in der Nähe? Der Erfolg einer Gemeinde kann ein Hinweis auf einen ansprechbaren Stadtteil sein – einen Ortsteil, der sogar eine weitere Gemeinde gebrauchen könnte. Jedoch sollte diese neue Gemeinde der bereits wachsenden Gemeinde nicht so sehr ähneln; sie sollte eher einzigartig sein, um ein anderes Segment des Stadtteils zu erreichen.

- Hat eine andere Gemeinde oder ein anderer Verband versucht, eine Gemeinde zu gründen? Wie erfolgreich waren sie? Wenn das Projekt keinen Erfolg hatte, woran lag das?

- Welche Bedürfnisse der Bevölkerung könnten durch die neue Gemeinde angesprochen werden?

4 – Analyse und Auswahl des Standorts für die neue Gemeinde

- Wächst die Bevölkerung oder nimmt sie ab? Wachsende Stadtteile bilden ein größeres Potenzial für Gemeindewachstum als solche ohne Fluktuation oder schrumpfende Gebiete.
- Welche Altersgruppen herrschen vor?
- Welcher Gemeindegründer würde am besten zu der Bevölkerung passen?

Solche Untersuchungen kann man nur schwer aus der Ferne durchführen. Manche Angaben sind in städtischen Ämtern erhältlich; weitere Informationen kann man von anderen christlichen Gemeinden oder Gemeindeverbänden erfragen. Noch wichtiger: Man muss dem Stadtteil und seinen Bewohnern nahe kommen, um sie kennenzulernen und auch ein Gefühl für die Stadt zu bekommen. Die Anfragen und Kontakte helfen, kluge Entscheidungen zu treffen und tragen dazu bei, dass der Gemeindegründer und sein wachsendes Team ihre Wirksamkeit sinnvoll ausdehnen können.

4.2.3 Lebensumstände

Es gibt noch ganz andere Gründe für die Wahl eines Ortes durch eine Denomination oder Gemeinde. Der Umzug einiger Gemeindeglieder in einen Stadtteil oder in dieselbe Kleinstadt könnte die Gelegenheit für den Beginn einer neuen Gemeinde mit ihnen als Kerngruppe sein.

4.2.4 Strategische Gründe

Wenn ein Verband ganz strategisch mehrere Gemeinden zur gleichen Zeit gründen will, ist es ratsam diese Gründungen in einem begrenzten Gebiet anzuvisieren, anstatt diese neuen Gemeinden weit entfernt voneinander übers Land zu verteilen. Der Verband kann diesen neuen Gemeinden wirksamer und gründlicher helfen, weil sich die neuen Projekte ergänzen, zum Beispiel durch den Austausch von Schulungsangeboten oder Mitarbeitern. Gegenseitige Unterstützung kann leichter gegeben werden, weil die Gemeindeteams und die Berater keine weiten Strecken von Gemeinde zu Gemeinde reisen müssen. Mehrere Gemeinden in einer Region werden eher wahrgenommen, auch weil man sich mit der Werbung auf eine Region ausrichten kann. Epaphras ist ein Beispiel der Bibel für einen Leiter, der in Gemeinden eines geografischen Gebiets arbeitete, sie vielleicht sogar gründete: Kolossä, Laodicea und Hierapolis (Kol 4,13).

Man kann diese gezielte Einführung mehrerer Filialen in der Wirtschaft beobachten. Die Supermarktkette Target zum Beispiel eröffnete im Raum Chicago, wo vorher kein einziges Geschäft des Unternehmens ansässig war, elf Geschäfte in einem Monat und ein halbes Jahr später noch einmal sieben Filialen. Gebäudeprojekte, Werbekampagnen, Warenlieferungen – um nur drei Vorteile zu nennen – wurden durch diese Strategie viel wirtschaftlicher. Dieser Versuch ist jedoch schwierig, wenn Gemeindegründer, wie bei Beginn der Deaconry in den USA, die Deutsch sprechende Bevölkerung in verschiedenen Teilen der Vereinigten Staaten und Kanadas erreichen wollten. Aus diesem Grunde waren die Gemeinden der Deaconry über den Kontinent verteilt, mit nur einer Gemeinde-Bündelung in New York.

4.2.5 Gesamtbild von göttlicher Leitung

Später werden in diesem Kapitel weitere unterstützende Faktoren zur Wahl einer bestimmten Stadt diskutiert. Gewöhnlich ist es ein einzelner Faktor (Menschen ziehen in eine andere Stadt oder ein Hauskreis will eine Gemeinde aufbauen), der den Vorgang antreibt. Aber das Vorhandensein nur eines solchen Grundes genügt nicht für eine Gemeindegründung. Sorgfältige Umfragen und Untersuchungen müssen durchgeführt und die Ergebnisse im Gebet beurteilt werden, um Gewissheit der Führung Gottes zu bekommen. Die christlichen Leiter, die in der Gemeindegründung aktiv sind, müssen ernsthaft Gottes Führung suchen. Hesselgrave schreibt richtig:

> Der Unterschied zwischen der Wahl eines Gebiets, wo einerseits wirkliches Potenzial ist und der Heilige Geist Menschen vorbereitet hat, und andererseits einem Gebiet, dem diese Merkmale fehlen, kann Jahre unbelohnten und frustrierenden Dienstes bedeuten. Dieser Unterschied ist zu groß, um die Auswahl der Arbeitsfelder individuellen oder ad hoc-Entscheidungen zu überlassen.[6]

Dennoch muss ich hinzufügen, dass nicht immer der leichtere Weg oder der Weg mit den besten Aussichten auf Erfolg auch der Führung Gottes entspricht. Hätte dann Pioniermission je eine Chance gehabt? Jesus, der im Gleichnis dem Feigenbaum erst drei, dann vier Jahre Zeit zum Fruchttragen gibt (Lk 13,6-9), sagte auch „Das muss euch klar sein: ‚Ich sende euch wie Schafe mitten unter Wölfe.'"

4.3 Elburn – Wie eine Organisation wieder neu an Gemeindegründung denkt

Mindestens vier Faktoren wirkten bei dem Gemeindegründungsprojekt in Elburn mit: das Vorhandensein des Anwesens der Deaconry in der Stadt im Mittleren Westen Nordamerikas, der Mangel an Diakonissen für die traditionellen Dienste der Deaconry in Elburn, das ursprüngliche Anliegen der Gemeinde-

---

[6] David J. Hesselgrave, *Planting Churches Cross-Culturally,* (Grand Rapids: Baker Book House, 1986), 106; im Folgenden zitiert als: Hesselgrave, *Planting Churches.*

gründung bei den Mitarbeitern der Deaconry und das vielversprechende Wachstum der Kleinstadt Elburn.

4.3.1 Der Ort

Vorhandenes Grundstück und Gebäude

Der wichtigste Grund für die Wahl dieser Stadt als Standort für eine Evangelical Fellowship Church war das Vorhandensein der Deaconry und ihr doppeltes Betätigungsfeld als Heim für ältere Frauen und als Einkehr- und Freizeitzentrum seit 1950, zu dem die unterschiedlichen Gemeindegruppen und Missionen aus dem größeren Bereich Chicagos anreisten. Das große Anwesen konnte für eine neue Gemeinde genutzt werden. Niemand in der Leiterschaft der Deaconry hätte an eine Gemeindegründung in dieser Stadt gedacht, wäre die Deaconry nicht dort bereits vorher tätig gewesen.

Mangel an Diakonissen

Weil in das Diakonissen-Mutterhaus in den USA schon seit Jahren keine jungen Frauen als Diakonissen eingetreten waren, konnten der Konferenzdienst und das Seniorenwohnhaus in Elburn nicht mehr von Diakonissen fortgeführt werden. Es mussten alternative Funktionen für diesen Platz gefunden werden. Die Deaconry hätte das Eigentum verkaufen können, aber die Leiter entschieden sich dagegen. Vielmehr sollten andere Christen gefunden werden, die die Einrichtung gut nutzen, vielleicht sogar das Einkehr- und Freizeitheim fortführen würden. Wenn das Gelände dazu benutzt würde, das Evangelium in der Ortschaft bekannt zu machen, könnte aus dem Anwesen die Heimat für eine neue Gemeinde werden. Dann könnte die Gemeinde die Leiterschaft und Verwaltung für das Freizeitzentrum übernehmen.[7] Gemeindegründung schien eine gute Wahl zu sein und wurde auch durch die Geschichte der Deaconry unterstützt, die von Neugründungen gekennzeichnet ist.

Bevölkerungswachstum in Elburn

Die Stadt und ihre Umgebung wuchsen schnell, was den Leitern der Deaconry durch die zahlreichen Neubauten aufgefallen war. Weitere Nachforschungen ergaben, dass die Bevölkerung aus verschiedenen Gründen überproportional wuchs.

Elburn liegt in Kane County, einem Landkreis westlich von den Vororten Chicagos. Einer Quelle zufolge sollte die Bevölkerung von Kane County von

---

[7] So war es geplant. Dass die entstandene Gemeinde später die Verwaltung des Freizeitzentrums nicht übernahm und dafür andere Lösungen gefunden wurden, konnte man zu dem Zeitpunkt noch nicht wissen.

4 – Analyse und Auswahl des Standorts für die neue Gemeinde

278,405 im Jahr 1980 auf 362,205 im Jahr 2000 anwachsen.[8] Tatsächlich wurden die Erwartungen aber noch übertroffen, denn im Jahr 2002 wurde die Bevölkerung offiziell auf 443,000 geschätzt.[9]

Laut der Northeastern Illinois Planning Commission wurde erwartet, dass Elburn von 1.224 Einwohner im Jahr 1980 auf 6.167 im Jahr 2010 wachsen wird, das ist ein jährliches Wachstum von 13 Prozent.[10] Ein Vergleich der Zahlen der Haushalte, die von dem Elburner Postamt versorgt wurden, zeigt von 1988 und 1993 einen jährlichen Zuwachs von über 5,5 Prozent.[11] Obwohl diese Zahlen nicht denen von der Planungs-Kommission entsprachen, zeigte sich doch ein bedeutender Zuwachs an Haushalten.

Nicht nur Vorhersagen, basierend auf Erhebungsdaten, und der Trend der Postkunden wiesen auf Wachstum hin, sondern auch die Bauaktivitäten rund um die Stadt, wo mehr und mehr Farmland für Wohn- und Industriezwecke erschlossen wurde.

Zum Einzugsgebiet der entstehenden Gemeinde zählten auch einige benachbarten Ortschaften und Siedlungen, die wenigstens teilweise mit Elburn verbunden sind, weil sie zum selben öffentlichen Schulbezirk gehören. Zurzeit der Gemeindegründung gab es im näheren Zielgebiet der Gemeinde etwas über 4.000 Haushalte.

Kurz gesagt, der Stadtteil wuchs und wachsende Stadtteile bringen Menschen in Umbruchsituationen. Nicht nur diejenigen, die in ihrer früheren Ortschaft zur Gemeinde gingen, würden sich nach einer neuen Heimatgemeinde umsehen, sondern auch Nichtkirchgänger könnten sich durch den Wohnungswechsel dafür öffnen, der Gemeinde eine Chance zu geben. Schaller schreibt: „Die Zahl der Gemeinden wird in dem Maße zunehmen, wie die Bevölkerung wächst. Neuzugänge werden eine attraktive Rechtfertigung für jemanden bieten, eine neue Gemeinde zu gründen."[12]

Der Bedarf an evangelikalen Gemeinden in Elburn

Bevor wir mit der Gründungsarbeit begannen, hatte Elburn nur eine römisch-katholische Kirche und eine reformierte Gemeinde, die United Church of

---

[8] *Illinois Population Trends 1980 to 2025.* State of Illinois, Bureau of the Budget, 1987.

[9] History of Kane County: „The economy and population grows", Web Site of Kane County in the State of Illinois, nach: http://www.co.kane.il.us/History/section06.htm, zuletzt erneuert am 12.01.2005, (Abruf: 6.10.2005).

[10] Higgins, Erik. „*Elburn Growth is estimated to Skyrocket*", The Elburn Chronicle, January 6, 1988.

[11] Zahlen vom Elburn Post Office zur Verfügung gestellt.

[12] Lyle E. Schaller *44 Questions for Church Planters,* (Nashville: Abingdon Press, 1991), 35; im Folgenden zitiert als: Schaller, *44 Questions.*

Christ. Obwohl einige Einwohner von Elburn zu Gemeinden außerhalb der Stadt fuhren (15 km entfernt gab es eine ganze Anzahl evangelischer Gemeinden), bestand dennoch Bedarf an zusätzlichen Gemeinden in Elburn, besonders einer evangelikalen Gemeinde. Dieser Bedarf und diese Gelegenheit wurde auch von der Assembly of God Church erkannt, die nach uns im Ort startete und von einer lutherischen Gemeinde, die mit Gottesdiensten in einem Gebäude nicht weit von Elburn entfernt begann und starkes Wachstum verzeichnet. Schaller, der für neue Gemeinden plädiert, schreibt: „Keine Kongregation besitzt die Fähigkeiten und kann die Mittel aufbringen, um jeden Ortsansässigen zu erreichen, anzuziehen, ihm zu dienen und auf seine Bedürfnisse einzugehen."[13]

4.3.2 Die Trägerorganisation
Gemeindegründung – ein Ziel der Deaconry

Gemeindegründung war für die Deaconry nichts Neues; die dazugehörigen Gemeinden waren in den letzten sechzig Jahren gegründet worden. Die Verfassung ihrer Synode beschrieb als ein Ziel, „ein Programm zur Gemeindegründung zu fördern".[14] Der Mangel an Diakonissen nötigte die Leiter der Organisation, ihre ursprüngliche Berufung wieder verstärkt zu sehen, nämlich zu evangelisieren und die, die sich bekehrt hatten, zu versammeln, um ihnen zu helfen, in ihrer Beziehung zu Christus zu wachsen.

Obwohl Gemeindegründung keine neue Aufgabe für die Deaconry war, gab es im Vergleich zwischen den bestehenden Gemeinden und der in Elburn doch große Unterschiede. Alle früheren Projekte wurden in den USA und Kanada mit deutschsprachigen Einwohnern begonnen (und eine unter Japanern). In Elburn würde die erste Evangelical Fellowship Church sein, die unter Englisch sprechenden Amerikanern gegründet würde, anstatt unter Deutsch sprechenden Einwanderern.

4.3.3 Die neue Gemeinde in Elburn – Auswertung und Schlussfolgerungen

Wenn man die Demografie betrachtet, kann man bestätigen, dass Elburn als Ort für eine neue Gemeinde gut geeignet war. Diese Möglichkeiten wurden von einigen Verantwortlichen der Deaconry während einer Zeit des Abwägens der verschiedenen Optionen für Elburn erkannt. Sie vertrauten Gott, dass sie in eine Gemeindegründung investieren sollten. So waren die Anwesenheit der Deaconry und der Bedarf einer neuen Gemeinde die Hauptfaktoren, um Elburn als Standort für die Evangelical Fellowship Church auszuwählen.

---

[13] Schaller, *44 Questions*, 30.
[14] „*Constitution of the Synod of the Evangelical Fellowship Chapels of the Fellowship Deaconry*, Inc." Liberty Corner, NJ, 1990

4.4 Hannover (Wettbergen) – Wie eine Organisation mutig neue Schritte geht

4.4.1 Der Ort
Bevölkerungswachstum in Hannover-Wettbergen

Wettbergen ist ein Stadtteil im Südwesten von Hannover im Bezirk Ricklingen. Der Stadtteil wuchs. Ganze Siedlungen wurden gebaut und die Bevölkerungszahl stieg an. Dass das Gebiet an Bedeutung gewann, wurde auch durch die Verlängerung der Straßenbahnstrecke deutlich, die seit dem Jahr 2000 bis nach Wettbergen führt. All das war ein Plus für Gemeindegründung. Außerdem gab es in Wettbergen und den angrenzenden Stadtteilen noch keine evangelikale Gemeinde.

In diesem Stadtteil kaufte ein Ehepaar aus der Landeskirchlichen Gemeinschaft zur Unterstützung der Gemeindegründung ein geeignetes Haus, damit es die Familie des Gemeindegründers mieten konnte. Damit war sogleich ein Büro und ein Standort für Hauskreise und andere Treffen gegeben. Im Stadtteil Wettbergen war also der Ausgangspunkt. Allerdings war von Anfang an klar, dass die neue Gemeinde auch Menschen aus anderen Stadtteilen erreichen würde.

Bedarf an evangelikalen Gemeinden im Südwesten Hannovers

Man erzählt, dass vor langer Zeit zwei Schuhverkäufer aus Chicago in ein Land Afrikas zur Marktforschung gesandt wurden. Unabhängig voneinander peilen sie die Lage an. Einer kommt erschöpft ins Hotel zurück und schickt sogleich ein Telegramm an seine Firma: „Hoffnungslos, so viele Leute laufen hier barfuß ... schlechter Markt für unsere Schuhe ... trete morgen Rückreise an." Der zweite Schuhverkäufer sendet ebenfalls ein eiliges Telegramm: „Große Absatzmöglichkeiten ... noch viele laufen barfuß ... ich bleibe hier ... sendet mir noch ein Sortiment unserer besten Schuhe."

In Hannover läuft man zwar nicht barfuß, nutzt aber die Schuhe doch selten zum Gottesdienstbesuch. Für die etwa 12.000 Einwohner Wettbergens zum Beispiel gab es nur eine einzige Gemeinde im Ort, die Evangelisch lutherische Kirchengemeinde. Eine katholische Kirchengemeinde und eine weitere Evangelisch lutherische Kirchengemeinde befinden sich im nächsten Stadtteil Mühlenberg. Bei unseren Hausbesuchen erfuhren wir später von einigen evangelikalen Hauskreisen. Nun, man könnte sagen: „schlechte Aussichten, man braucht uns nicht." Doch als wir, die Familie Schwing, aus den USA nach Hannover gezogen waren, hielten wir es lieber mit dem zweiten Schuhverkäufer: „große Chancen, so viele gehen noch nicht (oder nicht mehr) zu Gottesdiensten." Als in den ersten Wochen einmal eine frühere Mitarbeiterin aus der Gemeinde in Elburn bei uns zu Gast war, meinte sie, es wäre in den USA kaum vorstellbar, dass eine Stadt dieser Größenordnung, wie der Stadtteil Wettbergen, nur eine Gemeinde hat. Wir kamen also mit dem Ziel, in Hannover-Wettbergen eine Gemeinde zu pflanzen. Aber nicht nur die Stadtteile Wettbergen und Mühlenberg waren evangelikal gesehen schwach besiedelt, im gesamten Südwesten Hannovers gab es nur wenige solcher Gemeinden.

4.4.2 Die Trägerorganisation – Weitsicht einer Verbandsleitung und Gebebereitschaft einer Gemeinschaft

Schon seit Jahrzehnten arbeitet der Ohofer Gemeinschaftsverband in Hannover. Die Teilnehmerzahlen in der dazugehörigen Landeskirchlichen Gemeinschaft waren allerdings schon seit Langem rückläufig, obwohl sich Mitarbeiter – ehrenamtlich und hauptamtlich – sehr in der Gemeindearbeit einsetzten. Was sollte aus der Gemeinschaft werden? Diese Überlegungen beschäftigten natürlich auch den hauptamtlichen Leiter des Verbandes, Rainer Keupp. In großer Weitsicht und mit dem Wunsch, neue Gemeinden entstehen zu sehen, schlug er den Christen in der Gemeinschaft vor, ganz uneigennützig ein Gründungsprojekt in Hannover zu unterstützen, von dem sie zunächst nichts haben würden. Es sollte eine neue Gruppe an einem neuen Ort entstehen. Selbst wenn die Gemeinschaft nach der Ausgabe der letzten Finanzen die Türen schließen müsste, hätten sie ein wertvolles Projekt unterstützt. Der Vorstand der Gemeinschaft konnte dafür gewonnen werden und so wurde die Gemeindegründung in Hannover-Wettbergen das Missionsprojekt für die Gemeinschaft (Alemannstraße). Es gab auch den Gedanken, die kleine Gemeinschaft später durch Mitarbeiter der neuen Gemeinde unterstützen zu lassen – als Außenstation.

Die Fragen nach dem Ort und der Finanzierung der ersten Jahre waren schon geklärt, bevor meine Familie und ich nach Hannover umzogen. Obwohl ich auch Verkündigungsdienste in der Gemeinschaft übernehmen sollte, war doch klar, dass meine Hauptaufgabe die der Gemeindegründung war. Diakonisse Ingeborg Spiller – sie betreut die Christen in der Gemeinschaft – wies dort immer wieder darauf hin, dass „Eide Schwing unser Missionar ist", damit Mitglieder nicht falsche Erwartungen für die eigene Gemeinschaft hegen würden. So haben die Christen der Gemeinschaft durch ihr Geben und Beten zum Aufbau einer neuen Gemeinde beigetragen. Durch ihre Offenheit für die Vorschläge der Verbandsleitung wurde die Gründung in Hannover konkret.

Weil eine kleine Gemeinschaft allein nicht in der Lage ist, ein solch großes Projekt zu finanzieren, halfen der Ohofer Gemeinschaftsverband und die Stiftung Marburger Medien entscheidend mit, die Finanzierung zu sichern.

4.4.3 Die neue Gemeinde in Hannover – Auswertung und Schlussfolgerungen

Wie solch ein gemeinsames Vorgehen aussehen kann und was Gott daraus gemacht hat, das wurde rückblickend von Rainer Keupp beschrieben:

> Ein Wunder Gottes feiert Jubiläum
>
> Ich spreche von der Gemeindegründung Hannover-Wettbergen, wie wir sie immer nannten. Die ersten Anfänge liegen nun 10 Jahre zurück. 1995 begannen Eide und Helga Schwing mit einem kleinen Team ein missionarisches Gemeinde-Gründungsprojekt innerhalb eines größeren Zuzugsgebietes im Süden Hannovers – sozusagen „auf der grünen Wiese".
>
> Ausgangspunkt war einerseits unsere kleiner werdende Gemeinschaft in Hannover-Mitte, die aber immer ein brennendes Herz für missionarische Arbeit behielt, und andererseits eine wachsende Großstadt mit ungezählten vom Evangelium unerreichten Menschen.
>
> So wuchs unter uns eine Art Vision für eine der besonders effektiven Missionsmöglichkeiten unserer Tage, mit einer Gemeindeneugründung einen ganz anderen Personenkreis ansprechen und Gemeindearbeit genau auf die Bedürfnisse dieser Menschen ausrichten zu können. Es war unser gemeinsames Projekt – unterstützt auch von der Stiftung Marburger Medien (damals noch Blättermission) – und stark finanziell mitgetragen von der örtlichen Gemeinschaft in der Alemannstraße, Hannover.
>
> Was wir heute dort sehen und erleben ist für mich nur mit dem Wort „Wunder" angemessen zu beschreiben. Heute nach 10 Jahren besteht die nun offizielle „Christus-Gemeinde Hannover e.V." als neue etablierte Gemeinde in unserem Gemeinschaftsverband und als geachteter Partner in der Evangelischen Allianz von Hannover.
>
> Sie hat im vergangenen Jahr eine eigene Gemeindeleitung eingesetzt und bereits 37 Mitglieder aufnehmen können. Der Gottesdienstbesuch liegt aber meistens bei weit über 80 Personen jeden Alters. Am 11. September feierten wir nun gemeinsam das 10-jährige Bestehen in einem Open-Air-Gottesdienst mit anschließendem Grillfest. In dieser konkreten Beteiligungsgemeinde hat jeder seine Aufgabe und da kommt es auf jeden Einzelnen an. Eine Atmosphäre der freundlichen Offenheit und engagierten Liebe kommt dem Besucher förmlich entgegen. Eine Reihe von Haus-

kreisen und missionarischer Initiativen mit konsequent geförderten Mitarbeitern zeichnet diese Gemeinde aus. Heute ist die Christus-Gemeinde Hannover auch finanziell nahezu selbstständig und beginnt bereits für andere Gemeinden und den Verband solidarisch Verantwortung zu übernehmen. Gott hat uns hier eine großartige Erfahrung seiner Wunderkraft machen lassen. Er hat sichtbar Gebete und Glauben beantwortet, sodass wir nur staunen können. Und ich bin stolz darauf, das so miterlebt haben zu dürfen.

Ein herzliches Danke... Wir freuen uns mit Ihnen, über das, was Gott uns hier gemeinsam anvertraut hat. Daraus erwächst aber immer auch eine Verantwortung. Es ist die Verantwortung, im Glauben mutig etwas zu wagen und sich nicht auf Erreichtem auszuruhen! Gott ist es wert![15]

4.5 Allgemeingültiges

4.5.1 Bevölkerungswachstum

Weshalb wird eigentlich in der Fachliteratur so großen Wert auf die Beobachtung der Bevölkerungsentwicklung gelegt? Drei Gründe sollen hier genannt werden.

Erstens bringt Bevölkerungswachstum Menschen in das Zielgebiet, die angesprochen und eingeladen werden können. Zum einen werden Menschen dabei sein, die schon an ihrem früheren Wohnort für die Begegnungen mit dem Gründungsteam vorbereitet wurden. Gott hat sie dort durch andere Christen vorbereitet. Es werden auch Christen in das Gebiet ziehen, die eine Gemeinde suchen und eingeladen werden können.

Zweitens, der Umzug in ein neues Haus oder eine neue Wohnung bringt eine Krisensituation mit sich. Durch den Umzug, womöglich noch in eine neue Stadt, verändert sich so vieles im Leben der Menschen, dass sie für einige Zeit für Neues aufgeschlossen sind. Sie orientieren sich neu, suchen vermehrt Kontakte, bauen ein neues Netzwerk von Freunden und anderen sozialen Kontakten auf. Bis hin zur Zeiteinteilung und zum Setzen von Prioritäten bleibt vieles zunächst sehr flexibel. Alte Kontakte und Freizeitgewohnheiten werden erst einmal zurückgelassen. Mit der Zeit wird sich dies alles wieder einstellen, der neue Freundeskreis wird sich gefestigt haben, die Abende werden mehr oder weniger verplant sein und über seine Beziehung zu Gott hat man auch so seine festen Ansichten. Deshalb ist es für das Gründungsteam so wichtig, neue Mit-

---

[15] Rainer Keupp, „Jahresbericht des Ohofer Gemeinschaftsverbandes e.V." (Wolfsburg, 4. März 2006), 1-2.

4 – Analyse und Auswahl des Standorts für die neue Gemeinde

bürger zu erreichen, bevor sie in alte Routine verfallen und meinen, ohne Gott und Gemeinde auskommen zu können.

Drittens ist die allgemeine Atmosphäre in einem wachsenden Gebiet meist positiver als in Städten, die zahlenmäßig abnehmen. Es ist etwas in Bewegung. Die Infrastruktur der Kommunen verändert sich, um mit den wachsenden Bedürfnissen mithalten zu können. Neue Geschäfte werden errichtet, bestehende Geschäfte erweitern ihr Angebot. Neue Bevölkerungsanteile bringen Erwartungen und Hoffnungen mit sich. Wer umzieht meint oft, die Zukunft vor sich zu haben und hat positive Erwartungen ans Leben. Dies alles bringt eine Offenheit für Neues mit sich – und zu dem Neuen könnte auch eine neue Gemeinde gehören. Werden solche Menschen dann für das Evangelium und die Gemeinde erreicht, kommen damit außerdem zukunftsorientierte Menschen in den Mitarbeiterkreis. Das ist eine gute Voraussetzung für weiteres Wachstum der Gemeinde.

4.5.2 Der Bedarf an evangelikalen Gemeinden – ein starkes Motiv

Orte brauchen evangelikale Gemeinden, um den Christen und Nichtchristen mit dem Evangelium zu dienen, um sich nach denen auszustrecken, die neu in der Stadt sind und ebenso nach denen, die schon lange dort wohnen, aber noch keine aktiven Gemeindemitglieder sind. Je größer die Städte, desto mehr Gemeinden sind nötig.

4.5.3 Gemeinsamkeiten bei Team und Zielgruppe – ein großer Vorteil

Natürlich müssen der Gemeindegründer und sein Team beachten, wer in den wachsenden Stadtteil einzieht. Nach Hannover-Wettbergen zogen zum Beispiel viele Deutsche, die aus Russland ausgewandert waren. In einem anderen Gebiet mit neuen Einfamilienhäusern wohnten vorwiegend junge Familien. All dies hat Folgen für die Strategie des Teams. Eine wichtige grundsätzliche Frage ist, inwieweit das Team zu den Menschen im Zielgebiet passt. Gibt es Gemeinsamkeiten? Ein junger Gemeindegründer mit Familie wird zum Beispiel ganz natürliche Kontakte zu anderen jungen Familien aufbauen können. Wo gibt es Anknüpfungspunkte? Welche gemeinsamen Erwartungen hat man? Welche gemeinsamen Interessen? Welche gemeinsamen Probleme? Wenn zum Beispiel vor Ort die Kindergärten knapp wären, beträfe das auch die Teammitglieder, wenn sie selbst kleine Kinder haben. Das könnte sie in Kontakt bringen mit anderen, die ebenfalls nach Lösungen suchen.

Eine bestimmte Zielgruppe in der Bevölkerung erreichen zu wollen, ist ein sinnvolles Vorgehen. Jedoch darf man nicht unterschätzen, wer wir selbst sind und in welcher Lebensphase wir uns gerade befinden. Das hat starke Auswirkungen darauf, wen wir leichter ansprechen können. Als Helga und ich unsere

Gründungsarbeit in Elburn begannen, hatten wir selbst ein Baby und ein Kleinkind. Nach einigen Jahren fiel uns auf, dass junge Familien mit Kleinkindern in der entstehenden Gemeinde waren. Später, in Hannover, waren Familien mit älteren Kindern besonders stark vertreten. Je länger man allerdings arbeitet und je mehr Menschen man erreicht, desto vielseitiger wird dann auch die Altersstruktur einer Gemeinde, weil mehr und mehr Personen dazukommen, die dann wiederum neue Kontakte knüpfen. Wichtig ist, dass man bei allem Bemühen um Zielgruppen bedenken muss, wer man selbst ist und wer im Gründungsteam mitarbeitet.

Eine bestimmte Zielgruppe in der Bevölkerung erreichen zu wollen, ist eine sinnvolle Vorgehensweise. Jedoch darf man nicht unterschätzen, wer wir selbst sind und in welcher Lebensphase wir uns gerade befinden. Das hat starke Auswirkungen darauf, wen wir leichter ansprechen können.

4.5.4 Gottes Segen für beide

Die sendende Organisation gibt nicht nur, sondern sie empfängt auch Segen durch das Gründungsteam und dann auch durch die neue Gemeinde. In Elburn gab es für die Deaconry eine neue Perspektive für die Evangelisationsarbeit und die Nutzung der Immobilie. Von der neuen Gemeinde in Hannover gingen Impulse und neue Motivation für Evangelisation und den Gemeindebau aus. Das tat dem Verband und manchen seiner Gemeinden gut. Dass die entstehenden Gemeinden in Elburn und in Hannover von den sendenden Organisationen viel Gutes empfingen, ist ganz offensichtlich. Wenn eine Organisation gibt, wird sie auch empfangen; dafür sorgt Gott.

5 Die Auslöser zum Start neuer Gemeinden

> Als sie [Christen der Gemeinde in Antiochia] einmal für einige Zeit fasteten und sich ganz dem Gebet widmeten, sagte ihnen der Heilige Geist: »Gebt mir Barnabas und Saulus für die besondere Aufgabe frei, zu der ich sie berufen habe!« Nach einer weiteren Zeit des Fastens und Betens legten sie den beiden die Hände auf und ließen sie ziehen (Apg 13,2-3).

Gott setzt Menschen in Bewegung. Damals in Antiochia sprach der Heilige Geist zu denen die fasteten und beteten und die Christen verstanden, dass sie Barnabas und Saulus ziehen lassen sollten (Apg 13,1-3). So geschah es bei seiner ersten Missionsreise, während die zweite Reise zur Stärkung der neuen Christen und der jungen Gemeinde begann (Apg 15,36), um dann Neuland für Christus zu gewinnen. Es steht im Bibeltext nicht, wie er zu diesem Entschluss kam. Vielleicht taten sie einfach das Naheliegende; jedenfalls war es im Sinne Gottes, der auch auf dieser Reise die Leitung übernahm.

Damals wie heute gebraucht Gott Initiatoren und Unterstützer, entweder aus einer Gemeinde, einem Gemeindeverband, einem Hauskreis, einem Team von Gemeindegründern oder auch den Pionier-Gemeindegründer, um etwas Neues zu beginnen. Es existieren verschiedene Formen der Unterstützung von Gemeindegründungsinitiativen. Nur die wichtigsten Vor- oder Nachteile verschiedener Konzepte können hier diskutiert werden. In der konkreten Gründungssituation hängen viele Entscheidungen von der gegebenen Situation und den beteiligten Personen ab. In den meisten Fällen wird es eine Mischung von Förderern geben, wie z. B. einen Verband, der den Gemeindegründer beruft oder einen Hauskreis, der an einen Verband herantritt und um Unterstützung für eine Gemeindegründung bittet. Jede Vorgehensweise hat seine Vorteile, birgt aber auch Herausforderungen in sich. Die folgenden Ausführungen zeigen bereits, auf welch unterschiedliche Weise Jesus für neue Gemeinden sorgt.

5.1 Eine Gemeinde als Initiator und Förderer

Eine Gemeinde kann mehrere ihrer Mitglieder als Kerngruppe für eine neue Gemeinde aussenden. Wenn z. B. Gemeindeglieder in denselben Vorort umziehen und weiterhin zu ihrer Gemeinde im Zentrum fahren, dann könnte die Gemeinde darüber nachdenken, in diesem Vorort eine neue Gemeinde zu gründen.

Eine Gruppe von Christen, die in den maßgeblichen Glaubensfragen übereinstimmt und auch die Bedeutung der finanziellen Unterstützung akzeptiert, kann ein wichtiger Aktivposten für das neue Projekt sein. Des Weiteren könnten dann die finanziellen Angelegenheiten zunächst von der Muttergemeinde beaufsichtigt werden, solange die neue Gemeinde noch nicht als Körperschaft eingetragen ist. Quittungen für Spenden aus der neuen Gemeinde können zum Beispiel an die Spender ausgegeben werden, ohne dass die neue Gemeinde sich auf zeitaufwendige organisatorische Fragen konzentrieren muss, wie sie dann bei der Gründung eines eingetragenen Vereins nötig werden.

So hilfreich die Muttergemeinde am Anfang sein kann, so nachteilig kann eine zu starre Anbindung an diese später werden. Die Kerngruppe besteht nicht nur aus Christen mit starken theologischen Überzeugungen. Es können auch Menschen dabei sein, die festgelegte Erwartungen haben, wie eine Gemeinde funktionieren soll und wie der Gottesdienst abzulaufen hat. So kann die neue Gemeinde leicht eine Kopie der Muttergemeinde werden, der die nötige Flexibilität fehlt, um neue Leute in einem anderen Umfeld erreichen zu können.

Die Tochtergemeinde muss auch der Versuchung widerstehen, von der finanziellen Hilfe der Muttergemeinde abhängig zu bleiben. Wenn schließlich die unterstützende Gemeinde und die neue Gemeinde sich ihrer Schwächen und Stärken bewusst sind (und davon gibt es mehr, als hier erwähnt wurden), kann das Mutter-Tochter-Modell sehr effektiv sein. Eine Möglichkeit wäre, die finanzielle Loslösung von vornherein stufenweise zu planen.

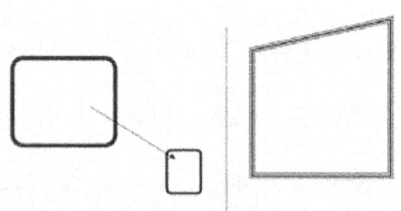

Abbildung 4:
Die Tochtergemeinde hat eine etwas andere Form als die sendende Gemeinde, aber dieselbe geistliche „Blutgruppe". Jahre später wird sie vielleicht größer sein als die Muttergemeinde – mit anderen Formen (z. B. im Gottesdienst), geprägt von der Zielgruppe und den Mitwirkenden.

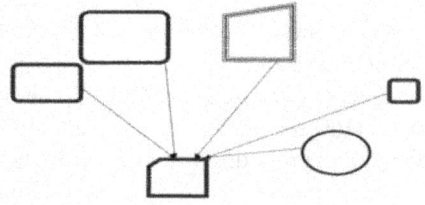

Abbildung 5:
Mehrere Gemeinden – auch kleine – beteiligen sich an der Gründung einer neuen Gemeinde. Die Form der neuen Gemeinde richtet sich weniger nach den Formen der unterstützenden Gemeinden, sondern vielmehr nach den Zielen und Schwerpunkten des Teams, das Menschen am neuen Ort erreicht.

5.2 Ein Gemeindeverbund als Initiator und Förderer

Gemeindegründung kann nicht nur in die Verantwortung einzelner Gemeinden liegen, denen oft die Vision und die Mittel (Finanzen, Personal, Fachkenntnis etc.) fehlen. Gemeindeverbände oder Missionen, die mit Gemeinden zusammenarbeiten, müssen neue Gemeinden ins Leben rufen und unterstützen. Dazu benötigen sie Leiter, denen dieses Anliegen am Herzen liegt. Der Verband untersucht, welche Stadt am besten für ein Projekt geeignet ist, wählt die Gemeindegründer und begleitet dann das neue Projekt. Auch die Variation, dass mehrere Gemeinden übereinkommen, eine neue Gemeinde zu gründen, ist denkbar (siehe Abbildung 5).

Ein andermal geht die Initiative von einer kleinen Gruppe aus, die sich bereits in der Stadt gebildet hat und die nun an den Verband herantritt und um die Entsendung eines Gemeindegründers bittet. Wenn der Gemeindegründer von einem Gemeindebund unterstützt wird, kann er sich auf seine Aufgabe der Evangelisation und des Gemeindebaus konzentrieren und muss sich über sein monatliches Einkommen keine Sorgen machen.

Obwohl der Gemeindegründer nicht für seinen eigenen Unterhalt werben muss, wenn der Verband sich ihm gegenüber für einige Jahre verpflichtet hat, wird er die finanzielle Entwicklung der neuen Gemeinde im Auge behalten. Er muss darauf achten, dass sich die neue Gemeinde selbst versorgen will und dass dieser Wille auch in konkreten Zahlungen sichtbar wird. Das Ziel ist eine selbstständige Gemeinde, die sich – in der Abhängigkeit von Jesus Christus – selbst finanziert und selbst verwaltet. Schaller schreibt: „Große langfristige Zuwendungen können zu Abhängigkeit führen und entmutigen zahlenmäßiges Wachstum."[1] Die Leiter sollten den Gemeindegründer wissen lassen, wie lange der Verband oder Bund die neue Gemeinde finanziell unterstützen will.[2] Sie sollten aber auch Flexibilität und Geduld zeigen, da die Entwicklung von Gemeinden unterschiedlich verläuft. Schrittweise lernt die Gemeinde, ihren eigenen Bedarf zu decken und später, neue Gründungsprojekte des Verbands mit zu tragen.

5.3 Einzelpersonen und Gruppen als Initiatoren und Förderer

Eine Gruppe von Christen, die sich im Hausbibelkreis trifft, kann zahlenmäßiges Wachstum erleben und sich folglich entscheiden, einen Gemeindegründer

---

[1] Schaller, *44 Questions*, 139.
[2] Schaller, *44 Questions*, 185.

zu berufen, um eine neue Gemeinde zu organisieren. Manchmal versammelt sich eine Gruppe, nachdem sich Mitglieder aus theologischen oder zwischenmenschlichen Gründen von einer Gemeinde getrennt haben. In jedem Fall bildet bei diesem Modell eine örtliche Gemeinschaft von Gläubigen den Stamm für die sich formierende Gemeinde.

5.3.1 Gruppen, die sich aus einer Gemeindespaltung formieren

Wenn sich die Mitglieder eines Hauskreises von einer Gemeinde trennen, kann die Einigkeit über die Gründe dieser Spaltung eine bestimmte Zeit für den Zusammenhalt der Gruppe sorgen. Dieses Band kann jedoch auf egozentrischen Motiven und Groll gegen die frühere Gemeinde beruhen. Dadurch kann hier Segen versagt bleiben, da die neue Gemeinde in diesem Fall unter einem negativen Vorzeichen startet. Towns zählt noch andere Nachteile auf: Der neuen Gemeinde kann starke Opposition durch die alte Gemeinde begegnen. Außerdem könnten Mitglieder, die bereits vorher mit anderen nicht ausgekommen sind, in einer neuen Gemeinde wiederum Probleme machen.[3] Ein Pastor sollte sich sorgfältig über die Gründe und Umstände der Spaltung unterrichten, bevor er den Ruf als Gründungspastor annimmt. Andernfalls wird die Kerngruppe eher eine Last als ein Segen werden. Langfristig sollte eine Versöhnung angestrebt werden, auch wenn das Zeit braucht.

5.3.2 Andere Hausbibelkreise

Die meisten Hauskreise, die sich zu einer Gemeinde entwickeln wollen, kommen nicht aus einer Gemeindespaltung. Was auch immer ihre Geschichte ist, Hauskreise können der Grundstock einer neuen Gemeinde werden, z. B. in neuen Wohngebieten. Die Hingabe an die Bibel und die Chance, ohne großes finanzielles Risiko (es müssen keine neuen Räume gemietet werden) eine Kerngruppe zu bilden, machen diese Methode sehr attraktiv.[4]

Die Beteiligten brauchen Zeit, sich gegenseitig kennenzulernen und sich mit der Gruppe und ihren Zielen zu identifizieren, um sich als Stoßtrupp zu formieren. Redford schreibt: „Das neue Werk braucht Zeit, um seine Basis zu erweitern. Die Gemeinschaftsphase gibt der Kerngruppe Zeit, eine finanzielle Grundlage zu schaffen."[5] Die finanzielle Grundlage kann geschaffen werden, indem man Haushalterschaft lehrt und Christen gewinnt, die an das Geben des Zehnten gewöhnt sind. Auch wenn bisher nur Hauskreise bestehen, erfordert die Ar-

---

[3] Elmer Towns, *Getting a Church Started*, (Lynchburg, VA: Church Growth Institute, 1985), 97; im Folgenden zitiert als: Towns, *Getting a Church Started*.
[4] Towns, *Getting a Church Started*, 86.
[5] Jack Redford, *Planting New Churches,* (Nashville: Broadman Press, 1978), 63; im Folgenden zitiert als: Redford, *Planting New Churches.*

beit Geld, besonders wenn Briefe, Zeitungsanzeigen, Internetauftritte oder anspruchsvolle Veranstaltungsangebote eingesetzt werden, um Menschen vor Ort zu erreichen. Die Erfahrung in Elburn zeigte allerdings, dass finanzielle Unterstützung in nennenswertem Umfang erst mit dem ersten öffentlichen Gottesdienst begann. Solange die Gruppe sich hauptsächlich zum Hausbibelkreis traf, erkannten die meisten Mitglieder den Bedarf an finanziellen Mitteln nicht.

Towns schreibt, dass es lange dauert, ehe eine Gemeinde aus einem Bibelkreis entsteht und dass „viele Bibelgruppen niemals Gemeinden werden."[6] Er beobachtet einen Mangel an Glauben bei den Leitern und vermisst ihre klaren öffentlichen Aussagen, dass sie dabei sind, eine Gemeinde zu gründen.[7] Einige, die die Hausbibelkreise besuchen, gehören bereits zu einer Gemeinde und wollen zu keiner neuen wechseln.

Wenn jedoch das Hauskreis-Modell mit dem Pionier-Pastor-Modell kombiniert wird, wie es später am Beispiel Elburn diskutiert wird, kann das höchst effektiv sein. Es muss eben jemand mit dem starken Willen beseelt sein, eine Gemeinde zu gründen. Ob dies ein hauptberuflicher Mitarbeiter ist oder nicht, spielt nicht die entscheidende Rolle.

Wer auch immer den Anstoß für die Gründung gibt, es muss zu einer gesunden Teambildung vor Ort kommen. Außerdem erachte ich die konzentrierte Arbeit eines Gemeindegründers – sei es nun eine Einzelperson oder ein Ehepaar, für ausschlaggebend. Beides wird in den folgenden Kapiteln aufgegriffen.

5.4 Die in Elburn und Hannover angewandte Strategie

Für das Elburn-Projekt wurde eine Kombination von Modellen umgesetzt. Die Fellowship Deaconry als die unterstützende Organisation berief den Gemeindegründer. Als der Pastor, in diesem Fall ich, ausgewählt war, wurde ihm das Ziel der Arbeit beschrieben, nämlich eine Gemeinde zu starten – und später, mithilfe dieser neuen Gemeinde, das Freizeit- und Einkehrzentrum der Deaconry zu führen. Dem Projekt wurde kein Zeitlimit gesetzt. Neben der finanziellen Zuwendung trugen die Mitglieder der Deaconry in verschiedenen Landesteilen durch ihre Gebete zum Gelingen bei.

Aufgrund meiner früheren evangelistischen Arbeit als Prediger in Berlin nutzte ich insbesondere Hausbesuche und Hausbibelkreise für die Kontaktaufnahme und die Vertiefung der Kontakte. Es muss einem Gemeindegründer darum gehen, Menschen für Christus und die neue Gemeinde zu gewinnen, dann aber

---

[6] Towns, *Getting a Church Started*, 86.
[7] Towns, *Getting a Church Started*, 86.

auch darum, diejenigen zu fördern, die bereits Christen sind. Außerdem muss das Fernziel immer wieder im Auge behalten und den Mitarbeitern vermittelt werden: die Gründung einer Gemeinde. Der Teamleiter muss sichergehen, dass die Menschen, die sich in den Hauskreisen beteiligen, diese Hauskreise nicht als das Ziel an sich ansehen. Es geht nicht nur um Hauskreise – sondern um Hauskreise, die wichtige Bausteine für etwas Größeres sein sollen. Es geht um die Vervielfältigung von Hauskreisen und den Bau der Gemeinde.

Oft ist es so, dass die Arbeit an einer Gemeindegründung beginnt, bevor der eigentliche Gemeindegründer auf den Plan tritt. So war es auch in Hannover. Jürgen Mette ist so ein Visionär und Wegbereiter. Er motivierte viele Gemeindeleiter, das Evangelium kreativ zu vermitteln und die Gemeinden so zu gestalten, dass sie dadurch wachsen. Doch er setzt sich auch sehr persönlich für die Gründung neuer Gemeinden ein. Über die Planungsphase der Gemeinde schreibt er Folgendes:

> Ich war damals in Deutschland im Dienst eines traditionellen pietistischen Gemeinde-, Diakonie- und Missionswerkes, dem DGD e.V. in Marburg, für Gemeindeentwicklung, Gemeindegründung und Evangelisation verantwortlich[8]. Wir waren fest entschlossen, nicht nur pflegend und bewahrend Gemeinde Jesu zu verwirklichen, sondern auch Neues zu wagen. Das war bis dahin Hoheitsgebiet der Freikirchen. Gemeindegründung war im Pietismus, der seinen Dienst weitgehend als Ergänzung von örtlichen Kirchengemeinden verstanden hat, kein Thema.

> Aber einige prägende geistliche Leiter dieses Werkes[9] haben die Zeichen der Zeit erkannt und Anfang der 90er-Jahre das Thema Gemeindegründung auf allen Ebenen zum Gespräch gemacht.[10]

Es kam zu konkreten Planungen und so wurde Familie Schwing angefragt, ob sie wieder nach Deutschland zurückkommen könnte, um hier eine Gemeinde zu gründen. Wobei es nicht bei einer neuen Gemeinde bleiben sollte. Auch andere Gemeindegründer sollten gefunden, motiviert und geschult werden. Jürgen Mette schreibt weiter:

> Dabei war uns von vorn herein klar, dass wir für die Findung eines geeigneten Gründungsortes den Pionieren Freiheit gewähren mussten. Aber es gab einen innovativen Regionalverband in Niedersachsen[11], der mit seinem experimentierfreudigen und risiko-

---

[8] Deutscher Gemeinschafts-Diakonieverband (DGD) mit Sitz in Marburg.
[9] Günter Hopp, Rainer Keupp, Theo Wendel und Harry Wollmann.
[10] Jürgen Mette (persönliche Mitteilung, 12.02.2010).
[11] Ohofer Gemeinschaftsverband e.V. mit Sitz in Wolfsburg.

5 – Die Auslöser zum Start neuer Gemeinden

bereiten Leiter in der Lage war, diesem Modell-Gründungsprojekt einen denominationellen und institutionellen Rahmen zu bieten. Und weil Schwings in den USA die Gemeinde durch den Einsatz von gut gemachten Verteilmedien von Tür zu Tür aufgebaut haben, wurde ein deutsches Medienmissionswerk[12] bald auf sie aufmerksam. So bildeten der Gemeinschaftsverband und das Missionswerk den finanziellen Rahmen für das Gründungsprojekt und stellten die Finanzierung für die ersten Jahre sicher.

---

[12] Marburger Blätter-Mission, seit 2002 „Stiftung Marburger Medien".

6 Das Team: Damit die Gemeinde schneller wächst und vielseitiger wird

> Pläne ohne Beratung schlagen fehl; durch gute Ratgeber führen sie zum Ziel (Spr 15,22).
>
> Und auch die versprochenen Gaben hat er ausgeteilt: Er hat die einen zu Aposteln gemacht, andere zu Propheten, andere zu Evangelisten, wieder andere zu Hirten und Lehrern der Gemeinde (Eph 4,11).

6.1 Die Dynamik eines Teams beflügelt, fordert aber auch heraus

Gemeindegründer können bei ihrer Aufgabe sehr einsam werden. Entmutigung kann sich einschleichen, zum Beispiel wegen der Feststellung, dass man für manche der vielfältigen Aufgaben doch nicht so begabt ist. Es dauert seine Zeit, bis ein Mitarbeiterkreis geformt werden kann, wenn man sozusagen bei null anfängt. Diese und andere Gründe machen das Team-Modell zu einer guten Alternative. Statt eines einzelnen Gemeindegründers und seiner Familie wird bei diesem Modell gleich mit einem Team gestartet. Die Teams können verschieden groß sein und die Beteiligten können als Vollzeit- oder Teilzeitarbeiter mitwirken.

Jesus sandte seine Jünger zu zweit aus (Lk 10,1). Auch Barnabas und Paulus hatten Johannes (auch Markus genannt) auf ihrer ersten Missionsreise in ihrem Team (Apg 13,5). Später arbeitete Paulus mit Silas (Apg 15,40), mit Timotheus (Apg 16,1) und anderen.

Ein Team bildet eine Gemeinschaft, in der gegenseitige Unterstützung gewährleistet ist und füreinander Verantwortlichkeit übernommen wird. Es ist eine Kerngruppe, die andere einladen kann mitzumachen. Shenk und Stutzman schreiben:

> Das Team im Einsatz ist schon eine Gemeinde, wenn auch eine kleine. Die Zusammenarbeit des Teams in Bußfertigkeit und Harmonie zeigt den Leuten den Charakter der Gemeinde, die gebaut werden soll.[1]

---

[1] Shenk and Stutzman, *Creating Communities*, 44.

Aber auch bei einem Team müssen die Mitarbeiter wissen, wer der Leiter ist und wie Entscheidungen getroffen werden. Jeder Einzelne muss an den Beziehungen arbeiten, sonst kann dieser Mitarbeiterkreis eine Bürde werden, weil zu viel Zeit damit vergeudet werden muss, das Team aufrecht zu erhalten, anstatt Außenstehende zu erreichen. Shenk und Stutzman schätzen das Potenzial für Gemeindegründung durch Teams sehr hoch ein. Sie stellen fest, warum ein Team wesentlich ist. Zum Beispiel erklären sie:

> Ein Team, das in Harmonie arbeitet, ist ein Zeichen von Gottes Liebe. ... Das Team ist ein Modell für geteilte Autorität und Verantwortlichkeit ... Das Team erzeugt Synergie und sorgt für einen größeren Gesamteffekt als individuelle Arbeit.[2]

Die Autoren geben auch eine biblische Erklärung für die Stärke des Team-Modells. Sie bemerken:

> Paulus benutzte dieses Wort (Synergie), um seine Beziehung zu Priszilla und Aquila, Urbanus, Timotheus zu beschreiben ... Wenn Menschen zusammenarbeiten, entstehen Stärke und Kreativität, die nicht durch die Anstrengung von jemand erreicht werden können, der allein arbeitet.[3]

Diese Tatsachen wurden in Elburn sichtbar, wo wir sozusagen als Mini-Team gearbeitet haben. Zunächst waren meine Frau und ich dort. Doch schon bald kam Ron Celentano als Vollzeitkraft dazu, um in der Besuchsarbeit (von Tür-zu-Tür), dem Kinderprogramm und einem Hauskreis mitzuwirken. Ein Beispiel: Ron und ich waren während einer Phase der Gemeindegründung intensiv zu Hausbesuchen unterwegs. Das war eine von Rons Stärken, während meine Frau durch Telefonate und praktizierte Gastfreundschaft mit den interessierten Menschen Kontakte aufbaute und vertiefte.

Ein weiterer Vorteil des Team-Modells soll hier erwähnt werden. Wenn die Gemeinde mit Gottesdiensten beginnt, konzentriert sich der Pastor sehr oft auf das Gemeindeprogramm und auf die Menschen, die bereits zu den Veranstaltungen kommen. Sein Augenmerk wendet sich immer mehr vom Gewinnen neuer Christen zum Verwalten, Lehren und Organisieren. Er ist immer häufiger intern beschäftigt. Seine Kontakte zu Menschen, die in keine Gemeinde gehen, leiden darunter. Das ist im Hinblick auf das Ziel, ein beständiges Gemeindewachstum zu haben, nicht hilfreich. Schaller bemerkt dazu „Dieses Syndrom hat viele Spezialisten für Gemeindegründung zu dem Schluss gebracht, dass es

---

[2] Shenk and Stutzman, *Creating Communities*, 50.
[3] Shenk and Stutzman, *Creating Communities*, 50.

das wirksamste und häufig auf lange Sicht finanziell günstigste Vorgehen ist, wenn man mit einem Team von zwei bis sieben Mitgliedern beginnt."[4]

Durch das Team können die neuen Aufgaben auf verschiedene Mitarbeiter verteilt werden, sodass die Kontakte zu Menschen außerhalb der Gemeinde leichter fortgeführt werden können. Da Mitglieder Persönlichkeiten sind und verschiedene Talente mitbringen, sprechen sie außerdem unterschiedliche Leute an. Wenn ein Team sich die Verantwortung teilt und seine Wirksamkeit immer größere Kreise zieht, wächst die Gemeinde schneller und wird daher früher selbstständig für ihr Personal und ihren Dienst sorgen können, als dies bei dem Start durch einen einzelnen Gemeindegründer möglich ist.

So wurde im September 2005 am Mitgliedertag des Hensoltshöher Gemeinschaftsverbandes (HGV) ein Team nach Ingolstadt ausgesandt. Nach mehrjähriger Vorbereitung hatte sich zunächst herauskristallisiert, in welcher Stadt die Gemeinde gegründet werden sollte und dann auch, wer zum Team gehören würde. Drei Ehepaare, drei Kinder und zwei junge Frauen zogen in eine für sie neue Stadt, um das „Gemeindegründungsprojekt Ingolstadt" zu beginnen. Federführend für das Team waren Jörg Seitz und die Diakonisse Hella Martin, die beide bereits hauptamtlich mit Gemeindearbeit vertraut waren und sich sehr sorgfältig auf das Unternehmen vorbereitet hatten. Jörg Seitz sieht folgende Vorteile für ein Team:

> Im Team zu arbeiten gibt Sicherheit! Gemeinsam werden Entscheidungen getroffen zu den Themen: Finanzierung von Projekten, Kraftressourcen des Teams, strategische Planung von missionarischen Maßnahmen u.v.a. Gemeinsam werden Fehler gemacht, gemeinsam wird Neuland betreten. Das verbindet und steckt andere an. Wir machen uns gegenseitig Mut und lachen zusammen. Wir kennen Tränen und schämen uns nicht, diese zu zeigen. Wir lernen so zu leben, wie die Gemeinde einmal sein soll.
>
> Wir sind als Gründungsprojekt mehr sichtbar! Andere fragen uns: „Wer seid ihr?" Das klingt besser als die Frage: „Wer bist du?" Ein Team klingt zunächst glaubhafter als ein Einzelgänger. Wir können zusammen feiern, singen, beten, Bibel lesen – das macht anderen den Zugang zu uns leichter. Sie erleben uns und entscheiden, ob sie mit dazugehören wollen oder nicht.
>
> Ein Team multipliziert sich schneller! Jeder von uns hat eine andere (geistliche) Biografie, jeder eine andere Ausbildung, jeder einen anderen Beruf. Einige von uns sind Single, andere haben

---

[4] Schaller, *44 Questions*, 71.

Familie. Die Folge davon ist: jeder von uns erreicht andere Menschen. Dieser Faktor ist für uns ein wichtiges Element im Rahmen der Gemeindegründung. Wir trennen also unsere Strategie und fragen einerseits: „Wen kannst **du** als einzelnes Teammitglied erreichen?" und andererseits: „Wen können **wir** als Team gut erreichen?"

Auf die Frage nach den Herausforderungen, die er bei dem Teammodell sieht, schreibt Jörg Seitz Folgendes:

> Im Team zu arbeiten könnte einen flexiblen Prozess lähmen. Flexibilität ist für eine Gemeindegründung sehr wichtig. Kurzfristig müssen wichtige Entscheidungen getroffen werden. Entscheidungen, die aber dann auch im Team besprochen werden müssen. Das kostet Zeit und manchmal auch Nerven, weil immer wieder die verschiedensten Seiten abgewogen werden. Je nachdem, wer im Kernteam mit dabei ist, kann entweder die ungesicherte, positive Kreativität deckeln („Wer soll denn das bezahlen?", „Wie soll das denn gehen?") oder den Blick für die Realität verlieren durch völlig wirre Pläne.
>
> Auch ein kleines Team fordert die ganze Kraft des Pastors: Hauskreise, Gottesdienste, Seelsorge, bürotechnische Abrechnungen für das Team. Bei vielen Tätigkeiten ist es relativ egal, wie viele Menschen anwesend sind. Egal, ob es vier oder 20 Leute sind. Die Vorbereitung bleibt gleich. Wenn im Kernteam auch nur eine Person mit dabei ist, die psychisch angeschlagen ist oder Schwierigkeiten mit sich selber hat, könnte seine Problematik immer wieder im Mittelpunkt stehen. Das würde bedeuten, dass nur bestimmte Projekte zu ganz bestimmten Zeiten stattfinden können, weil auf diese Person Rücksicht genommen wird. Wer als Leiter nicht aufpasst, verbraucht zu viel Energie für das Kernteam. So viel Energie, dass für externe Menschen keine Zeit und keine Kraft mehr vorhanden ist. [5]

Es gibt viele Varianten und die unterschiedlichsten Situationen, um neue Gemeinden zu starten. So können zum Beispiel Studenten unter der Leiterschaft eines Dozenten oder Gemeindegründers an einem Gründungsprojekt mitarbeiten. Auch christliche Organisationen, Missionswerke, können Gemeinden starten. Diese helfen dann der neuen Gemeinde, einen Verband zu finden, dem sie sich anschließen kann, falls sie nicht unabhängig bleiben will.

---

[5] Jörg Seitz (persönl. E-Mail, 18. April 2006).

6.2 Die Zusammensetzung eines „idealen" Teams

Es ergibt sich die Frage: Welche geistlichen Gaben und Fähigkeiten sollten in einem Gründungsteam vorhanden sein? Jeder Christ im Team ist von Gott begabt. Welche Gabenträger sind gerade für eine Gemeindegründung vielversprechend? Wer darf nicht fehlen? Wo sollte sich das Team nach Ergänzung umsehen, weil bestimmte Gaben bei den Mitarbeitern nur spärlich vertreten sind oder ganz fehlen?

Eine Liste von begabten Menschen, die Jesus Christus seiner Gemeinde schenkt, findet man in Epheser 4,11: „Und auch die versprochenen »Gaben« hat er ausgeteilt: Er hat die einen zu Aposteln gemacht, andere zu Propheten, andere zu Evangelisten, wieder andere zu Hirten und Lehrern der Gemeinde." Bedenkt man die Aufgaben von Lehrern, Hirten usw. in der Gemeinde, so entdeckt man genau die Aktivitäten, die für eine Gemeindepflanzung nötig sind. Dieter Trefz, Leiter der Kontaktmission, beobachtete, dass sich Christen mit der Gabe der Evangelisation schwer tun, Gemeinden zu gründen, selbst wenn sie dies vorhaben. Sie brauchen die Hilfe anderer Gabenträger. Sonst kommt es dort zwar zu vielen Kontakten, sogar zu Entscheidungen für Jesus Christus, aber der strategische Aufbau einer Kerngruppe und das Wachstum der Gemeinde bleiben aus. Deswegen braucht der Evangelist Ergänzung durch Christen, die lehren und Strukturen legen können.[6]

Ich sprach über dieses Thema mit Mike Cochrane von TEAM (The Evangelical Alliance Mission). Er ist für zahlreiche amerikanische Missionare, die in Europa Gemeinden gründen, als Supervisor tätig und war vorher selbst Gemeindegründer in Österreich. Im Laufe der Jahre hat er sechs geistliche Gaben identifiziert, die für die Entstehung einer lebendigen Ortsgemeinde nötig sind. Ich fand seine Ausführungen, die er mir freundlicherweise auch schriftlich übermittelte, sehr treffend und für den Aufbau eines Teams so wichtig, dass ich sie hier weitergebe.

Das Team braucht einen **Leiter**, also einen **Visionär**, der sehen kann, was in drei, fünf oder zehn Jahren geschehen sein sollte. Dieses Teammitglied hat die Gabe der Leiterschaft und des Glaubens. Ohne Leitung geht es nicht.

Daneben braucht das Gründungsteam einen **Künstler**, jemand, der es versteht, Menschen in der Seele anzusprechen, der z. B. eine Atmosphäre schafft, in der Menschen sich wohlfühlen. Es ist ein großes Plus für ein Team, wenn jemand andere Menschen auch durch Musik und Gesang in die Anbetung Gottes mitnehmen kann.

---

[6] Dieter Trefz in einem Referat an der Akademie für Weltmission in Korntal im Januar 2007.

Lehrer – ein Christ mit der Gabe des Lehrens ist im Gründungsteam von großem Wert. Biblische Wahrheiten müssen nämlich so vermittelt werden, dass Hörer sie verstehen und sie dadurch ihr Leben vom Geist Gottes prägen lassen. Dabei geht es – und das betont Cochrane – um das Lehren der Erwachsenen wie auch der Kinder und Teenager.

Zu einem wirkungsvollen Gründungsteam gehört ein **Hirte,** jemand, der sich mit seiner Begabung um das Team und die Teilnehmer der entstehenden Gemeinde kümmert. Er ist nicht mit dem Leiter oder Visionär zu verwechseln, sondern er ist eher der Seelsorger, der plant und arbeitet, damit für andere gesorgt wird. Es geht ihm um das geistliche Wohlbefinden der Menschen in seinem Wirkungsfeld, darum, dass sie gefördert werden und gesunden, wo sie seelische Wunden haben. Wie ein Hirte, so trägt er zum Wohlergehen und zur Harmonie der werdenden Gemeinde bei und leistet damit einen wichtigen Beitrag zum Zusammenhalt und gesunden Wachstum der Gemeinde.

Der **Evangelist** im Team bringt neue Leute dazu. Der Heilige Geist benutzt seine Kontakte, Berichte und Präsentationen, um Menschen zu Jesus Christus zu ziehen. Sie finden zu Jesus und zur Gemeinde.

Dann braucht das Team einen **Administrator**,[7] jemanden, der darauf achtet, dass Pläne umgesetzt werden, dass Zwischenziele gesteckt und erreicht werden, dass große Ideen zu vielen Taten werden und so zum Gelingen des Ganzen beitragen. Um erfolgreich zu wirken, braucht das Team jemanden, der organisieren kann, der für Strukturen und Abläufe sorgt, die für den Aufbau einer Gemeinde unersetzlich sind. Mike Cochrane schrieb mir dazu: „Ohne einige gesunde Strukturen in der Gemeinde wird der Pastor seine Aufgaben kaum bewältigen, die Vision des Leiters wird verschwendet und die Menschen, die dem Evangelisten folgen, werden so schnell verschwinden, wie sie zur Gemeinde kommen."[8] Der Administrator hilft, die Früchte der Gründungsarbeit zu bewahren und zu verwalten.

Mike Cochrane meint nicht, dass jedes erfolgreiche Team aus mindestens sechs Personen bestehen muss. Oft haben Christen nämlich mehrere Gaben. Der Leiter des Teams hat vielleicht nicht nur die Sicht von dem, was werden könnte, sondern auch die Fähigkeit, die Strukturen zu formen, die zum Ziel führen. Der begabte Musiker ist möglicherweise auch ein einfühlsamer Hirte, zu dem andere Vertrauen haben und bei dem sie Hilfe suchen (Abbildung 6 und 7).

---

[7] Die New International Version (NIV) übersetzt das Wort κυβερνησεις in 1Kor 12,28 mit „those with gifts of administration", „zu leiten" übersetzt die Lutherbibel. So musste Paulus z. B. die Sammlung in Korinth organisieren, damit es bei den Christen dort nicht bei guten Vorsätzen blieb (1Kor 16,1-2; 2Kor 8,11).
[8] Mike Cochrane, *Die Zusammensetzung eines idealen Teams* (persönl. E-Mail, 2. Mai 2007).

Mancher wird fragen, was soll diese Beschäftigung mit den erwünschten Gabenträgern, obwohl wir doch nicht diesen Idealfall haben? Wenn Gründungsteams feststellen, welche Gaben in ihrer Mitte vorhanden sind und welche fehlen, wird ihnen klar, wo sie sich selbst bewusst einsetzen müssen, weil sie von ihrer Begabung her nicht so den Blick dafür haben. Sie können dann auch ganz konkret um Verstärkung des Teams durch Personen mit einer dieser fehlenden Gaben beten. Jens Tellbach, Pastor in einer Gemeindegründung, ergänzt Folgendes:

> Ein weiterer Knackpunkt ist die Buchhaltung. Ab einem bestimmten Punkt in der Gemeindearbeit wird sie unerlässlich. Wir sollen treue, gute Haushalter sein, was transparente Darstellung der Mittelverwendung gegenüber Gemeinde, Geldgebern und oft auch dem Staat einschließt ... Schon mit einer einfachen kaufmännischen Grundbildung und PC-Kenntnissen kann man hier im Gründungsteam eine große Hilfe sein, wenn die Arbeit klein beginnt. Vom Start großer Projekte ohne entsprechenden Bürohintergrund und Mitarbeiterkreis ist abzuraten.[9]

Ein Administrator wird auch solche elementaren Aktivitäten einer wachsenden Organisation im Auge behalten. Jeder dieser Bereiche (Hirtendienst, Administration, Leitung, Lehre, Evangelisation und der künstlerischen Kreativität) muss abgedeckt werden, damit sich die entstehende Gemeinde gesund entwickelt.

Damit ein Team harmoniert und geistliche Siege erringt, braucht es von Gott begabte Mitglieder. Aber das reicht natürlich nicht aus. Die Teammitglieder müssen auch als einzelne Persönlichkeiten in einem Wachstumsprozess stehen und die Fähigkeiten mitbringen, die nötig sind, um mit anderen konstruktiv zusammenzuarbeiten. Interessant ist die Feststellung, dass es für ein Gründungsteam von Vorteil sein kann, wenn es ein internationales Flair hat, wenn z. B. eines der Ehepaare aus dem Ausland kommt. So wirken auch noch die Erfahrungen und Überzeugungen aus verschiedenen Ländern. Dieter Trefz, der mich auf dieses Plus aufmerksam machte, erzählte: „Wir machen zurzeit gute Erfahrungen beim Gemeindegründen mit Teams, die international besetzt sind."

Bei der Vorgehensweise, die als Nächstes beschrieben wird, stellt der Gemeindegründer erst noch ein Team zusammen und zwar aus dem Kreis derer, die er vor Ort erreicht. Dabei haben die gerade beschriebenen sechs Gabenbereiche ebenfalls ihre Wichtigkeit.

---

[9] Jens Tellbach (persönliche Mitteilung, 31.07.2008).

6 – Das Team: Damit die Gemeinde schneller wächst u. vielseitiger wird 63

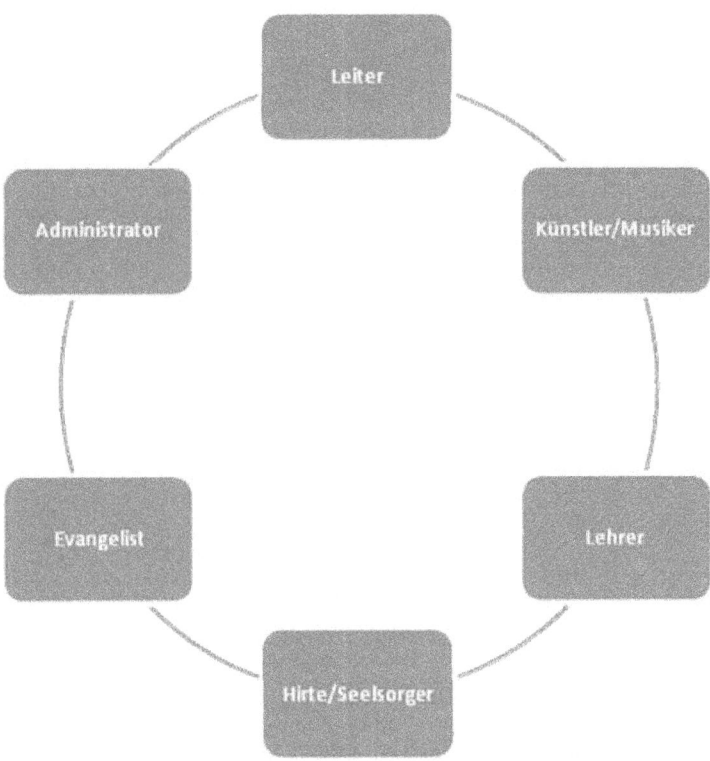

Abbildung 6:
Christen mit diesen Gaben würden ein ideales Team bilden, jedenfalls was die Gaben für Gemeindegründung angeht.

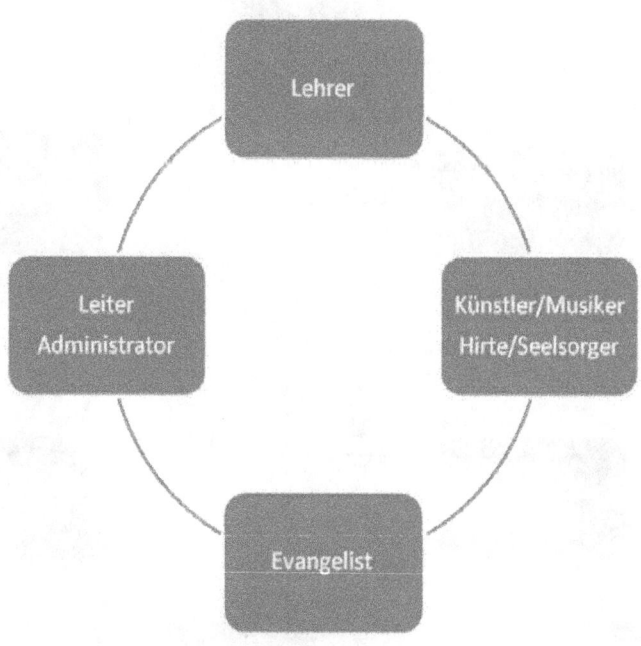

Abbildung 7:
Hier sind vier Christen die Träger von sechs Gaben, die für Gemeindegründung wichtig sind – eine von vielen Varianten.

7 Der Gemeindegründer: Jemand muss wissen, wo es lang geht

> Leitet die Gemeinde, die Herde Gottes, die euch anvertraut ist, als rechte Hirten! . . . In eurem Verantwortungsbereich führt euch nicht als Herren auf, sondern gebt euren Gemeinden ein Vorbild (1Petr 5,2a-3).

Zunächst soll es kurz um das Modell gehen, wo der Gemeindegründer die entscheidende Rolle spielt. Dann aber geht es um den Leiter, der wichtig ist, welche Vorgehensweise man auch wählt. Towns schätzt also dieses Modell sehr hoch ein, das er wie folgt beschreibt:

> Der Pionier-Gemeindegründer arbeitet nicht mit einer Muttergemeinde, einer Missions-Sonntagsschule oder einem Hauskreis zusammen. Er geht in ein Gebiet, weil Gott ihn dahin gerufen hat, dort eine neue Gemeinde zu gründen und dieses Gebiet für Christus zu evangelisieren.[1]

Wenn der Pionier nicht durch eine Organisation oder einen Freundeskreis unterstützt wird, stehen er als Pastor und seine Familie unter enormem Druck, finanzielle Hilfe zu finden.[2] Obwohl so ein Druck den Pastor dazu bringen kann, härter zu arbeiten und die Gemeinde schneller selbstständig zu machen, kann es auch zum Burnout führen, zu Spannungen in der Familie des Pastors und schließlich zur Aufgabe der Gemeindegründung.

Towns behauptet außerdem, dass die neue Gemeinde die Stärken und Schwächen des Gründungspastors widerspiegelt. Seine theologischen Überzeugungen wie auch sein Stil der Evangelisation und der Anbetung formen die neue Gemeinde. Also muss er beständig von Jesus lernen und selbst als Persönlichkeit reifen, dann wird er auch morgen noch ein Vorbild sein. Dann schleifen sich negative Verhaltensweisen weder bei ihm noch bei seinen Mitarbeitern ein.

Ganz gleich ob der Pionier unabhängig von einer Organisation ist oder nicht, er ist der Leiter; er hat eine Vision und einen Plan für die Gemeinde; er setzt seine Zeit und Kraft dafür ein. Dass es solch eine Schlüsselperson gibt, ist eine der wichtigsten Stärken dieser Vorgehensweise.

---

[1] Schaller, *44 Questions*, 2
[2] Towns, *Getting a Church Started*, 111.

7.1 Wünschenswerte Qualitäten eines Gemeindegründers

Weil der Gemeindegründer für eine erfolgreiche Gemeindepflanzung so wichtig ist, soll ihm hier ein extra Abschnitt gewidmet werden. Ob es nun um ein Gemeindegründungsteam geht oder ein Ehepaar oder um einen alleinstehenden Gemeindegründer, der Leiter spielt eine Schlüsselrolle in dem ganzen Gründungsprozess.

Gott gebraucht die verschiedensten Christen – mit den unterschiedlichsten Temperamenten und Gabenkombinationen als Gemeindegründer. Ein Gemeindegründer muss in der Lage sein, die Aufgaben eines Pastors zu erfüllen. Er ist jedoch noch auf einem andern Gebiet stark gefordert, weil er sich seine Gemeinde erst zusammensuchen muss. Die wichtigen Fähigkeiten des Bewahrens und Versorgens einer Gemeinde reichen nicht aus, weil er an etwas arbeitet, was es zunächst noch nicht gibt. Wie ein Pionier betritt er Neuland und befindet sich dabei selbst in einem ständigen Wachstumsprozess. Im Glauben und mit seinen Fähigkeiten arbeitet er an der Entstehung einer neuen Gemeinschaft. Mit dem Wachstum dieser Gemeinde muss er selbst Schritt halten, um den neuen Chancen und Herausforderungen gewachsen zu sein.

Wenn ich im Folgenden das Wort GEMEINDE als Akrostichon benutze, um einige wichtige Voraussetzungen für Gemeindegründer zu beschreiben, so darf man nicht vergessen, dass es auch darauf ankommt, wo eine Gemeinde gegründet werden soll und ob der Gemeindegründer zu der Zielgruppe passt. Es kommt also nicht nur auf den Gemeindegründer an. Indem zukünftige Gemeindegründer diese Liste durchgehen, könnte es sein, dass sie entdecken, an welchen Fähigkeiten sie noch arbeiten müssen.

Natürlich gibt es bei den Voraussetzungen für Gemeindegründer noch mehr zu bedenken, doch halte ich die genannten Bereiche für einen hilfreichen Ausgangspunkt:

G wie **G**emeinde
E wie **E**rfahrung
M wie **M**annschaftsbildung
E wie **E**vangelisation
I wie **I**nitiative
N wie **N**achrichtenübermittlung
D wie **D**urchhaltekraft
E wie **E**hepartner

7.1.1 G wie Gemeinde

Eine neue Gemeinde muss das klare und erklärte Ziel des Gemeindegründers sein. Er wird sich nicht mit der Gründung von zwei oder drei Hauskreisen zufriedengeben, er hat mehr im Auge. Er hat eine Vision davon, wie groß die Gemeinde einmal sein könnte, welche Musik er im Gottesdienst hören wird, welche Evangelisationswege er beschreiten will, damit Menschen zu Jesus finden, wie sie in Kleingruppen die Bibel kennenlernen, füreinander sorgen und evangelisieren. Er hat eine klare Vorstellung, wie die Gemeinde geleitet wird und wie er mit wachsender Reife der Mitarbeiter, diese mehr und mehr in Leitungsaufgaben hinein nehmen wird. Er weiß, ob die Gemeinde einmal zu einem Bund oder einem Verband gehören soll und auch zu welchem. Er hat auch über die Stellung zu Kirchen und bestehenden Gemeinden nachgedacht.

Seine Vorstellungen von der neuen Gemeinde hat er aus der Bibel und von Gemeinden, die ihm zum Vorbild geworden sind. Sein Bild von einer lebendigen Gemeinde wird er sich immer wieder vor Augen halten, damit die alltäglichen Aufgaben, auch die Schwierigkeiten und Enttäuschungen, ihn nicht auf halber Strecke stoppen. Er hat ein Bild von der zukünftigen Gemeinde, doch dieses Bild wird im Prozess der Gründungsarbeit immer schärfer werden, denn es gibt viele Details, die vorher nicht abzusehen sind. Deshalb ist er bereit, sich von Gott Neues zeigen zu lassen und Herausforderungen kreativ anzugehen. Er muss der Versuchung widerstehen, an Vorgehensweisen festzuhalten, die nichts bringen. Ebenso wird er der Versuchung widerstehen müssen, sich durch Schwierigkeiten oder auch durch die neuesten Ideen vom Kurs abbringen zu lassen.

Er braucht deshalb **Fernsicht**, eine Sicht für eine wachsende Gemeinde, die sich dann auch multipliziert. Neben der Fernsicht braucht er **Nahsicht**, den Blick für den nächsten Schritt, damit seine großen Ziele nicht Träume bleiben, sondern Wirklichkeit werden.

7.1.2 E wie Erfahrung

Ein Gemeindegründer braucht Erfahrungen in der Evangelisation und dem Fördern des geistlichen Wachstums anderer. Haben in seinem bisherigen Wirkungsfeld schon Menschen ein Leben mit Jesus Christus begonnen? Kann er Menschen zum Glauben einladen? Konnte er bereits Christen helfen, im Glauben Fortschritte zu machen? Hat er schon mal eine Gruppe ins Leben gerufen, vielleicht einen Hauskreis? Liest er Bücher über Evangelisation, Jüngerschaft und Gemeindebau? Welche Schriften oder Glaubenskurse setzt er ein, um anderen weiterzuhelfen? Hat er zur Freude ihres Glaubens beigetragen (Phil 1,25)?

7.1.3 M wie Mannschaftsbildung

Es geht darum, Menschen für Jesus Christus zu gewinnen. Aber es geht um noch mehr: Menschen sollen in einer geistlichen Gemeinschaft ein Zuhause finden. Ein Gemeindegründer wird deshalb Mitarbeiter gewinnen und sie in die Arbeit mit einbeziehen. Er wird Mitarbeiter begleiten und ermutigen. Er wird die Verantwortung für den Aufbau einer Mannschaft übernehmen und ihr Klima zu prägen suchen. Einige Testfragen lauten wie folgt: Folgen ihm Mitarbeiter? Falls er schon in einer Gemeinde gearbeitet hat, welche Projekte hat er mit einem Team durchgezogen? Was ist dabei herausgekommen? Welche positiven Veränderungen haben andere auf seinen Vorschlag hin mitgetragen? Welche Bücher über geistliche Leiterschaft hat er gelesen oder liest er gerade?

Es gehören menschliche Fähigkeiten und geistliche Einstellungen dazu, wie z. B. der feste Entschluss, Wissen mit anderen zu teilen, wenn man sie für die Mitarbeit gewinnen und sie in eine entstehende Gemeinde integrieren will. Dabei wird ein geschickter Gemeindegründer sowohl das Wohl der einzelnen Menschen im Blick haben, als auch das Ziel des Gemeindebaus. Die so nötige geistliche Ausrichtung wird von Petrus sehr schön beschrieben, wenn er Gemeindeälteste auffordert, diejenigen gut zu versorgen, die Gott ihnen anvertraut hat (1Petr 5,1-5), und zwar indem sie andere Christen mit ihren Gaben einbeziehen (1Petr 4,10-11). Er bringt es dann auf den Punkt: „Spielt euch nicht als die Herren eurer Gemeinde auf, sondern seid ihre Vorbilder" (1Petr 5,3; Hfa). Genauso wird ein Teamleiter durch sein Vorbild den Ton und die Ausrichtung seiner Mannschaft prägen.

7.1.4 E wie Evangelisation

Jesus Christus sagt seinen Jüngern, dass er sie zu Menschenfischern machen will (Mt 4,19). Kommen im Umfeld des zukünftigen Gemeindegründers Menschen zum Glauben an Jesus Christus? Dabei ist es noch nicht einmal nötig, dass er die Gabe der Evangelisation hat und es ihm leicht fällt, Menschen zu Jesus führen. Hauptsache er evangelisiert und leitet auch andere dazu an. Hat er Strategien, mit deren Hilfe er Nichtchristen die gute Nachricht von Jesus Christus weitergibt? Es muss sein Wunsch sein und bleiben, Gemeindewachstum auch dadurch zu erleben, dass Menschen durch Bekehrung zu Jesus Christus und zur Gemeinde finden.

7.1.5 I wie Initiative

Gemeindegründer haben meistens große Freiheiten, ihren Tagesablauf selbst zu gestalten, da es noch keine fest gefügten Programme gibt, wie es bei Pastoren in bestehenden Gemeinden der Fall ist. In dieser Freiheit liegt eine große Verantwortung. Wer eine Gemeinde gründen will, muss die Initiative ergreifen, muss konkrete Schritte gehen.

Er sollte motiviert sein und wissen, wie er motiviert bleibt. Hier bedarf es auch einer Balance zwischen Sehen und Tun. Ein Gemeindegründer ist zugleich Visionär und Praktiker. Weil wohl kaum jemand in beiden Bereichen gleich stark ist, muss er wissen, worin er durch andere Ergänzung braucht. Es ist gut, wenn ein Gemeindegründer von seinen Zielen und Vorstellungen mit Begeisterung und Überzeugung redet, doch irgendwann wollen seine Mitarbeiter etwas Konkretes sehen. Sie wollen sehen, dass etwas geschieht, dass die Vorstellungen Stück für Stück erfüllt werden. Deshalb ist Initiative gefragt. Kann ein potenzieller Gemeindegründer aufzeigen, dass er schon einmal einen großen Wunsch in die Tat umgesetzt hat? Das sollte ihm und seinen zukünftigen Mitarbeitern Zuversicht vermitteln.

7.1.6   N wie Nachrichtenübermittlung

Wer eine Gemeinde gründen möchte, wird viel Zeit darin investieren, Nachrichten zu vermitteln. Dazu gehört, dass er die gute Nachricht von Jesus Christus auf verschiedene Weise „an den Mann" bringen will. Er wird auch seine Vision, seine Sicht von Gemeindegründung, intern und extern immer wieder vermitteln müssen.

Intern, im neuen Wirkungsfeld, wird er in Hauskreisen und Mitarbeitergruppen immer wieder zeigen müssen, wohin es gehen soll und was bereits geschieht und weshalb es so und nicht anders geschieht. Er muss seine Ziele und Werte vermitteln können, sodass sie nicht nur gehört, sondern verstanden und beherzigt werden.

Extern, außerhalb der entstehenden Gemeinde, wird er seine Unterstützer und Beter mit Nachrichten auf dem Laufenden halten müssen. Hier gilt es Kontakte zu pflegen. Vom Apostel Paulus und seinem Team steht Folgendes geschrieben: „Nach ihrer Ankunft riefen sie die ganze Gemeinde zusammen und berichteten, was Gott alles durch sie getan hatte und dass er den Nichtjuden die Tür zum Glauben geöffnet habe" (Apg 14,27). Mit Blick auf einen möglichen Gemeindegründer lohnt es sich, folgende Fragen zu stellen: Wie hat er bisher seine Vorhaben vermittelt? Schreibt er bereits einen Familien- oder Gemeinderundbrief? Welche Kontakte werden von ihm gepflegt, z. B. zum Verband, zu anderen Gemeinden, zu Betern?

7.1.7   D wie Durchhaltekraft

Die Gründung einer Gemeinde kann Jahre dauern. Es gibt jede Menge Hindernisse zu überwinden. Manchmal wird die Arbeit Routine und nicht immer sind Erfolge zu verzeichnen. Deshalb muss eine Gründerpersönlichkeit gelernt haben, im Glauben an einem Auftrag dranzubleiben, bei Gegenwind unbeirrt zu bleiben und Misserfolge zu verarbeiten. Dazu braucht er Kraft von Gott, der gern denen gibt, die beten und ihm vertrauen.

Ein potenzieller Gemeindegründer frage sich deshalb: Glaube ich, dass ich zu dieser Aufgabe berufen bin? Traue ich Gott zu, dass er etwas tut, wenn ich sein Wort verkündige? Glaube ich, dass durch meinen Dienst und den meiner Teammitglieder Menschen zum Glauben kommen werden und durch die Kraft des Heiligen Geistes Lebensveränderung erfahren? Auf wie viele Jahre will ich mich mindestens festlegen? Welches war in meiner bisherigen Gemeindearbeit die größte Herausforderung und was habe ich daraus gelernt?

Um durchzuhalten, wird er für folgende Bereiche Eigenverantwortung übernehmen müssen. Denn selbst wenn ihm Freunde oder sein Coach dazu raten werden, kann ihm keiner das Beachten dieser Aspekte abnehmen. Jemand, der erwägt, eine Gemeinde zu gründen, frage sich deshalb Folgendes:

- Erhalte ich mir die **Freude am Herrn**? Suche ich die Begegnung mit ihm, indem ich die Bibel lese, bete und im Alltag mit ihm rechne?
- Freue ich mich immer wieder neu über meine **Familie**?
- Unternehme ich genug für meine körperliche **Fitness**? Der Prediger in der Bibel sagt richtig: „Das viele Grübeln kann dich bis zur Erschöpfung ermüden" (Pred 12,12b).
- Bin ich dabei, die **Furcht** vor Menschen abzulegen? Denn Menschenfurcht hindert das freimütige Bekenntnis zu Jesus und hindert uns, Entscheidungen durchzuziehen, die für die Gemeinde wichtig sind.

7.1.8 E wie Ehepartner

Der Ehepartner muss überzeugt sein, dass einer von ihnen oder besser noch, dass beide die Gründung einer neuen Gemeinde anpacken sollen. Wie intensiv die Beteiligung der Ehepartner sein soll und welche Aufgaben von ihnen übernommen werden, darüber muss jedes Ehepaar reden und sich einig werden. Dabei geht es um den Einsatz von Zeit, Gaben und auch darum, ob die Wohnung für bestimmte Treffen der jungen Gemeinde genutzt werden kann, z. B. für einen Hauskreis oder für Mitarbeitertreffen. Sind Kinder in der Familie, wird man ihre Anliegen selbstverständlich ebenfalls bedenken.

7.2 Auf der Suche nach dem geeigneten Leiter – weitere Merkmale als Eignungstest

Die meisten Fachleute im Bereich der Gemeindegründung sind sich einig, dass die Auswahl des Leiters für eine Gemeindegründung eine wesentliche Rolle, wenn nicht sogar die wesentliche Rolle, für das Gelingen der Aufgabe spielt. Worauf soll die Gemeinde, die z. B. eine Tochtergemeinde gründen will, ach-

7 – Der Gemeindegründer: Jemand muss wissen, wo es lang geht

ten? Worauf soll ein Verband achten? Die Antwort auf die Frage hängt natürlich auch von dem angestrebten Ziel ab. Die im vorigen Abschnitt beschriebenen Qualitäten spiegeln die Erkenntnisse der letzten Jahrzehnte wider. Schon 1988 veröffentlichte Charles R. Ridley eine Liste von Qualitäten, die er in seinen Studien entdeckte und bestätigt bekam. Viele haben seither diese Erkenntnisse in Gesprächen mit möglichen Gemeindegründern genutzt, um ihre Eignung zu bewerten. Gefragt sind visionäre Fähigkeiten – kann er schon sehen, was werden könnte? Der Leiter muss motiviert sein und die Aufgabe beherzt anpacken. Es muss ihm gelingen, andere mit ins Boot zu holen, sodass sie die Gründung zu ihrer eigenen Sache machen. Der Leiter braucht einen „guten Draht" zu Menschen, die noch nicht zu einer Gemeinde gehören. Er braucht die Unterstützung seiner Frau, wobei die Balance zwischen Dienst und Familie eine wichtige Rolle spielt. Er muss fähig sein, Beziehungen aufzubauen, auch zu Menschen, die so ganz anders sind als er. Er braucht einen Blick für die Nöte der Menschen um sich her, damit er die Bedürfnisse des Ortes oder Stadtteils herausfinden kann. Die geistlichen Gaben anderer muss er im Blick haben und versuchen, Menschen entsprechend ihren Gaben zum Einsatz zu bringen. Der Leiter muss flexibel bleiben, d. h., dass er bereit sein muss, Pläne zu ändern oder seinen Zeitplan zu ändern, wenn ein Notfall eintritt. Er weiß, dass er ein gutes Team braucht und ist fähig, ein Team aufzubauen, das zusammenhält. Ihn darf so schnell nichts umwerfen; weder Kritik, noch Fehlschläge, noch eigenes Versagen und Enttäuschungen dürfen ihn abschrecken. Der Leiter einer Gemeindegründung muss Glauben praktizieren, d. h., er muss trotz des Empfindens seiner eigenen Schwachheit und den großen Herausforderungen ein festes Vertrauen zu Gott haben. Er glaubt, dass Gott die Gemeinde entstehen lassen wird, trotz aller Widerstände. Soweit meine Umschreibung der Qualitäten für Gemeindegründer von Charles R. Ridley.[3]

Nun werden von verschiedenen Autoren auch unterschiedliche Schwerpunkte gesetzt. Dave Gallagher, der ein Assessment-Center in Wisconsin betreut, wo Eignungstests für zukünftige Gemeindegründer durchgeführt werden, schreibt von drei Testbereichen:

1. Emotionale und geistliche Reife

2. Leiterschaftsfähigkeiten

3. Evangelistische Leidenschaft

Er betont sehr, dass ein Gemeindegründer Menschen in ihrem Christsein voranbringt, sie zu Jüngern macht. Als Leiter muss ein Gemeindegründer die bib-

---

[3] Charles R. Ridley, *How to Select Church Planters: A Self-Study Manual for Recruiting, Screening, Interviewing and Evaluating Qualified Church Planters* (Pasadene, CA: Fuller Evangelistic Association, 1988) 7-11.

lische Botschaft predigen und ein starkes Verlangen haben, zu denen zu gehen, die noch nicht zu Jesus gehören, zu evangelisieren.[4]

Stuart Murray aus Großbritannien betont ebenfalls diese evangelistische Ausrichtung, die man auch als missional bezeichnen kann:

> Die Gemeinde im christlichen Zeitalter wirkte im pastoralen Modus [mit dem Pastor, der hauptsächlich bei der Herde bleibt], aber in der nachchristlichen Kultur muss sie im missionarischen Modus [wo der Pastor hauptsächlich die Verlorenen sucht] arbeiten.[5]

Deshalb ist es gut, wenn Gemeindegründer sich auskennen, wie man Menschen aus anderen Kulturen das Evangelium bringt. Missionare wissen, dass sie sich in ihrer Arbeit auf andere Kulturen einstellen müssen. Genau dies müssen Gemeindegründer auch bedenken und sich drauf einstellen.

Ganz großgeschrieben werden Innovation und Evangelisation bei Michael Frost und Alan Hirsch. Sie schreiben aus der Sicht zweier Australier – und Australien hat mit Deutschland gemeinsam, dass es dort prozentual gesehen wesentlich weniger wiedergeborene Christen gibt als in den USA. Sie betonen, dass Christen in der Evangelisation und Gemeindegründung erfinderisch sein müssen, um die zu erreichen, die in keiner Beziehung zu irgendeiner Gemeinde stehen. Die wesentlichen Impulse für den Gemeindebau gehen bei ihnen von dem Bereich Evangelisation und Mission aus. Das Hingehen zu den Menschen, wo sie leben und das Verlangen, ihnen mit praktischer Hilfe und dem Evangelium zu begegnen, gibt allen anderen Bereichen der Gemeindearbeit – wie Gottesdienst, Lehr, Gemeinschaft – den Ton an. Daraus ergibt sich für sie ein Bild von einem Gemeindegründer für die westlichen, postmodernen Menschen, der neue Wege geht, der etwas für Christus riskiert. Ich möchte ergänzen, dass manche neuen Wege im Laufe der Missions- und Kirchengeschichte bereits gegangen wurden. Manches Neue ist eine Wiederentdeckung des Alten, das sich einst bewährt hat.[6] Wie dem auch sei, der Gemeindegründer braucht demnach neben theologischen Fähigkeiten u. a. folgende Gaben:

---

[4] Dave Gallagher, „Assessing Potential Leaders for Church Plants or Multi-Site Expansion." 12.01.2009. www.pastors.com/blogs/ministrytoolbox/archiv (Zugriff am 06.10.2009).

[5] Stuart Murray, *Church Planting: Laying Foundations* (Carlisle, Cumbria,U.K.: Paternoster Press), 1998), 130; im Folgenden zitiert als: Murray, *Church Planting*. Die Anmerkungen in Klammern sind von mir eingefügt.

[6] Ein kurzer Vergleich der Mitgliederverpflichtung in der Saddleback Church von Rick Warren und dem Bekenntnis des EC (Jugendverband für Entschiedene Christen) macht das deutlich. Ein weiteres Beispiel ist das Hinwirken in die Stadt um sie und die Menschen zu verändern und zwar durch Diakonie und Evangelisation. Das hat die missionale Gemeinde, wie sie von Frost und Hirsch beschrieben wird, mit dem Neupietismus gemeinsam. Einige Schlagworte aus dem Inhaltsverzeichnis eines Buches über Johann Hinrich Wichern (1808-1881)

7 – Der Gemeindegründer: Jemand muss wissen, wo es lang geht

Die Fähigkeit, unternehmerisch zu denken und Konzepte zu entwickeln ...
Die Fähigkeit, sich in einer säkularen (statt nur der kirchlichen) Kultur zu engagieren ...
Die Fähigkeit, evangelistisch zu kommunizieren und medienorientiert zu arbeiten ...
Die Fähigkeit, zu leiten und Teams zu entwickeln.[7]

Alle bisher genannten Fähigkeiten und Gaben sind in der Tat wichtig für Leiter einer Gemeindegründung. Ein Gemeindegründer wird sich in dem Bereich Leiterschaft fortbilden müssen. Denn nur in dem Maße, wie er in seinen Leiterfähigkeiten zunimmt, wird er andere Leiter gewinnen oder heranbilden können.[8]

Doch bleibt auch ein Geheimnis über der Auswahl von Gemeindegründern. Da macht einer seine scheinbar ungenügenden unternehmerischen Fähigkeiten durch sein festes Vertrauen auf Gott wieder gut. Manche, die als hoffnungsvoll eingestuft wurden, haben die Erwartungen nicht erfüllt. Oder ein anderer, der auf der Kanzel in seiner Rede eher gehemmt klingt, ist doch erfolgreich, weil Menschen merken, dass er sie liebt und vielen von ihnen in persönlichen Gesprächen den Weg zu Jesus zeigt und sie dann gezielt fördert und beim missionarischen Dienst begleitet. So haben Christen Gemeinden gegründet, denen man es nicht zugetraut hätte. Gott gehört letztlich die Ehre.

---

zeigen sehr schön die Verknüpfung von Diakonie und Evangelisation: Hamburger Elend ... das Rauhe Haus [ein Ort für die Ausbildung von Erziehern, um der Not der Kinder zu begegnen] Not und Hilfe in Oberschlesien ... Herold der Inneren Mission ... Gefängnisreform ... Felddiakonie [um Verwundete zu betreuen]. Ernst Bunke, *Johann Hinrich Wichern: Der Vater der Inneren Mission* (Gießen: Brunnen, 1956), 4.

[7] Michael Frost und Alan Hirsch, *Die Zukunft gestalten: Innovation und Evangelisation in der Kirche des 21. Jahrhunderts* (Glashütten: C&P, 2008) 348.

[8] Hilfreiche Literatur: Siehe Bibliografie und Hilfen auf den letzten Seiten dieses Buchs.

8 Wege zu den Herzen der Menschen – Kontaktaufnahme und Evangelisation

> Als er [Andreas] bald darauf seinen Bruder Simon traf, sagte er zu ihm: „Wir haben den Messias gefunden, den versprochenen Retter." Dann brachte er ihn zu Jesus (Joh 1,41-42a).

Das Neue Testament gewährt uns wichtige Einblicke, wenn es darum geht, zu überlegen, wie der Kontakt zu den Menschen in der Gemeindegründung hergestellt werden kann. Wenn es gelingt, andere kennenzulernen und mit ihnen Beziehungen aufzubauen, dann ist die Chance, dass sie zu Jesus finden, schon wesentlich größer geworden. Hier sollen nun die individuellen Formen der Kontaktaufnahme beschrieben werden. Im Anschluss stelle ich die verschiedenen Methoden, die in Elburn und Hannover angewandt wurden, vor. Natürlich darf auch eine vorläufige Bewertung ihrer Wirksamkeit nicht fehlen.

Beziehungen leben vom Vertrauen. Wo Vertrauen zwischen zwei Menschen gewachsen ist oder wächst, da hört man auf das, was der andere sagt und da ist man leichter geneigt, seine eigene Überzeugung zu ändern. Nur wo ich einem Menschen vertraue, vertraue ich auch seiner Botschaft. Wir wollen nicht vergessen, dass es eine schwere Entscheidung ist, seine Grundüberzeugung zu ändern. Eine solche Situation liegt vor, wenn ein Mensch, der Gott leugnete, zu einem Menschen wird, der sich offen zu Jesus Christus bekennt. Dies geht nur, wenn ein Mensch vertraut, Jesus vertraut und denen vertraut, die ihm von Jesus berichten. Um dieses so wesentliche Vertrauen geht es, wenn ich im folgenden Abschnitt über die „Brücken für das Evangelium" schreibe.[1]

8.1 Von Jesus und seinen Schülern lernen

8.1.1 Verwandte und Familienmitglieder bauen Brücken für das Evangelium

Die gute Nachricht von Jesus Christus verbreitet sich besonders wirksam unter Familienmitgliedern. Familien sind Orte, wo die Menschen einander kennen, wo sie vertrauensvolle Beziehungen aufgebaut haben. In Familien kann das Evangelium durch schon vorhandene Kommunikationswege weitergegeben werden.[2]

---

[1] Es war Michael Marx, ein Leiter in der Christus-Gemeinde Hannover, der mich in einem Gespräch über das Thema auf diesen entscheidenden Faktor „der Brücke" hingewiesen hat.
[2] Green, *Evangelisation*, 224-271. Green diskutiert die folgenden Methoden von Evangelisation: Predigen in Synagogen, Predigten im Freien, prophetisches Predigen, evangelisti-

Andreas zum Beispiel hörte, was Johannes der Täufer über Jesus sagte, und folgte Jesus daraufhin. Dann „als er bald darauf seinen Bruder Simon traf, sagte er zu ihm: ‚Wir haben den Messias gefunden, den versprochenen Retter.' Dann brachte er ihn zu Jesus." (Joh 1,41-42).

Ein anderes Ereignis wird von dem Gefängnisaufseher in Philippi berichtet, der von Gottes Eingreifen so betroffen war, dass er fragte, wie er gerettet werden könne. Dann öffnete er sein Haus für die Botschafter Jesu. Seine Entscheidung erlaubte es Paulus und Silas, „ihm und allen in seinem Haus die Botschaft Gottes" zu verkündigen (Apg 16,32). Hier entriegelte Gott eine Tür, sodass die Familie des Gefängnisaufsehers das Evangelium hören und annehmen konnte.

8.1.2 Freunde und Mitarbeiter bauen Brücken für das Evangelium

Philippus erzählte seinem Freund Nathanael über Jesus von Nazareth und lud ihn ein, Jesus zu sehen (Joh 1,44-52). Nachdem Matthäus, der Zolleinnehmer, dem Ruf Jesu gefolgt war, kam Jesus als Gast in dessen Haus. Da kamen viele von den Kollegen des Matthäus, „um mit ihm (Jesus) und seinen Jüngern zu essen" (Mt 9,9-10). Dass Freunde und Mitarbeiter untereinander Kontakt haben, ist ideal für die Weitergabe der Botschaft von Jesus.

8.1.3 Besondere Interessengruppen bilden Brücken für das Evangelium

Hiermit sind Beziehungsgeflechte gemeint, die Menschen mit mindestens einem gemeinsamen Interesse verbinden und sie veranlasst, sich regelmäßig zu treffen. Der Grund des Treffens ist nicht das Evangelium. Und doch wird das Evangelium auch durch Beziehungen innerhalb besonderer Interessengruppen verbreitet. Synagogen sind ein Beispiel von Gruppen mit Leuten gemeinsamen Glaubens, gemeinsamer Interessen oder Hintergründe. Wenn Paulus in einer neuen Stadt zu wirken begann, ging er als Erstes in die jüdische Synagoge. Er konnte erwarten, dass die Anwesenden ihm willig zuhören würden, weil er auch Jude war. Paulus nutzte hier bewusst den Vertrauensvorschuss, den er als Angehöriger desselben Volkes hatte, als Brücke, um seine Landsleute mit Jesus bekannt zu machen.

Als Paulus einmal in Jerusalem zu einer aufgebrachten Menschenmenge sprach, versuchte er mit seinen einleitenden Worten auf Gemeinsamkeiten mit seinen Zuhörern hinzuweisen. Er redete auf Hebräisch zu ihnen. Besonders dort, wo Menschen in der Umgebung eine andere Sprache sprechen, weckt es

---

sche Lehre, Zeugnisgeben, Evangelisieren in Häusern, Evangelisation von Mensch zu Mensch, Besuche, und Evangelisation durch Literatur.

Vertrauen, wenn jemand ihn in seiner Muttersprache anredet. Dann stellt Paulus sich als Jude vor. Es kann eine Beziehung erleichtern, wenn ein Christ zum gleichen Volk gehört, wie der, mit dem er über Jesus reden möchte. Auf diese Weise wurden z. B. viele deutsche Auswanderer in den USA erfolgreich in Gemeinden eingeladen, die vor ihrer Abreise nichts mit dem Glauben zu tun hatten. Paulus betont außerdem seine Heimatstadt und seine heimatliche Region. Bis heute kann dies das Gespräch miteinander in Gang bringen. Ferner weist Paulus darauf hin, was früher seinen Glauben geprägt hat (das Gesetz) und bei wem er studiert hatte, womit er seine religiöse Schule bekannt gab (Gamaliel). Diese Faktoren spielen auch heute noch eine Rolle, denn sie erleichtern das gegenseitige Kennenlernen. Hier und da fühlen sich Menschen wegen dieser Gemeinsamkeiten so verbunden, dass sie sich in regelmäßigen Gruppen treffen, was das Kontaktknüpfen für einen Gemeindegründer erleichtert.

Allerdings muss ein Gemeindegründer sich auch darüber im Klaren sein, dass die Gemeinsamkeiten, die eine Gruppe verbindet, auf der anderen Seite Menschen den Weg zu der Gemeinde schwer machen können. So mussten sich diejenigen Gemeinden der Deaconry in den USA und Kanada, die zunächst in der deutschen Sprache arbeiteten, später ganz bewusst auf Menschen mit einem anderen Hintergrund einstellen.

Dennoch sollte das Team nach solchen Gemeinsamkeiten suchen und sie für die Verkündigung des Evangeliums nutzen.

8.1.4 Besuche und Predigten bauen Brücken für das Evangelium

Die Jünger hatten Jesus bei seinen Reisen in ländliche Gebiete begleitet, die er unternahm, um – auch durch Hausbesuche – die Botschaft vom Reich Gottes weiter zu geben. Jesus hat es vorgemacht: Besuche bauen Brücken für das Evangelium. Das erlebten auch die Jünger, als sie von Jesus dann auf kurze Besuchsreisen geschickt wurden (Lk 10). Später, als die Jünger dem großen Missionsbefehl Jesu nachkamen, erlebten sie ebenfalls, dass durch Besuche und die Verkündigung des Wortes Gottes Vertrauen wächst, weil es dem Heiligen Geist gefällt, dadurch zu wirken. So geschah es, als Petrus das Haus des Cornelius besuchte (Apg 10) und Ananias das Haus eines Mannes namens Judas, um mit Paulus zu sprechen (Apg 9,11). Obwohl nicht alle Besuche so spektakulär abliefen wie diese, denn beide waren von Gott angeordnet worden, brachten doch auch alltägliche Begegnungen in den Häusern immer wieder Gelegenheiten zur Weitergabe das Evangeliums und der Einladung zu Jesus Christus (Apg 20,20).

Während es sich bei den Hausbesuchen um evangelistische Gespräche handelte, kommen im Neuen Testament auch immer wieder Predigten vor. Es ist voll von Ereignissen, bei denen vor großen und kleinen Versammlungen Reden gehalten wurden, um Menschen zu informieren, um ihnen dann auch ihre Verantwortung aufzuzeigen, ja, um sie zu überzeugen, dass Jesus der einzige Retter ist. Waren die Zuhörer dann von der Wahrheit der Rede überzeugt, wurde ihnen aufgezeigt, welche Schritte Gott von ihnen nun erwartet, um die Rettung anzunehmen (Apg 2,38). Die Diskussionen des Paulus mit Menschen in der Synagoge von Thessalonich und auf dem Marktplatz in Athen zeigen, dass auch die Predigten keine reinen Monologe waren, sondern dass Redner und Hörer miteinander ins Gespräch kamen (Apg 17).

8.1.5 Außerordentliche Gelegenheiten bauen Brücken für das Evangelium

Die Christen nutzten besondere Umstände, um von Jesus zu reden. Paulus zum Beispiel nutzte die Zeit im Gefängnis, um Onesimus von Jesus zu erzählen, der daraufhin Christ wurde (Phlm 1,10). Petrus und Johannes heilten einen gelähmten Mann im Namen von Jesus Christus von Nazareth. Daraus ergab sich, dass sie vielen Menschen von Jesus erzählen konnten, einschließlich der Familie des Hohenpriesters (Apg 4,6 und 6,7).

8.1.6 Briefe bauen Brücken für das Evangelium

Lukas verfasste einen ausführlichen Brief, um Theophilus von Jesus zu erzählen und zu lehren. Er schrieb:

> So habe auch ich mich dazu entschlossen, all diesen Überlieferungen bis hin zu den ersten Anfängen sorgfältig nachzugehen und sie für dich, verehrter Theophilus, in der rechten Ordnung und Abfolge niederzuschreiben. Du sollst dadurch die Zuverlässigkeit der Lehre erkennen, in der du unterwiesen wurdest (Lk 1,3-4).

Paulus und Johannes sandten ihre Worte in leidenschaftlichen Briefen auf die Reise, um Jesus und die Errettung durch ihn bekannt zu machen. Briefe können zudem einen Langzeiteffekt haben, da sie wiederholt gelesen werden, wie das Vorhandensein des Neuen Testaments selbst bezeugt.

All die Methoden, die zur Zeit des Neuen Testaments angewandt wurden, sind auch heute noch wirkungsvoll. Das Evangelium wird immer noch in geschriebener Form übermittelt und auch durch Besuche und Predigten sowie durch Kontakte in Familien und unter Freunden. Heute hat die Gemeinde zusätzlich neue Möglichkeiten, aber ihre Mitglieder sollten diese grundlegenden Kommunikationswege niemals vernachlässigen. Die Botschaft des Evangeliums pflanzt sich am besten durch persönliche Kontakte zu Nichtchristen fort. Christen müssen sowohl bestehende Beziehungen nutzen als auch neue Beziehungen aufbauen, um das Evangelium zu überbringen. Auf den Punkt gebracht hat es Hesselgrave mit Aufforderung: „*Knüpft Kontakte.* Dies ist eine weitere der gegenwärtigen Herausforderungen an die Gemeinde Christi."[3]

8.1.7 Das Evangelium muss griffbereit sein

Wenn es nun zu vertrauensvollen Begegnungen kommt, in welcher Weise soll nun jemand in Gesprächen die gute Nachricht von Jesus weitersagen? Im Hintergrund steht die Frage, wie die gute Botschaft unverfälscht aber treffsicher überbracht wird. Natürlich kann ein Christ schon viel von Gottes Botschaft vermitteln, indem er in Gesprächen Fragen beantwortet. Aber zusätzlich sollte jeder im Team folgende Präsentationen griffbereit haben – auswendig kennen, um sie im Gespräch konkret anzuwenden. Sind diese drei Darbietungen erst einmal erstellt, helfen sie, von alltäglichen Gesprächen zu tiefer gehenden Gesprächen über den Glauben an Jesus zu gelangen.

Meine Geschichte! Jeder im Team soll seine Geschichte mit Jesus auf natürliche Weise erzählen können. Zur gedanklichen Aufarbeitung der persönlichen Bekehrungsgeschichte könnte man sich gegenseitig fragen: Was kennzeichnete dein Leben ohne Christus? Wie bist du Christ geworden? Beschreibe jeden Schritt, z. B. wie Gott dich angesprochen hat, etwa durch ein Buch, einen Christen oder eine Predigt. Was hat sich durch Jesus bei dir geändert oder was bedeutet dir Jesus heute? Wenn du dich nicht an den Tag der Umkehr zu Gott erinnern kannst, betone, weshalb du an Jesus glaubst. Christen im Team müssen geübt sein oder es noch üben, über Jesus zu reden. Eine einfache und doch hilfreiche Übung besteht darin, die folgenden Sätze zu vervollständigen: Jesus ist für mich . . . Ich bin Christ, weil . . .

Jesu Geschichte! Teammitglieder müssen lernen, mit Fremden und mit Freunden über Jesus zu sprechen. Als Vorbereitung kann Folgendes dienen: Fasse die Kernaussagen des Evangeliums kurz zusammen – zunächst in eigenen Worten. Danach prüfe, welche Hilfsmittel du vielleicht benötigst. Es gibt gute Präsentationen, die sich zur Veranschaulichung eignen. In Kapitel 8 wird z. B. eine Darbietung mithilfe des Römerbriefs vorgestellt.

Ihre Fragen! Wenn ein Mensch über etwas redet, das sein Gegenüber interessiert oder persönlich betrifft, dann treffen die Worte auf offene Ohren. So geht es allen. Deshalb ist die folgende Übung zur Vorbereitung des Gesprächs mit neuen Freunden gedacht: Denke darüber nach, wo es offene Fragen und Probleme gibt und wie du dort am besten mit deiner Antwort oder deinem Lösungsvorschlag einhaken kannst. Wo drückt der Schuh? Wo hören sie zu? Was sollten sie außerdem hören? So kann es ein Ziel sein, Menschen zu helfen, alte Entscheidungen neu zu überdenken. Darunter zählt u. a. die Entscheidung, sich

---

[3] Hesselgrave, *Planting Churches*, 197, (Hervorhebung im Original).

um Gott und Gemeinde keine Gedanken mehr zu machen. Eine Frage, die du im Gespräch stellen kannst, ist diese: „Wenn es nun doch einen Gott gäbe, was würdest du dir von ihm wünschen?" Ein anderes Angebot könnte lauten: „Du hast mir so offen über deine Schwierigkeiten mit dem Kollegen in der Firma erzählt, darf ich jetzt für dich beten?"

Über seine persönliche Geschichte mit Gott, eine kurze Zusammenfassung des Evangeliums, sowie über Beispiele zur konkreten Anwendung der Botschaft Gottes muss jedes Teammitglied nachgedacht haben – jeder für sich und auch gemeinsam.

8.2 Kontakte – und wie man sie knüpft

8.2.1 Vorstellungsbesuche

Ein Gemeindegründer muss Leute in der Stadt kennenlernen, um mehr über ihre Einwohner und den Ortsteil zu wissen. Er muss ihnen eine Chance geben, ihm zu begegnen und ihm zu vertrauen. Manche Menschen sind skeptisch, wenn sie von einem neuen Pastor hören, der eine Gemeinde gründen will. Kirchgänger und Gemeindeleiter fühlen sich von Nachrichten über eine Konkurrenz schnell herausgefordert. Noch verdächtiger ist er, wenn er auch noch Prediger genannt wird, denn dieser Begriff hat in unserer Zeit einen negativen Klang, nicht zuletzt durch die Medienberichte über „Hassprediger" innerhalb islamischer Kreise.

Aus vielen Gründen haben die Leute Vorbehalte gegen einen neuen Gemeindegründer. Diese Barrieren müssen so schnell wie möglich abgebaut werden. In den meisten Fällen helfen vertrauensbildende Kontakte, die hergestellt werden sollten, ehe das Projekt in der Öffentlichkeit bekannt gemacht wird. Hesselgrave stellt dazu fest:

> Selbst in den Vereinigten Staaten können höfliche Vorstellungsbesuche bei einigen lokalen christlichen Leitern, Regierungs- und Schulbeamten und Vertretern von Massenmedien Wohlwollen für die neue Arbeit bewirken und Türen öffnen.[4]

In der Anfangsphase in Elburn besuchte ich den Ortsvorsteher, den Pastor der protestantischen Gemeinde im Ort, eine Beauftragte des Beerdigungsinstituts, weil diese Familie im Ort großen Einfluss ausübte, sowie einen Vertreter der lokalen Zeitung. So konnte ich mich nicht nur selbst vorstellen, sondern auch wertvolle Informationen über den Ort erhalten. Die Zeitung brachte sogar einen

---

[4] Hesselgrave, *Planting Churches*, 167. Er nennt solche Kontakte „courtesy calls" und „courtesy contacts".

sehr positiven Artikel über unsere Familie und meine Absichten als Pastor. Vorstellungsbesuche helfen, eine freundliche Haltung gegenüber dem Gemeindegründer und der werdenden Gemeinde zu schaffen.

Obwohl diese Vorstellungsbesuche so positiv sein können, muss der Gemeindegründer oder das Team doch auch hier mit Weisheit vorgehen. Sie sollten sich genau überlegen, mit wem sie über ihre Pläne reden werden, wann sie dies tun wollen und wie viele Einzelheiten mitgeteilt werden. Nehemia gründete zwar keine Gemeinde, er baute die Schutzmauer um Jerusalem wieder auf. Aber auch er hatte sich vorgenommen, mit Gönnern und Kritikern nicht voreilig zu reden. Er wollte sich z. B. zunächst genau über den Zustand der Stadtmauer informieren. Nehemia schrieb damals in sein Tagebuch: „Als ich in Jerusalem ankam, wartete ich zunächst drei Tage. Dann begab ich mich in der Nacht auf Erkundung, nahm aber nur wenige Männer mit. Ich hatte noch keinem Menschen gesagt, was mein Gott mir ins Herz gegeben hatte und was ich für die Stadt tun wollte" (Neh 2,11-12b).

8.2.2 Die Anwesenheit der Familie des Gemeindegründers

Das Leben in der Stadt schafft gute Gelegenheiten, Kontakt zu knüpfen und Beziehungen aufzubauen. In der Nachbarschaft der Zielgruppe zu wohnen, ist einer der besten Wege, Beziehungen aufzunehmen und zu vertiefen. Es versteht sich von selbst, dass eine Familie, die in eine neue Stadt oder ein neues Dorf zieht, Menschen kennenlernen will. Das trifft besonders auf Gemeindegründer zu. Es ist nötig als neu Zugezogener, den ersten Schritt zu gehen und sich den Nachbarn vorzustellen.

Wenn ein Pastor mit Familie in eine neue Gegend zieht, werden seine Kinder wahrscheinlich zur Schule, in den Kindergarten oder die Krabbelgruppe gehen. Das gibt der Familie die Gelegenheit, andere Eltern zu treffen. Besondere Aktionen wie „Tag der offenen Tür" oder andere auf die Eltern bezogene Schulereignisse sind Chancen, die Einwohner näher kennenzulernen.

Einkaufen in den lokalen Geschäften, Leute treffen, wenn man auf der Post zu tun hat, zur Tankstelle fahren – alle diese Aktivitäten helfen Kontakte zu knüpfen. Der Gemeindegründer und seine Familie müssen sich bewusst machen, welche Gelegenheiten diese alltäglichen Ereignisse bieten. In dem Wissen, dass Gott den Weg eines Menschen plant, sollte der Gemeindegründer wie jeder im Team bereit sein, das Beste aus diesen Begebenheiten zu machen. Es ist deswegen auch sinnvoll, direkt im Zielgebiet der neuen Gemeinde zu wohnen. So ist es viel leichter, andere zu besuchen oder neue Freunde in sein Haus einzuladen.

Welchen lokalen Klubs oder Organisationen könnte man beitreten? Einer möchte die Versammlung der historischen Gesellschaft der Stadt besuchen, während ein anderer sich im lokalen Sport oder im Verband der Geschäftsleute engagieren will. Wieder andere belegen einen Kurs in der Volkshochschule. Die Entscheidung hängt von den besonderen Interessen eines jeden Einzelnen ab, sowie auch von den örtlichen Möglichkeiten. Durch die Teilnahme an einigen Veranstaltungen des Ortes können ein Pastor und sein Team gute Beziehungen aufbauen.

---

praktisch ...

Viele Begegnungen sind von Gott gelenkt und man weiß nie, was aus einem kurzen Kennenlernen werden kann. Wir waren von Steven und Lori zu ihrer Familie zum Essen eingeladen. Anschließend führte uns Steven durch eine riesige Anlage mit Gewächshäusern – seinem Arbeitsplatz. Während dieser Tour trafen wir Jerry, Stevens Arbeitskollegen. Steven stellte uns Jerry vor. Der bemerkte: „Ich habe Sie schon einmal gesehen." Dann fiel es ihm ein: „Ach, von Ihnen habe ich schon gelesen. Ich habe Ihren Flyer in der Post erhalten, angesehen und unter ‚zukünftige Ereignisse' abgelegt." Es war eine kurze, freundliche Begegnung. Da wir neue Freunde von Steven waren, hatten wir bei seinem Arbeitskollegen Jerry gleich einen Vertrauensvorschuss. Beim Verabschieden drückte er meiner Frau noch einige Anemonen in die Hand, die er gerade im Gewächshaus geschnitten hatte.

Dies war nur die erste Begegnung mit Jerry. Wochen später fuhr ich zum Postamt. Dort auf dem Parkplatz traf ich Jerry wieder. Weil wir uns ja schon mal gesehen hatten, kamen wir leicht ins Gespräch. Wir unterhielten uns kurz über seine früheren Wohnorte und auch ein wenig über seine Erfahrungen mit Gemeinden. Dann fragte ich ihn, ob er Lust hätte, mal zu uns nach Hause zum Essen zu kommen. Er sagte zu . . . und kam dann auch. Es dauerte nicht lange und Jerry beteiligte sich an unserem Hauskreis. Später, als wir mit Gottesdiensten beginnen wollten, half er schon bei den Umbauarbeiten für den Gottesdienstraum.

Gott wollte Jerry weiterführen und dazu hatte er die Begegnung vor dem Gewächshaus arrangiert. Es war der Beginn eines jahrelangen Engagements – für Jerry und später auch für seine Frau.

8.2.3 Besuche von Tür zu Tür

Haus-zu-Haus-Besuche helfen dem Pastor, Einblick in die geistliche Atmosphäre der Gegend zu gewinnen. Außerdem dienen sie dazu, Leute zu finden, die am Hausbibelkreis und der neuen Gemeinde interessiert sind. Solche Besuche machen es möglich, etwas über die Einwohner zu erfahren – was sie bewegt und auf welche Bedürfnisse die Gemeinde antworten sollte. Sie führen nicht unbedingt zu evangelistischen Gesprächen. Natürlich muss der Pastor, wie auch jeder im Team, auf Gespräche über Christus vorbereitet sein und aufkommende Gelegenheiten nutzen. Rick Warren berichtet, er sei zwölf Wochen in seiner Umgebung unterwegs gewesen, um Nichtchristen zu interviewen. Dabei hatte er fünf Fragen in seinem Notizbuch, auf die er Antworten suchte. Er fragte zuerst nach den größten Problemen der Gegend. Dann erkundigte er sich weiter, ob die Befragten aktiv in einer Gemeinde sind. Wichtig war ihm dann herauszufinden, weshalb die meisten Menschen keine Gemeinde besuchen. Weiter wollte Rick Warren wissen, welchen Rat sie einem Pastor geben würden, der den Menschen eine Hilfe sein will. Schließlich war ihm noch wichtig zu erfahren, worauf sie bei einem Gemeindebesuch Wert legen würden. Solche Besuche schlägt er Gemeindegründern vor. Es geht Rick Warren besonders darum, dass Pastoren und andere Christen lernen zu denken, wie Nichtchristen denken. Dies nicht, um sich von diesem Denken verleiten zu lassen, sonder um besser zu verstehen. Er rät zum Gespräch mit Nichtchristen und schreibt: „Wenn sie die kirchendistanzierten Menschen in ihrer Umgebung noch nie befragt haben, dann empfehle ich Ihnen sehr stark, dies zu tun."[5] Als Folge dieser intensiven Gespräche formulierte er einen Einladungsbrief zum ersten Gottesdienst der Saddleback Church. Infolge der Umfrageergebnisse gestaltete er die Angebote der Gemeinde so, dass die Nichtchristen angesprochen wurden.

Umfragen können in größeren Orten erfolgreich genutzt werden, während es in kleinen Städten wie Elburn angebrachter ist, solche Fragen einfach bei einer informellen Unterhaltung an der Tür oder im Haus der Einwohner zu stellen. Ein Gespräch an der Tür beginnt zunächst damit, dass der Gemeindegründer sich vorstellt. Dann kann er informative Fragen stellen, wie: „Sind Sie zurzeit in einer Gemeinde engagiert?" oder „Wie könnte eine neue Gemeinde diesem Ort oder Ihrer Familie hilfreich sein?"[6] Antworten auf diese und weitere Fragen lassen u. a. erkennen, ob eine Person interessiert ist. Vielleicht werden dadurch aber auch Bedürfnisse offenbar, für die eine neue Gemeinde ein Angebot machen kann (z. B. der Bedarf an Aktivitäten für Jugendliche oder an einem Begegnungsraum für Mütter mit Kleinkindern, verbunden mit christlicher Botschaft und Fürsorge).

Unsere Besuchsarbeit in Elburn wurde durch zwei Faktoren unterstützt. Erstens war unser Sponsor, die Deaconry, vielen alteingesessenen Einwohnern bekannt. Aber auch vielen Zugezogenen war das Gelände mit den gut gepflegten Rasenflächen und Einrichtungen schon aufgefallen. Zweitens hatte ein Artikel in der

---

[5] Rick Warren, *Kirche mit Vision: Gemeinde, die den Auftrag Gottes lebt.* Asslar: Projektion J, 1998, 183; im Folgenden zitiert als: Warren, *Kirche mit Vision.*
[6] Robert H. Schuller stellte u. a. diese Fragen: „Können Sie mir sagen, was unsere Gemeinde möglicherweise tun kann, um Ihnen auf irgendeinem Gebiet Ihres Lebens zu helfen? Gibt es irgendein Programm, an dem Sie interessiert wären?" Zitiert in Hesselgrave, *Planting Churches,* 172.

lokalen Zeitung den Lesern über des Pastors Absicht berichtet, die Einwohner zu besuchen. Die positive Wirkung dieses Artikels konnte ich besonders in den ersten Tagen und Wochen nach dessen Veröffentlichung feststellen. Viele, die ich besuchte, hatten von dem Artikel in der Zeitung gelesen und begrüßten mich freundlich. Als ein weiterer Mitarbeiter, Ron Celentano, angestellt werden konnte, konnten wir noch mehr Einwohner aufsuchen und befragen.

Die Besuchsarbeit ist nicht einfach. Ich bin überzeugt, dass es für die Methode der flächendeckenden Besuche in einem Land bestimmte Epochen gibt und dass die Erfolge von Gebiet zu Gebiet variieren. Während diese Besuchsarbeit in Hannover doch mühsam war und dadurch nur einige Leute zur Gemeinde kamen, fanden vor wenigen Jahren im Norden Brasiliens Missionseinsätze statt, bei denen Mitarbeiter, die extra für diesen Dienst angereist waren, eine evangelistische Besuchsarbeit durchführten. Dabei fanden so viele Menschen zu Jesus, dass sie dringend jemanden als Pastor und Gemeindegründer einer Gemeinde brauchten. Ein Beispiel für die besondere Offenheit für das Evangelium sind die Berichte von Missionaren, die in während der neunziger Jahre von Behrungen und Gemeindegründungen in der Ukraine und anderen Ländern der früheren UdSSR redeten. Aber auch lokale Ereignisse, die für Interesse sorgen, seien es nun schöne oder schmerzliche Erfahrungen, können die Bevölkerung für Gespräche über den Glauben empfänglich machen.

Auf jeden Fall müssen die Besucher einkalkulieren, dass sie auch auf Ablehnung stoßen können, sogar auf verbale Attacken. Sie müssen auch gewappnet sein, mit frei laufenden Hunden umzugehen (besonders in ländlichen Gegenden). In vielen Fällen ist niemand zu Hause, selbst wenn man sich für die Besuche günstige Zeiten – wie den späten Nachmittag – auswählt. Man muss einige wesentliche Faktoren bedenken, wenn man von Haus zu Haus geht:

Wenn zwei zusammen gehen – und das ist zu bevorzugen – müssen sie vorher entscheiden, wer von ihnen das Gespräch führen wird. Wer das sein wird, kann davon abhängen, ob einer der Besucher gerade dabei ist, diesen Dienst kennenzulernen. Oder die Besucher machen die Entscheidung abhängig von der Person, die ihnen die Tür öffnet, ob es sich um einen Mann oder eine Frau, einen Jugendlichen oder einen älteren Menschen handelt.

Des Weiteren müssen die Besucher beten und darauf vertrauen, dass Gott die Begegnung mit vorbereiteten Einwohnern arrangieren wird. Obwohl manche freundlich, aber desinteressiert erscheinen, muss das Team auf die Personen hoffen, die mit Interesse und Fragen reagieren.

Das Team muss daran denken, eine Broschüre mit Informationen über die Hauskreise und weitere Angebote der Gemeinde zu überreichen.

Gesprächspartner, die an einem Gespräch oder an einem Hauskreis interessiert sind, können angerufen werden oder einen kurzen Brief erhalten, um ihnen für ihre Zeit und ihr Interesse zu danken. Sie können wieder besucht werden, je nach ihrer Aufgeschlossenheit. Durch weitere Briefe und Einladungen werden Interessierte auf dem Laufenden gehalten. Aus solchen Kontakten entsteht die Liste der Interessierten, die für jede Gemeinde wichtig ist.

Wir führten in Elburn wie auch in Hannover zu Beginn der Arbeit viele Besuche durch. In Hannover haben über 700 Personen auf unsere drei Fragen geantwortet, die in der Regel so lauteten, wie sie auf der abgebildeten Umfrage (Abbildung 8) formuliert sind.

Gegen Ende des Gesprächs kann man fragen: „Hatten Sie schon vor unserem heutigen Besuch von der neuen Gemeinde gehört?" Oder – wenn der Interviewte Interesse bekundete – kann man fragen: „Dürfen wir Ihnen gelegentlich Informationen über Vorträge und Veranstaltungen zusenden?" Bevor wir uns verabschiedeten, überreichten wir noch eine Verteilschrift von den Marburger Medien.[7] So konnten die Besuchten sich auch nach unserem Gespräch noch mit einem christlichen Text befassen. Außerdem haben diese Verteilschriften einen gewissen Wiedererkennungswert. Für weitere Besuche kann es nützlich sein kann, wenn die Leute erkennen, von welcher Gemeinde wir kommen.

Guten Tag! Mein Name ist .... Ich komme von der neuen Christus-Gemeinde hier in Wettbergen. Wir führen eine Umfrage durch und hätten gern Ihre Meinung zu drei kurzen Fragen gehört.

ODER: Guten Tag! Mein Name ist ..... Ich bin von der Christus-Gemeinde Hannover. Wir sind dabei, hier eine neue Gemeinde aufzubauen. Dazu führen wir eine Umfrage durch. Dürfen wir Sie nach Ihrer Meinung zu drei kurzen Fragen bitten?

1.   Wie oft gehen Sie gegenwärtig zu Gottesdiensten?

    jeden Sonntag

    nicht besonders oft (an Feiertagen)

    zweimal monatlich

    nicht

    ....

---

[7] Die Stiftung Marburger Medien bietet eine große Auswahl an evangelistischen und vorevangelistischen Verteilschriften – auch Postkarten – an, die bei den Besuchen benutzt werden können und die für weiterführende Kontakte hilfreich sind (www.marburger-medien.de).

> 2. Wie müsste ein Gottesdienst aussehen, den Sie gern besuchen würden?
> 3. Wie könnte eine Gemeinde Ihrer Familie oder Ihrem Bekanntenkreis eine Hilfe sein?
>
> Vielen Dank!

Abbildung 8: Umfrage zum Kennenlernen der Bevölkerung

Wenn die erste Frage der Umfrage mit „zweimal monatlich" beantwortet wird, kann man weiter fragen: Wie müsste ein Gottesdienst aussehen, den Sie gern regelmäßig besuchen würden?

Wenn die erste Frage mit „jeden Sonntag" bis „dreimal im Monat" beantwortet wird, kann man fragen: „Was gefällt Ihnen an den Gottesdiensten besonders?"

Es geht bei diesen Besuchen darum, die Menschen im Zielgebiet mit ihren Einstellungen, Hoffnungen und Bedürfnissen kennenzulernen. So gewannen wir in Hannover aus den Antworten auf die Frage, wie eine neue Gemeinde eine Hilfe sein kann, folgende Erkenntnis: Die meisten Befragten hatten keine Erwartungen an eine Kirche oder eine Gemeinde. Sie kamen gar nicht auf die Idee, von einer christlichen Gemeinde etwas zu erwarten. Sie waren bisher ohne sie ausgekommen. So waren unsere Besuche sicher für viele ein kleiner Anstoß, über ihr Verhältnis zur Gemeinde und was man von ihr erwarten kann nachzudenken.

Dies führt gleich zur zweiten Zielsetzung dieser Aktionen: Durch die Kontaktaufnahmen wurde unser neues Gründungsprojekt bekannt.

Drittens hofften wir darauf, bei diesen Besuchen auf Menschen zu stoßen, die Interesse an der neuen Gemeinde und dem Evangelium haben.

Es geht bei diesen Umfragen auf keinen Fall darum, negativ über andere christliche Gemeinden zu reden. Selbst wenn manche der Besuchten ihre Frustration und ihre Enttäuschung über andere Gemeinden laut werden lassen, muss man sich hier mit Kommentaren sehr zurückhalten.

Für ländliche Gebiete empfehle ich andere Fragen. Es würde auf Unverständnis stoßen, wenn ein Mitarbeiter vom Ort einen ihm bekannten Einwohner fragte: „Wie oft gehst du gegenwärtig zum Gottesdienst?" Deshalb ist es besser, im ländlichen Bereich anders vorzugehen, wobei sich der folgende Vorschlag natürlich auch für den städtischen Bereich eignet: Das Gründungsteam sammelt eine Anzahl von Themen für Vorträge. Diese Themen sollten das Interesse wecken und können auf viele Bereiche des Lebens ausgerichtet sein. Es kann dabei um Kindererziehung gehen, um gute Beziehungen in der Ehe, um den Umgang mit Geld, um Zeitmanagement, um Glaubensfragen, um gerade aktuelle

Themen usw. Diese Liste mit den Vorschlägen nehmen die Besuchsteams mit an die Haustür. Nachdem sie sich vorgestellt haben, erklären sie, dass demnächst einige Vortragsabende zu aktuellen Themen stattfinden werden. Die Besuchten werden dann gebeten auszuwählen, welche drei Themen sie besonders interessieren. Die Ergebnisse einer solchen Umfrage helfen dem Team beim Zusammenstellen einer Vortragsreihe und der Auswahl von Rednern. Bevor die Abende dann stattfinden, kann man in Briefen oder Zeitungsannoncen auf die Umfrageaktion Bezug nehmen, die am meisten gewählten Themen nennen und zur Veranstaltungsreihe einladen.

Wie umfangreich diese Besuchsaktionen sein werden, hängt von mehreren Faktoren ab. Wie reagiert die Bevölkerung auf solche Besuche? Sind viele Menschen den Besuchern gegenüber aufgeschlossen? Sind Teammitglieder dafür besonders begabt? In Hannover waren wir im ersten Jahr unserer Arbeit immer wieder einmal in Zweierteams unterwegs. Dietmar Pirschel war einer der Mitarbeiter, der sich nach seinem Arbeitstag mit mir für Hausbesuche verabredete.[8]

Bei einem dieser Besuche trafen wir einen Polizeibeamten, der in einem Appartement wohnte. Er sagte uns, dass die Leute Angst hätten, die Türen zu öffnen, wenn jemand unangemeldet klingelt und schlug uns vor, wir sollten doch unseren Besuch ankündigen. Daraufhin formulierten wir einen Brief, der unseren Besuch anmeldete und der ein bis zwei Tage vor dem Besuch mit dem Namen des Empfängers versehen in die Briefkästen gesteckt wurde (Abbildung 9).

Hallo Nachbarn!

Wir von der Christus-Gemeinde Hannover möchten uns heute gerne bei Ihnen vorstellen. Es ist unser Anliegen, besonders für Menschen da zu sein, die in keiner christlichen Kirche oder Gemeinde zu Hause sind — sei es, dass solch ein Bezug nie bestanden hat oder dass er verloren gegangen ist.

In einer Zeit, in der Glaube so privat geworden ist, dass kaum jemand seine innersten Überzeugungen mitteilt, haben wir diese Entdeckung gemacht: Es bringt viel, einen Erfahrungsaustausch mit Anderen zu suchen. In vielen anderen Lebensbereichen praktizieren wir das selbstverständlich: Wo ich mich selbst noch nicht perfekt auskenne, freue ich mich, wenn ich von den Erfahrungen Anderer profitieren kann!

---

[8] Als wir bemerkten, dass es einem anderen Mitarbeiter, der ebenfalls bei den Besuchen mithalf, leicht fiel, mit unbekannten Gesprächspartnern zu telefonieren, führte er auch Umfragen am Telefon durch. Diese Anrufe kann ich aber nicht mehr empfehlen, da sie zunehmend als lästig empfunden werden und es Bemühungen gibt, sie rechtlich zu unterbinden.

8 – Wege zu den Herzen der Menschen

> Die Broschüre „Leben - das Blatt mit der guten Nachricht", die diesem Brief beiliegt, verstehen wir so. Hier sind Erfahrungen von Menschen festgehalten, die durch den Glauben an Jesus Christus positive Veränderungen erlebt haben. Wir hoffen, dass die Broschüre Ihnen zum persönlichen Gewinn wird.
>
> In den kommenden Wochen werden unsere Mitarbeiter eine kurze Umfrage durchführen. Wir würden uns freuen, wenn auch Sie sich dafür einige Minuten Zeit nehmen könnten. Gerne können Sie uns direkt ansprechen, wenn Sie weitere Fragen haben.
>
> Für heute grüßen wir Sie herzlich

Abbildung 9: Vorstellungsbrief, der den Besuch von Mitarbeitern ankündigt

Ein junges Ehepaar, das sich auf die Gründung einer Gemeinde vorbereitete, suchte meine Frau und mich auf, um mit uns darüber zu reden. Sie hatten den Start noch vor sich und wollten auch einmal bei diesen Besuchen mitgehen. Der junge Mann entdeckte daraufhin bei den Gesprächen an den Haustüren sehr deutlich, wie wichtig es ist, mit wenigen Worten klar auszudrücken, woher man kommt. Wir wollen ja nicht verwechselt werden. Er merkte, dass wir die Formulierung für unsere Vorstellungen durchdacht hatten. Wer bei der kurzen Begrüßung sagt, von welcher Gemeinde er kommt, braucht sich nicht noch extra von anderen abzugrenzen. Übrigens haben die beiden inzwischen in Leipzig eine Gemeinde gegründet – und das ohne diese Umfrage. Sie hatten nämlich bei dem Probegang die Entdeckung gemacht, dass ihnen andere Wege zu den Menschen eher liegen.

Mit welchem Namen soll man die neue Gemeinde vorstellen? Ist der Name vorgegeben? Hat man ihn bereits ausgewählt oder sucht man noch? Wenn ich noch eine weitere Gemeinde zu gründen hätte, würde ich von Anfang an den Namen der neuen Gemeinde benutzen. In Elburn arbeiteten wir bis zum ersten Gottesdienst mit dem Namen „Fellowship Bible Studies", der Name ließ auf Bibel-Gesprächskreise schließen. In Hannover nutzten wir den Ausdruck Gemeindegründungsprojekt, ein Wort, das schon eher auf die Gemeinde hinweist. Wer davon ausgeht, dass Gott zur Gründung einer neuen Gemeinde Gelingen geben wird, sollte sich besser gleich mit dem Namen dieser neuen Gemeinde vorstellen. Dann wird der Name bekannt, mit dem man auch später arbeitet. Außerdem erspart es Zeit und Geld, weil die Druckerzeugnisse, Briefköpfe und die Homepage nachträglich geändert werden müssen.

Natürlich gibt es die verschiedensten Varianten der Kontaktaufnahme durch Besuche. Dietrich Schindler, Gemeindegründer und Pastor, setzte eine sehr interessante Idee in die Tat um, als er seine fünfte Gemeinde in Deutschland zu gründen begann. In einem Bericht darüber heißt es:

Mit 400 Geschäftsleuten verabredete er sich zum Gespräch, darunter die Inhaberin eines Tante-Emma-Ladens, dem Chef des Klinikums und dem Leiter einer Versicherung. Zum Schluss des Gespräches fragte Schindler jedes Mal, ob und wofür er beten könne.[9]

Er wollte mit den Geschäftsleuten von Kaiserslautern in Kontakt treten und nahm sich deshalb vor, viele von ihnen aufzusuchen, um sich als Pastor der neuen Freien evangelischen Gemeinde vorzustellen. Es zeugte von Gottvertrauen, sich als Pastor einer Gemeinde vorzustellen, die es im vollen Sinne des Wortes zu dem Zeitpunkt noch nicht gab. Aber Dietrich Schindler hatte viermal zuvor erlebt, dass Jesus Christus seine Gemeinde baut und darauf vertraute er auch das fünfte Mal. Bei seinen Besuchen überreichte Schindler nicht nur eine bedruckte Kaffeetasse, die auf die Gemeinde hinwies, er zeigte auch seine Fürsorge für die Geschäftsleute, indem er ihnen konkrete Fürbitte anbot.

8.2.4 Besondere Aktionen, die Brücken bauen

Von dem Gemeindegründer und seinem Team können einmalige Aktionen geplant werden, wie z. B. evangelistische Filmvorführungen, Hausbibelkreise mit besonderen Referenten und Ferien-Bibeltage für Kinder. Solche Aktionen ziehen neue Leute an und erregen Aufmerksamkeit.

Kommunale Ereignisse, die von anderen Gruppen der Ortschaft durchgeführt werden, können ebenfalls von der Gemeinde genutzt werden. Einige Wochen vor dem ersten Gottesdienst wurde ein Informationstisch bei den Elburntagen – einem lokalen Volksfest – aufgestellt. Durch ein Poster und das Verteilen von Broschüren machten wir auf den Start der Gemeinde aufmerksam. Ich kann mich noch erinnern, dass der Sheriff der Stadt ebenfalls auf dem Volksfest Dienst hatte und immer wieder mal zu uns herüber schaute. Er war wohl neugierig, wie wir so arbeiten würden. Damit will ich sagen, dass Menschen Notiz von uns nehmen und dass es wichtig ist, sich angemessen zu verhalten. Das Volksfest wäre kein Platz für eine Freiversammlungspredigt gewesen, selbst aggressives Zugehen auf die Besucher wäre nicht angemessen gewesen. Stattdessen standen wir bei unserem kleinen Infotisch, signalisierten Bereitschaft, angesprochen zu werden und sprachen die an, die Interesse an den ausliegenden Schriften hatten. Wir wollten nicht als aufdringlich verschrien werden, sondern taktvoll auf uns aufmerksam machen.

Bei anderer Gelegenheit, während der Adventszeit, warb meine Frau an einem Verkaufsstand mit Basteleien und Broschüren für die neue Gemeinde. Während

---

[9] *ideaSpektrum: Pastor einer Gemeinde, die es noch nicht gibt*, 25/2004, Wetzlar: Evangelische Nachrichtenagentur idea e.V., 2004.

sie Fröbelsterne faltete, was für die Besucher des Weihnachtsbasars sehr interessant anzusehen war, konnte sie sich unterhalten und Handzettel weitergeben. Interessenten bot sie an, sich in eine Liste für weitere Informationen über unsere Hauskreise einzutragen.

Wenn man bei solchen Unternehmungen nicht selbst der Veranstalter ist oder jedenfalls nicht der alleinige Veranstalter ist, bleibt der Aufwand für Kontaktaufnahmen recht überschaubar. Weil mehrere Organisationen für solche Veranstaltungen warben, kommen gewöhnlich viele Besucher und manche davon informieren sich auch gern an unserem Stand. Neben diesen Gesprächen mit Besuchern sind die Begegnungen mit Vertretern anderer Organisationen oder Ausstellern wichtig.

8.2.5 Handzettel und Postwurfsendungen

Ansprechende Verteilschriften können von Mitarbeitern aus der Kerngruppe oder von professionellen Unternehmen hergestellt werden. Bünde und Gemeindeverbände haben oft ihre Quellen für solche Broschüren, von denen man Gebrauch machen kann. Zu beachten ist hier besonders, dass die äußere Aufmachung und der Inhalt der Verteilschriften zur neuen Gemeinde und zur Zielgruppe passen. Das Gründungsteam kann in den meisten Fällen weder großartige Programmangebote aufweisen, noch kann es mit attraktiven Gebäuden werben. Deshalb spielt das Erscheinungsbild der verteilten Faltblätter und der versandten Briefe eine bedeutende Rolle. Für unsere Gründungsarbeit in Elburn ließen wir uns schon in der Phase der Hausbibelkreise eine ansprechende Broschüre erstellen, die wir für Postwurfsendungen, Hausbesuche und andere Aktionen benutzten.

Broschüren oder Infobriefe können für die Gemeinde maßgeschneidert erstellt und dann an alle Bewohner eines Zielgebiets versandt werden (z. B. nach Postleitzahlen sortiert). Auf jeden Fall sollte der Gemeindegründer auch die mit Informationen versorgen, mit denen sein Team bereits in Kontakt gekommen ist. Weil in dieser Phase noch nicht so viele Veranstaltungen stattfinden, muss jedes Veranstaltungsangebot genutzt werden, um Personen auf der Liste der Interessierten anzuschreiben. Hierbei ist auch die Formulierung ansprechender Themen von hoher Bedeutung.

Broschüren und Faltblätter werden noch wirksamer, wenn man im Text um eine Antwort bittet, z. B. „Wenn Sie mehr über unsere Hausbibelkreise wissen möchten, rufen Sie uns bitte an ...„ Towns empfiehlt, eine telefonische Antwort auf Postwurfsendungen und andere Werbeschriften zu erbitten.[10] Deshalb ist es gut, wenn die Veröffentlichung eine Einladung zu einer besonderen Ver-

---

[10] Towns, *Getting a Church Started*, 137.

anstaltung enthält, zu einem neuen Hausbibelkreis, dem ersten Gottesdienst oder einem Glaubenskurs. Towns zeigt, wie der Gemeindegründer die Post nutzen kann:

> Jedes Mal, wenn Sie jemanden treffen, der an der neuen Gemeinde interessiert ist, schreiben Sie seinen Namen auf die Adressenliste. Als Erstes schicken Sie ihnen einen Einladungsbrief zur Gemeinde, zusammen mit einer Broschüre. Dann senden Sie ihnen regelmäßige Nachrichtenbriefe und werben damit für die Gemeinde.... Benutzen Sie die Nachrichtenbriefe nicht, um ihnen zu predigen. Zeigen Sie Ihre Begeisterung an der Arbeit und sie können sich auch begeistern.[11]

8.2.6 Anzeigen in Zeitungen

Sehr hilfreich ist es, die lokale Presse zu einem Interview mit dem Gemeindegründer zu gewinnen. Wahrscheinlicher wird die Zeitung Presseerklärungen über das Projekt und über besondere Programme abdrucken. Der Gemeindegründer sollte sie in kleinere Ortschaften nicht per Post oder E-Mail versenden, sondern sie persönlich abgeben, was ihm besseren Kontakt mit dem Zeitungspersonal verschafft und seinem Artikel eine größere Chance gedruckt zu werden.

Neben der Nutzung dieser kostenlosen Dienste kann der Pastor auch Anzeigen kaufen – wöchentlich, monatlich oder sporadisch. Auch hier ist es von Bedeutung eine Telefonnummer anzugeben, damit Leser ermutigt werden zu antworten. Presseerklärungen sind Signale für den Ort, dass die Gemeinde aktiv und daran interessiert ist, dass sich Leute anschließen. Wir haben damit in Elburn wie auch in Hannover gute Erfahrungen gemacht.

8.2.7 Andere Veröffentlichungen

Neu in die Gegend Zugezogene informieren sich in den USA oft in den Gelben Seiten der Telefongesellschaften, wenn sie eine Gemeinde suchen. In Deutschland nutzt man eher lokale Mitteilungsblätter, die wöchentlich oder monatlich kostenlos verteilt werden. Solche lokalen und regionalen Veröffentlichungen kann man nutzen, um für die Gemeinde zu werben. Hier und dort nutzen Menschen heute in starkem Maße das Internet, um Gemeinden zu suchen oder sich über sie zu informieren.

8.2.8 Das Internet

Weil sich immer mehr Menschen Informationen übers Internet holen, bevor sie Entscheidungen treffen, muss auch die entstehende Gemeinde im Internet zu

---

[11] Towns, *Getting a Church Started*, 138.

finden sein. Der Webmaster, der die Homepage betreut, muss bemüht sein, sie für Suchmaschinen gut auffindbar zu machen. Neben den üblichen Suchmaschinen gibt es erfreulicherweise auch christliche Organisationen, die Gemeinden helfen, sich so zu platzieren, dass man sie schnell findet. Die Homepage sollte *übersichtlich* gestaltet sein, *ansprechend* und *aktuell*. Es sagt viel über eine Gemeinde aus, ob sie eine Homepage präsentiert und wie diese gestaltet ist. Reinhardt Brunner von der Gemeinde jesusfriends in Hamburg weist darauf hin, dass die Gestaltung der Homepage bereits eine Botschaft vermittelt:

> Das Medium macht also einen großen Teil der Botschaft aus. Diese Tatsache haben wir bei jesusfriends immer wieder benutzt. Auch bei der Homepage (HOMEpage!!!, das Internet wird ja zum zweiten Zuhause) ist das wichtig. Deshalb haben wir ganz am Anfang vergleichsweise viel Geld für einen sehr guten Internetauftritt ausgegeben. Auch für die Homepage gilt, dass der Kommunikationsweg kurz ist, denn die Leute informieren sich selbst, können auf Distanz bleiben, werden nicht vereinnahmt.[12]

Auch hier ist es – wie bei anderen Kommunikationsmitteln auch – wichtig, dass der Betrachter die Möglichkeit hat, sich ohne große Schwierigkeiten an das Gründungsteam zu wenden. Vieles von dem, was ins Internet gestellt wird, ist vielleicht noch Zukunftsmusik – sind Ziele, sind Vorhaben. Damit kann der Gemeindegründer gut werben. Wie bei allen Veröffentlichungen darf er aber nicht der Versuchung unterliegen, mehr „ins Fenster zu stellen, als im Laden wirklich vorhanden ist." Ohne Bild gesprochen: Man muss immer ehrlich bleiben und nicht übertreiben. Während das Internet in den achtziger Jahren bei unserer Gemeindegründung in Elburn noch keine Rolle spielte, kam es in den neunziger Jahren bei unserer Gemeindegründung in Hannover früh zum Einsatz. Einige Christen, die heute zur Gemeinde gehören, haben sich vor dem ersten persönlichen Besuch unsere Webseite angesehen, um uns kennenzulernen.

8.2.9 Radio- und Fernsehstationen

Während öffentliche Radio- und Fernsehstationen kurze Presseerklärungen über besondere Veranstaltungen aus ihrem regionalen Terminkalender (Filmvorführungen etc.) senden, können meist christliche Radiostationen zusätzlich ein Interview mit dem Gemeindegründer ausstrahlen. Informationen über die Vorgehensweise kann sich das Team bei den Sendern erfragen. In Ingolstadt arbeitet ein Gemeindegründer zum Beispiel mit einem lokalen Internet-Fernsehen zusammen.

---

[12] Reinhard Brunner, Hamburg, in einer E-Mail an den Autor (18.10.2005).

Verglichen mit den Besuchen und den Postwurfsendungen ist die Benutzung von Radio und Fernsehen als Förderer für die lokale Gemeinde von geringerer Bedeutung. Die Evangelical Fellowship Church in Elburn benutzte mehrere Ansagen und ein Interview bei Radiostation des Moody Bible Instituts in Chicago (WMBI). Christliches Radio hilft den Gemeinden auch allgemein beim Evangelisieren und Lehren biblischer Inhalte.

8.2.10 Verschiedene Medien benutzen

Schließlich kann keine der diskutierten Methoden die Arbeit allein tun. Der Gemeindegründer muss verschiedene Methoden kombinieren. Anhand der Resonanz kann er sich auf die in diesem Gebiet Effektivste konzentrieren.

Man sollte auch die Langzeitwirkung der Werbung berücksichtigen. Einige Einwohner, obwohl sie zuerst nicht auf ein Rundschreiben geantwortet haben, verfolgen die Nachrichten über die Gemeinde genau. Durch einen Anruf oder einen Besuch bei denen, die auf der Interessentenliste stehen, kann man herausfinden, wie die Rundschreiben oder Presseerklärungen aufgenommen wurden.

8.2.11 Kontakte für das Evangelium nutzen

Gemeindegründer müssen also eine Vorstellung davon haben, wie sie mit der Bevölkerung in Kontakt kommen wollen. Das erfordert Gebet und die Entschlossenheit, auf Menschen zuzugehen und den Mut neue Wege der Kontaktaufnahme zu wählen. Dabei ist es gut, wenn Christen sich angewöhnen, auf entsprechende Gelegenheiten zu achten oder sie zu suchen, in denen sie über Gott, Jesus oder die Gemeinde sprechen können. Deshalb müssen Gemeindegründer und ihre Teams vorbereitet sein, um ihre Geschichte mit Jesus erzählen zu können – in Kurzform oder ausführlicher, je nachdem, wie es die Situation erlaubt.

8.2.12 Eine Kurzfassung des Evangeliums bereithalten

Neben ihrer persönlichen Geschichte mit Jesus muss den Teammitgliedern auch klar sein, wie sie den Kern des Evangeliums weitersagen können, denn dazu wird es hoffentlich während dieser Kontakte auch kommen – obwohl nicht alle Kontaktaufnahmen dieses zum Ziel haben. Diese reformatorischen Wiederentdeckungen enthalten bereits wichtige Aussagen des Evangeliums. So kann man bereits beim Reden über die geplante Gemeinde geistliche Inhalte vermitteln, die ja zu unserer Gemeinde gehören.

Um unsere evangelische Glaubensausrichtung zu erklären, wonach ja gelegentlich gefragt wird, erkläre ich manchmal, was Martin Luther formuliert hat: allein die Schrift, allein Jesus Christus, allein die Gnade und allein der Glaube.

Wer bereit ist, seine persönliche Geschichte zu erzählen und das Evangelium in Kurzform parat hat, der wird auch einen Plan bereithalten, um Menschen bei

8 – Wege zu den Herzen der Menschen

dem Schritt zu Jesus zu helfen. Nicht nur der Gemeindegründer sollte darauf vorbereitet sein.

Angelika war zu uns zum Frühstück gekommen, das meine Frau sehr appetitlich vorbereitet hatte. An Gesprächsstoff fehlte es uns nicht mit Angelika, die zusammen mit Elke, ihrer Nachbarin, schon einige Monate zu einem unserer Hauskreise kam. Meine Frau und ich wollten jedoch auch über ihre Beziehung zu Jesus reden und wissen, ob sie Heilsgewissheit hat. Endlich, nach längerem Gespräch und manchen stillen Gebetsrufen, kamen wir auch auf geistliche Belange zu sprechen. Ich nahm dann ein Arbeitsblatt zur Hand, das mit einigen Bibelstellen aus dem Römerbrief und anschaulichen Illustrationen erklärt, wie man Christ wird und Gewissheit im Glauben erfahren kann. Angelika verstand nun, dass es nicht reicht, die Tatsachen über Jesus Christus zu kennen, sondern, dass dazu auch eine persönliche Entscheidung gehört. Das Gehörte musste sie erst einmal verarbeiten. „Solltest du diese Entscheidung treffen, dann lass es jemanden wissen," gab ich ihr noch mit auf den Weg.

> **Auf den Punkt gebracht**
>
> Wichtige Aussagen des Evangeliums, nahegebracht anhand des Römerbriefs.
>
> **Gott möchte, dass wir ihn kennenlernen und eine gute Beziehung zu ihm bekommen.** Anerkennung und Dank gegenüber Gott sind zwei der Merkmale dieser Beziehung, wie wir aus folgenden Bibeltexten lernen können.
>
> **Römer 1,19-20**
>
> Doch was steht dieser Beziehung im Weg? Was hindert Menschen daran, Gott zu kennen? Die folgenden Bibelstellen geben die Antwort und zeigen uns die Lösung.
>
> **Römer 1,21**
>   Was ist Sünde?
>
> **Römer 3,23**
>   Wer ist ein Sünder?
>
> **Römer 5,12**
>   Was ist die Folge der Sünde?
>
> **Römer 5,8** (auch Jesaja 53,6)
>   Was hat Gott für uns getan?
>
> **Römer 10,9-13**
>   Was ist unsere Verantwortung?
>   Was erwartet Gott von uns?
>
> **Abbildung 10: Das Evangelium kurzgefasst – eine in den USA sehr bekannte Hilfe für evangelistische Gespräche, die auch „Romans Road" genannt wird und in Deutschland „Römerstraße".**

Es dauerte wohl keine Stunde, da rief Elke an, Angelikas Freundin, die auch Christ ist und erzählte: „Angelika hat vorhin bei mir angerufen. Morgen um 13.00 Uhr kommt sie zu mir zum Gespräch und will Christ werden – was mache ich denn da?" Wir freuten uns riesig. Ich erklärte Elke, dass sie das Blatt mit den Stellen aus dem Römerbrief benutzen könnte, auf dem auch ein Gebet fürs Christwerden steht. So haben sie dann am nächsten Tag miteinander gesprochen und sich im Gebet an Jesus gewandt – das gedruckte Gebet war ein guter Anfang für das Gespräch der beiden Frauen mit Gott.

Wer bereit ist, seine persönliche Geschichte zu erzählen und das Evangelium in Kurzform parat hat, der wird auch einen Plan bereithalten, um Menschen bei dem Schritt zu Jesus

„Was mache ich denn dann?" An diese Frage Elkes muss ich manchmal denken. Elke hat schnell gelernt und hat seitdem oft die Freude gehabt, Menschen zu einer persönlichen Beziehung mit Jesus Christus zu verhelfen. Ob es nun die Auswahl der Römerbriefstellen[13] ist oder das Heft von Campus für Christus *Gott persönlich kennenlernen* oder eine eigene Ausarbeitung – Christen sollten vorbereitet sein, um jemanden zu Jesus führen zu können.

8.2.13 Ein praktischer Gesprächsauszug

Bei Besuchen und anderen Begegnungen sollte ein Christ bereit sein, auch ein tiefer gehendes Gespräch über den Glauben zu führen. So erging es mir, als ich Herrn Müller traf. Ich kannte ihn nicht, hatte aber bei meiner Besuchsrunde in einem unserer Nachbarorte an seiner Haustür geklingelt. Wir unterhielten uns vor seinem Haus. Dieser Bericht zeigt, wie das Gespräch verlief, erhebt aber nicht den Anspruch, das ideale Gespräch gewesen zu sein.

S: *„Hallo! Mein Name ist Schwing, ich bin Pastor der Evangelical Fellowship Church in Elburn. Ich möchte Sie zu unserem Hausbibelkreis einladen."*

Dann gab ich Herrn Müller unsere Broschüre. Er begrüßte mich auch und befahl seinem Hund, sich zu setzen. Nachdem ich ein paar nette Bemerkungen über seinen Hund gemacht hatte, kam ich zurück zu meinem Anliegen. (Im Laufe des Gesprächs erfuhr ich, dass Herr Müller den Artikel in der Zeitung gelesen hatte, in dem wir willkommen geheißen worden waren – das war zwei Jahre her. So war ich kein ganz Fremder für ihn.)

S: *„Sind Sie augenblicklich in einer Bibelgruppe?"*

M: *„Nein, aber ich bin schon zur Kirche gegangen und habe auch in der Bibel gelesen."*

---

[13] In USA und Kanada ist diese Präsentation des Evangeliums als „Romans Road" bekannt.

S: Dürfte ich die Broschüre nehmen und kurz zusammengefasst die Botschaft des Neuen Testaments für Sie aufschreiben?
M: „Ja."

Ich wollte nun nämlich einige Bibelstellen aus dem Römerbrief aufschreiben, mit denen man das Evangelium kurz erklären kann, denn ich hatte den Eindruck, dass Herr Müller nicht abgeneigt war, sich mit mir zu unterhalten – er nahm sich Zeit.

Während ich die Referenzstellen aus dem Römerbrief aufschrieb, zitierte ich den Text und gab Erklärungen dazu.

S: „Römer 3,10 sagt: ‚Da ist keiner, der gerecht ist, auch nicht einer.' Und Römer 3,23 sagt: Alle haben gesündigt und sind nicht so, wie es zu der Herrlichkeit Gottes passt. Der Papst, ich, alle."

Herr Müller schien dem zuzustimmen.

S: „Nun, der nächste Vers sagt uns, was daraus folgt. Römer 6,23 ‚Denn der Lohn für die Sünde ist der Tod.' Tod meint Trennung vom Körper. Wenn jemand stirbt, wird seine Seele vom Körper getrennt. Das ist der Tod, den jeder durchmachen muss, es sei denn, Jesus kommt zurück, während wir noch leben. Aber Tod bedeutet auch ‚Trennung von Gott' und wenn wir nichts dagegen tun, solange wir leben, werden wir von Gott getrennt bleiben. Die Bibel nennt das den ‚zweiten Tod'. Das ist die Hölle. Sünde bringt den Tod mit sich, manchmal sogar schon zu Lebzeiten. Sie zerstört Familien und andere Beziehungen."

Herr Müller hörte interessiert zu. Sein Hund saß brav, wie ihm angeordnet worden war.

S: „Sehen Sie, Gott ist ein gerechter Gott, deshalb muss er Sünder strafen. Aber gleichzeitig liebt er uns. Er hat nicht die Hölle für uns geschaffen. Er möchte uns im Himmel haben und hier auf der Erde hat er einen guten Plan für unser Leben. Wissen Sie, was Gott tat? Wir lesen es in Römer 5,8: ‚Aber Gott bewies seine Liebe für uns im Folgenden: Als wir noch Sünder waren, starb Christus für uns.'"

Herr Müller wusste tatsächlich manches aus der Bibel, denn als ich beim Zitieren der Bibelstelle etwas ins Schleudern kam, half er mir, die Worte zu sortieren und benutze dann Worte aus Johannes 3,16, die hier angebracht waren.

S: „Wir lesen in Jesaja (53,6), was geschah, als Christus starb."
Ich legte meine kleine Tasche auf meine Hand, um den Text zu veranschaulichen, den ich gleichzeitig zitierte: „Gott legte all unsere

Sünde auf Jesus. Jesus hat alle Sünde weggeschafft." (Die Hand stellte mein Leben dar und die kleine Tasche meine Sünde.)[14]

M: *„Das glauben wir."*

Hier verlief sich das Gespräch nun etwas. Ich hätte Herrn Müller fragen können, was er unter Sünde versteht und ob er persönlich weiß, ob ihm die Sünden vergeben sind. Aber ich war dabei, das Evangelium in Kurzform zu erklären. Ich fuhr fort.

S: *„Römer 10,13 sagt uns, wie unsere Antwort auf Gottes Handeln sein sollte. Die folgende Aussage gibt es dreimal in der Bibel: ‚Jeder, der den Namen des Herrn anrufen wird, wird gerettet werden.' Das tat ich persönlich, als ich vor Jahren merkte, dass Jesus lebt. Ich sprach zu ihm im Gebet und bat ihn, mir meine Sünden zu vergeben."*

S: *„Genau das möchten wir mit unseren Hauskreisen: Wir möchten, dass Menschen eine persönliche Beziehung zu Gott bekommen. Darf ich Sie etwas fragen?"*

M: *„Ja."*

S: *„Stellen Sie sich vor, Sie würden heute sterben, vor Gott stehen und er würde Sie fragen: ‚Warum soll ich dich in meinen Himmel lassen?' Was würden Sie sagen?"*[15] *Gott fragt sozusagen nach der Eintrittskarte.*

M: *„Genau das ist es, ich versuche zu tun, was ich tun sollte. Ich trete anderen Menschen nicht auf die Füße. Ist das nicht die Antwort?"*

S: *„So antworten viele. Wenn es die Antwort wäre, hätte Nikodemus, ein gerechter Mann, der schwer daran arbeitete, es richtig zu machen, von Jesus nicht eine solche Antwort erhalten. Jesus sagte ihm, dass er von neuem geboren werden müsse, um in den Himmel zu kommen, in das Reich Gottes. Paulus lebte ebenfalls ein gutes Leben. Natürlich, in seinem Eifer verfolgte er Christen und er kannte auch das Ringen mit Sünde in seinem Leben. Aber er gab sich alle Mühe, ein guter Mensch zu sein.*

Die Frage ist, worauf wir uns verlassen. Sich selbst zu vertrauen, ist wie das Überqueren eines Flusses auf einem morschen Brett.

---

[14] Die Idee dieser anschaulichen Illustration stammt von James Kennedy, *Dynamische Evangelisation* (Bad Liebenzell: Verlag der Liebenzeller Mission, 1978), 50; im Folgenden zitiert als Kennedy.

[15] Kennedy, 51.

Dagegen ist es, wenn man Jesus vertraut, wie das Gehen über eine solide Brücke, die ohne Zweifel standhält."
Ich zeigte dann auf die Versliste aus dem Römerbrief und sagte, dass die Bibelstellen uns den richtigen Weg zeigen. Zusätzlich gab ich Herrn Müller ein evangelistisches Heft und lud ihn noch einmal zu unserem Hauskreis ein. Die Unterhaltung verlief dann wie schon zuvor in einer freundlichen Atmosphäre. Ich fragte ihn, ob er christliche Radiosendungen höre oder christliche Fernsehprogramme ansehen würde. Aus meiner Frage ergab sich neuer interessanter Gesprächsstoff. Wir kamen noch auf alte Häuser, Brandversicherungen und Hunde zu sprechen. Dann wollte ich von ihm wissen, ob ich ihm unseren Rundbrief von der Gemeinde senden könne. Er gab mir Name und Adresse.

Für den Einstieg in das Gespräch beim nächsten Treffen war auch schon gesorgt: Ich könnte ihn fragen, was er zu dem Heft sage, das ich ihm ja dort gelassen hatte – und überhaupt, was er nachher über unser Gespräch so gedacht hätte.

8.2.14 Menschen dort begegnen, wo sie sind

Wir lesen in der Bibel, dass Menschen zu Jesus Christus kamen, um ihn zu hören und um ihre Bitten vorzubringen. Wir lesen aber auch davon, dass er zu den Menschen ging. Er kam auf diese Erde, er suchte die Nähe zu den Menschen, er suchte sie auf, wo sie arbeiteten, wo sie wohnten, wo sie anbeteten, wo sie auf Heilung warteten, wo sie weinten und trauerten und wo sie feierten. Er traf sie „rein zufällig" und er traf sie, weil er sie besuchte.

Auch in unserer Zeit werden Christen die Kraft und Einzigartigkeit des Evangeliums erfahren, wenn sie zu den Menschen gehen, wo sie sind. Besonders wirkungsvoll ist die Kontaktaufnahme mit Noch-nicht-Christen dann, wenn Christen ihnen begegnen, wo sie sich wohlfühlen. Jeder Mensch kennt Umgebungen, in denen er sich wohlfühlt und solche, denen er lieber ausweicht. Für Nichtchristen sind gemeindliche Räume zunächst nicht das ideale Umfeld, wo sie sich zu Hause fühlen. Die Umgebung ist ungewohnt. Was hier geschieht, ist kein Heimspiel für sie, sie fühlen sich fremd. Wenn aber Christen dorthin gehen, wo sich ihre nicht-christlichen Freunde treffen, ist die Chance eines wirklichen Kennenlernens viel größer, wie der folgende Bericht zeigt.

praktisch . . . **Hip-Hop Session**, berichtet von Silvia Schwing

Wer dort hinkommt, hängt gemeinsam mit anderen ab, holt sich meistens zwischendurch einen Döner und trifft andere Leute und Freunde, die spontan vorbeischauen. Die Teilnehmer sind zwischen 16 und 25 Jahre alt. Einige Jugendliche unserer Gemeinde haben zusammen mit Bekannten eine „Hip-Hop Session" gestartet. Jeden Freitag von 18.00 bis 22.00 Uhr treffen sie sich in einem Jugendzentrum in der Nordstadt, um auf mitgebrachte Beats spontan zu rappen (Freestylen).

Den vier Jungs aus unserer Gemeinde ist es wichtig, dass sie den anderen von ihrem Glauben an Jesus erzählen und ihr Glaube beim Freestylen zum Vorschein kommt. Mittlerweile weiß jeder, dass sie Christen sind – es kommt aber sehr natürlich rüber und ist deshalb akzeptiert. Außerdem verbindet ein gemeinsames Interesse alle, die mitmachen, nämlich die Liebe zum Hip-Hop. Zwischendurch ergeben sich oft Gespräche über Glaubensansichten oder sogar über Lebenskrisen.

Ich gehe regelmäßig zur Session – zum einen, weil ich ab und zu gerne einen Hook (Refrain beim Rap) singe, aber eher noch, um die Gemeindejungs zu ermutigen, mich mitzufreuen und sie im Gebet zu unterstützen. Ich kenne die regelmäßigen Teilnehmer der Session schon einigermaßen, doch an einem Freitag im März ergab sich ein Gespräch mit ihnen, das ich so schnell nicht vergessen werde.

Etwas früher als sonst war ich im Jugendzentrum eingetroffen, denn ich brauchte noch einige Interviews für meinen Kurs über Mission in Europa an der Akademie für Weltmission. Der Beat lief schon und einige Leute saßen rum, auch Joel (23). Nachdem ich ihm kurz mein Anliegen erklärt hatte – ich brauchte für eine Facharbeit noch die Meinung einiger Jugendlicher –, fragte ich ihn: „Was ist deine persönliche Lebensphilosophie? Was gibt deinem Leben Sinn?"

Das war ein krasser Einstieg, aber nachdem Joel etwas nachgedacht hatte, gab er mir eine Antwort. Er sucht Sinn in dem, was er tut.

„Wie stellst du dir Gott vor?", war meine nächste Frage.

„Gott, der Halt gibt ... nicht unbedingt so, wie er in der Bibel ist", meinte er.

Ich kam zur nächsten Frage: „Was hältst du von dem christlichen Glauben?"

Er schilderte, dass er katholisch aufgewachsen ist und bis zum 14. Lebensjahr freiwillig in die Kirche ging – sogar als Messdiener. Dann musste er aber weiter mit seinen Eltern in die Kirche und bekam, wie er es ausdrückte, eine „Überdosis".

Mittlerweile ist er Skeptiker. So machen ihm Widersprüche in der Bibelauslegung zu schaffen. Vieles könne einfach nicht sein, es sei nicht logisch.

„Gehst du zur Kirche?", frage ich dann. An besonderen Feiertagen geht er mit seinen Eltern und zu Hochzeiten und bei Beerdigungen.

Das Gespräch ging noch weiter, danach hatte ich die Chance, Jannes zu fragen, der ebenfalls zuhörte. „Jannes, was ist deine persönliche Lebensphilosophie? Was gibt deinem Leben Sinn?"

Sinn im Leben gibt ihm seine Freundin und sein Studium.

„Und wie stellst du dir Gott vor?", fragte ich ihn.

Er sieht Gott als höheres Wesen, von dem sich jeder leiten lässt.

Nach einigen anderen Fragen wollte ich seine Meinung zur Gemeinde hören. Ich frage ihn „Wie müsste eine Gemeinde oder Kirche drauf sein, zu der du gehen würdest?"

An Feiertagen geht er auch mal zur Kirche. Er war auch als Betreuer auf einer Konfirmanden-Freizeit einer Kirche mit, weil die Sache an sich gut war, er weiß aber nicht, ob er es noch mal machen würde.

Aber eigentlich kann er sich nicht vorstellen, dass eine Kirche ihn je so interessieren würde. Mir wurde bewusst, dass der Unterschied zwischen katholischem Glaubensinhalt und evangelischem Glaubensinhalt bei ihm vermischt war und er vieles nicht auseinanderhalten konnte. So wusste er auch nicht, dass es viele Gemeinden gibt, in denen es nicht abläuft wie in einer traditionellen Landeskirche.

Nach einiger Zeit fragte jemand, der bisher an der Einstellung der Lautsprecheranlage beschäftigt war, worum es ginge und welche Fragen ich stellte. Er setzte sich dann interessiert dazu.

Als ich die letzten Fragen meines Interviews gestellt hatte, war das Gespräch längst nicht vorbei. In der Zwischenzeit waren die anderen hereingekommen und die Diskussion ging weiter. Der Beat war aus, dafür saßen alle neun Leute in einer Runde und sprachen über Glauben und Religion!

Als wir um 22.00 Uhr den Raum verlassen mussten, sagten drei der Session-Teilnehmer, dass es ihnen Spaß gemacht hat, mal über so etwas zu reden. Einer sagte: „Mit euch kann man auch über so etwas reden, ihr zwingt einem ja nicht gleich eure Meinung auf."

Wenn es darum geht, wie ich mit diesen Menschen weiter vorangehen würde, um sie zum Glauben einzuladen, sehe ich folgenden Ansatz:

1. Einfach so weitermachen wie bisher – bei der Session treffen sie ganz natürlich auf uns Christen. Wichtig ist, dass sie auf mehrere von uns treffen – sozusagen auf eine Mini-Gemeinde. Wir leben unseren Glauben und reden offen über unsere Erfahrungen.
2. Beten, beten, beten! – Die Jungs sind auf der Suche und Gott kann ihnen begegnen und ihnen klar machen, dass er es ist, den sie gesucht haben!

8.3 Kontakte pflegen, damit Beziehungen wachsen

Das Knüpfen erster Kontakte kann – wie schon beschrieben – auf verschiedene Weise erfolgen. Durch diese Kontaktaufnahmen wächst die Zahl der Interessenten. Was aber kann der Gemeindegründer tun, um diese Kontakte zu pflegen? Was kann er unternehmen, um das Interesse der Leute zu fördern und diejenigen herauszufinden, die schließlich Mitglieder des Teams werden? Gastfreundschaft, Anrufe, Briefe und Hauskreise eignen sich gut zur Pflege von Kontakten. Weil es um das Gewinnen von Menschen geht, müssen die folgenden Tätigkeiten in Liebe geschehen. Das Herz muss dabei sein. Die Liebe, die Jesus seinen Leuten schenkt, findet immer wieder Wege Beziehungen aufzubauen.

8.3.1 Gastfreundschaft – Wie Gäste zu Freunden werden können

Praktizierte Gastfreundschaft durch Gemeindegründer vertieft die Beziehungen zwischen ihnen und ihren neuen Freunden. Hierbei ist die Beteiligung des Ehepartners extrem wichtig. Die eigene Wohnung ist die ideale Umgebung, um Beziehungen aufzubauen. Die an der neuen Gemeinde interessierten Menschen können den Gemeindegründer und seine Familie in der angenehmen Atmosphäre ihrer Wohnung kennenlernen. Noch besser ist es, wenn Teammitglieder in die Häuser und Wohnungen derer, die man erreichen möchte, eingeladen werden. Schon eine alte Weisheit sagt: Der Schlüssel zu den Herzen der Menschen hängt in ihren Häusern.

Im Elburn-Projekt war das Haus, in dem wir wohnten, zunächst das Zentrum der Gemeindegründung, jedenfalls bis die Gottesdienste in einem anderen Gebäude begannen. Das Büro war im Haus, das Wohnzimmer wurde für die Hauskreise und zum Empfang von Gästen benutzt, und das Erdgeschoss diente vorübergehend als Raum für die Kinderbetreuung während der Hauskreise. Außerdem fand dort zeitweise ein Kindertreffen unter der Woche statt. Ohne das Engagement meiner Frau wäre das einfach nicht möglich gewesen. In den ersten Jahren wurden immer wieder mal Personen zu einem Essen, Imbiss oder Kaffeetrinken eingeladen. Obwohl das Kaffeetrinken nach deutscher Art für manche Amerikaner reizvoll war, lernten wir doch, dass es für sie vertrauter ist, abends zum Nachtisch eingeladen zu werden.

Sogar ein Jahr nach dem Beginn der öffentlichen Gottesdienste, als die Kontakte zunahmen, waren 30 Prozent derer, die in Gottesdiensten und Hauskreisen mitmachten, zunächst der Einladung in das Haus der Gründerfamilie gefolgt. Fraglos spielt Gastfreundschaft eine grundlegende Rolle bei der Kontaktaufnahme und dem nachfolgenden Dienst. Daraus ergeben sich einige Fragen an die Gemeindegründer.

Erstens: Hängt die Bedeutung der Gastfreundschaft von der ausgewählten Strategie für die Gemeindegründung ab? Die in Elburn benutzte Methode (der Pionier-Pastor, der sich auf Besuche und Hausbibelkreise konzentriert) machte Gastfreundschaft notwendig. Wenn eine Gemeinde hingegen mit einem großen Gottesdienst startet (nachdem sie vorher eine Werbekampagne mit Briefsendungen usw. durchführt hat), spielt die Gastfreundschaft keine so bedeutende Rolle, jedenfalls nicht in der Vorbereitungsphase der Gemeindegründung. Gastfreundschaft ist jedoch bereits nach dem ersten Gottesdienst zur Gemeinschaftsbildung nötig. Andere zum Essen oder Kaffee, zum Grillen oder Eis essen einzuladen, ist ein liebevoller Beitrag, der Christen wie auch Noch-nicht-Christen wohl tut. Diese praktischen Einladungen fördern liebevolle Beziehungen und prägen die Atmosphäre im Team und in den Veranstaltungen. In Hannover haben mehrere Familien und Singles in diesem Sinn ihre Wohnungen geöffnet und manche positive Resonanz erhalten.

Diese Einladungen fördern liebevolle Beziehungen und prägen die Atmosphäre im Team und in den Veranstaltungen.

Zweitens: Was ist, wenn der Pastor und seine Frau – oder wer auch immer das Team leitet – zur Vertiefung der Kontakte der Umstände halber nicht gastfrei sein können? Was ist, wenn ihre Begabungen in ganz anderen Bereichen liegen, die nicht vernachlässigt werden dürfen? Welche Möglichkeiten zur Kontaktpflege bieten sich dann?

Im Folgenden werden einige bewährte Vorgehensweisen beschrieben, die den folgenden drei Schlagworten zugeordnet werden können. Beachtet das Team diese, werden Mitarbeiter vor dem Ausbrennen bewahrt: Bündeln, Verteilen und Einbeziehen.

Bündeln: Statt Singles oder Familien jeweils einzeln einzuladen, können die Teamleiter die Einladungen bündeln, d. h., mehrere neue Gäste werden zu einem gemeinsamen Anlass eingeladen.

Verteilen: Ein weiterer Schritt zum Wachstum ohne auszubrennen ist, die Aufgabe der Gastfreundschaft auf immer mehr Mitarbeiter zu verteilen.

Einbeziehen: Gerade wenn viele neue Leute hinzukommen, ist dieser Punkt so wichtig. Das Team bezieht die Gäste selbst mit ein und ermutigen sie dazu, andere Gäste einzuladen. Denn während Mitarbeiter, die schon länger dabei sind, bereits zahlreiche Kontakte pflegen und zeitlich unter Termindruck kommen, haben neue Teilnehmer noch Spielraum für neue Bekannte. Deshalb finden neue Teilnehmer unter den anderen Neuen in der Gemeinde dankbare Empfänger von Einladungen und Kontaktangeboten. Indem die Gäste früh in die Vertiefung der Beziehungen einbezogen werden, sehen sie auch, was der Gemeinde wichtig ist und außerdem schützt es das Team davor, Kontakte zu oberflächlich zu halten oder sich dabei zu überfordern. Denn Kontakte wirken nicht nur beflügelnd, sie kosten auch Zeit und Kraft.

Drittens: Wie kann Gastfreundschaft auf einer breiteren Basis praktiziert werden, nicht nur allein in der Familie des Pastors? In einem Ort, in dem die meisten Frauen außer Haus arbeiten, ist es schwer, Christen zu motivieren, vermehrt die neuen Freunde aus der Gemeinde einzuladen: Der Terminkalender; das Haus, das geputzt werden muss; das Unbehagen durch Vergleiche der Lebensstandards – dies sind einige Störfaktoren, die Gastfreundschaft schwierig machen oder verhindern können. Dennoch sagt die Bibel: „Wetteifert in der Gastfreundschaft" (Röm 12,13). Diese Aufforderung gilt übrigens Männern und Frauen und es ist wichtig, dass bei Ehepaaren beide ihren Teil zu einer angenehmen Begegnung mit den Gästen beitragen. Der Pastor, wenn er schon eine Kerngruppe hat, kann auch Mitarbeiter bitten, andere zu sich nach Hause einzuladen. Auch ohne die Durchführung eines Kurses zum Entdecken der Gaben wird er in dieser frühen Phase schon bemerkt haben, wer andere einladen kann oder wer gar die Gabe der Gastfreundschaft hat.

Das Folgende kann Christen dazu motivieren, ihre Häuser und Wohnungen für neue Freunde und solche, die es werden könnten, zu öffnen. Erstens: Gastfreundschaft wird durch Predigten und Bibelstudium gelehrt. Zweitens: Der Pastor kann die Christen an die Zuwendung erinnern, die sie selbst von anderen Christen erhielten, als diese ihre Wohnung für sie öffneten. Drittens: Der Pastor kann die Christen lobend erwähnen, die Gastfreundschaft praktizieren, was sie ermutigen wird und andere anspornen kann, gastfreundlich zu sein. Wie man in US-amerikanischer Literatur immer wieder lesen kann, wird das, was belohnt wird, auch angepackt und geschafft („Whatever gets rewarded gets done.").

Empfang zum besseren Kennenlernen: Eine gute Möglichkeit, die Kräfte zu bündeln, Aufgaben zu verteilen und neue Gottesdienstteilnehmer einzubeziehen, ist der „Empfang zum besseren Kennenlernen", der auch „Gästebegegnung" genannt werden könnte (siehe Einladung in der Textbox, Abbildung 11).

Dabei werden gezielt neue Teilnehmer zum Pastor oder Teamleiter eingeladen und zwar zusammen mit anderen Gästen und einigen wenigen Mitarbeitern. Im Laufe des Abends haben wir eine Gesprächsrunde durchgeführt, die mit folgenden Fragen auf einen guten Weg gelenkt haben: Wie sind Sie zu dieser Gemeinde gekommen? Was hat Ihnen gefallen? (Weshalb sind Sie wiedergekommen?) Was ist Ihre bisherige Erfahrung mit Gemeinde? Wo waren Sie vorher? (Die Antwort auf diese Frage hilft, die Erwartungen an unsere Gemeinde schließen. Waren sie vorher in einer Gemeinde, dann suchen sie Ähnliches, wenn die Erfahrungen positiv waren. Sie suchen aber auch gerade das Gegenteil, wenn sie negative Erfahrungen gemacht haben.) Unsere Ziele und Werte werden ebenfalls vorgestellt, damit die Gäste möglichst früh dafür gewonnen werden und auch wissen, was sie bei uns erwartet. Die Treffen sind eine gute Gelegenheit, auf unsere Hauskreise hinzuweisen; es könnte sogar bei diesem Treffen neuer Leute der Startschuss für einen weiteren Hauskreis fallen. Wenn das geplant ist, sollte natürlich auch der neue Hauskreisleiter bereits bei diesem Treffen dabei sein.

---

20. April 2009

Liebe Frau Müller, lieber Herr Müller,

in den letzten Monaten haben Sie sich dazu entschlossen, an den Gottesdiensten der *Christus-Gemeinde Hannover* teilzunehmen. Darüber freuen wir uns sehr.

Aufgrund Ihres Interesses möchten Helga und ich Sie am 22. Februar (Sonntag) um 15.00 Uhr zum Kaffee einladen. Wir wohnen im Vogesort 25e in Hannover-Wettbergen.

Dabei haben Sie Gelegenheit, . . .

* andere „Neueinsteiger" zu treffen
* uns etwas besser kennenzulernen
* mehr über unsere Gemeinde zu erfahren.

Helga und ich freuen uns auf Ihren Besuch und würden auch Sie gern etwas näher kennenlernen.

Bitte teilen Sie uns kurz mit, ob Sie kommen können (Tel. 262 15 79).

Mit freundlichen Grüßen auch von Helga

Eide Schwing

PS: Bitte bringen Sie keine Gastgeschenke mit.

Abbildung 11: Einladung zum „Empfang zum Kennenlernen"

Viertens: Organisierte Veranstaltungen für Mitglieder der Hauskreise, für neue Gäste, egal ob Erwachsener oder Teenager, können Gastfreundschaft fördern. Ungefähr zweimal im Jahr öffneten Mitglieder der Evangelical Fellowship Church ihre Häuser für andere aus der Gemeinde zu einem Essen. Die gastgebenden Familien sorgten jeweils für das Hauptgericht, während die Gäste vorher gebeten wurden, einen Salat oder Getränke mitzubringen. Die Treffen wurden gemeindeweit an einem Wochenende durchgeführt.

Eine Mahlzeit für sechs Personen: In Hannover organisierte Joy Marx das „Dinner for Six" – eine Idee, die sie aus den USA mitgebracht hatte. Dabei haben alle Teilnehmer der Gemeinde die Möglichkeit, sich in eine Liste einzutragen, wenn sie eingeladen werden möchten, wenn sie bereit sind, auch andere einzuladen und wenn sie bei der Bewirtung anderer helfen wollen. (In der Abbildung auf Seite 106 ist der Text für die Einladung abgedruckt.) Solche organisierten Veranstaltungen in den Häusern helfen den Mitgliedern, die anderen besser kennenzulernen und stärken die Gemeinschaft in der Gemeinde.

Noch eine andere Variation der Gastfreundschaft wird oft in den Vereinigten Staaten ausgeübt. Anstatt Freunde oder Neue zu sich nach Hause einzuladen, treffen sich Mitarbeiter oder Mitglieder mit ihnen im Restaurant zum Frühstück oder Mittagessen. Das ist ein guter Weg, in Kontakt zu bleiben. Solche Treffen können schneller arrangiert werden, da keine Vorbereitungen nötig sind. Doch können Einladungen in Restaurants die geübte Gastfreundschaft zu Hause nicht ganz ersetzen. Denn hier sieht der Gast, wie man wohnt und was dem Gastgeber wichtig ist. Hier lernt er die ganze Familie kennen, sieht wie sie miteinander umgehen. Zuhause fühlt sich der Gastgeber wohl, was ihm eine gewisse Sicherheit vermittelt, um sich auf den Gast einstellen zu können.

Wer mit Menschen aus einem anderen kulturellen Hintergrund arbeitet, muss sich über die dort üblichen Gebräuche informieren. Wie genau man die Uhrzeiten nimmt, ob der Besucher sich vorher nochmals telefonisch meldet, ob der Gast die Schuhe vor der Wohnungstür stehen lässt und Hausschuhe trägt oder welche Getränke man anbieten darf – dies sind nur einige Fragen, die den Gemeindegründer beschäftigen. Selbst innerhalb Deutschlands gibt es im Bezug auf Gastfreundschaft unterschiedliche Gewohnheiten.

Früher oder später muss Gastfreundschaft ausgeübt werden. Je mehr der Gemeindegründer und seine Frau als Team arbeiten, umso besser. Towns fordert seine Leser heraus, wenn er über Gemeindegründung allgemein schreibt und nicht nur über Gastfreundschaft *„Seid sicher, dass eure Frau überzeugt ist."*[16] Die Frau des Gemeindegründers muss überzeugt sein, dass ihr Mann in der Gemeindegründung am richtigen Platz ist. Das Ehepaar und auch ihre älteren

---

[16] Towns, *Getting a Church Started*, 119 (Hervorhebung im Original).

Kinder sollten vorher über die Art und Weise des Engagements der Ehepartner reden, um unnötige Spannungen zu vermeiden. Mit wachsender Gemeinde wird es dann erneut nötig sein, sich innerhalb der Familie über die Aufgaben abzustimmen.

Nun hat sich das Gebiet der Aufgabenverteilung in den letzten Jahren drastisch verändert. Wurde mir vor zwanzig Jahren noch gesagt, dass wir Gemeindegründung als Ehepaar angehen sollten und ein Nebenjob für die Frau eines Gemeindegründers nicht ratsam sei, erleben wir in unseren Tagen auch schon einmal, dass sich Frauen von Gemeindegründern hauptsächlich auf ihren Beruf konzentrieren – ja sogar die Arbeit ihres Mannes mit finanzieren, der sich der Gemeindegründung widmet. In anderen Gründungssituationen müssen beide Ehepartner noch einem Beruf neben der Gründungsarbeit nachgehen. Weil die Zeit knapp ist, müssen Gemeindegründer immer wieder beten: „Herr, was ist jetzt dran?" Sie können nicht jede gute Idee umsetzen und müssen auch die Zeit für Kontakte sorgfältig einteilen.

Auch wenn großzügig geübte Gastfreundschaft nicht überall möglich ist, wird doch durch das überzeugende Vorbild der Pastorenfamilie die Idee der Gastfreundschaft anschaulich vermittelt. Wo sonst, wenn nicht in den Familien des Gemeindegründers und denen seines Teams, sollen Nichtchristen und neue Christen sehen können, wie Christen in ihren Familien miteinander umgehen und welche Atmosphäre das Miteinander bestimmt?

„Dinner for Six"

Die Idee: Jeweils sechs Personen treffen sich innerhalb von sechs Monaten drei- bis sechsmal zum Essen. Sie erleben einen gemütlichen Abend, genießen ein leckeres Essen und lernen sich dabei auch gleich etwas näher kennen.

Wer mitmachen möchte, kann sich in die ausgelegte Liste eintragen oder sich bis zum **6. Februar** bei der Koordinatorin Joy Marx melden.

Und so geht's:

1. Man trägt sich in die Liste „Dinner for Six" ein.

2. Mit dem Eintrag erklärt man sich bereit, einen Beitrag zum „Dinner for Six" zu leisten. (Nach Absprache mit den anderen fünf, kann man entweder die Wohnung bereitstellen, Zutaten mitbringen oder einen anderen Beitrag leisten.)

3. Die Zusammenstellung der Personen wird von der Koordinatorin vorgenommen. Die sechs Personen bleiben für sechs Monate in dieser Gruppe. Tauschen ist **nicht** möglich. Für Ehepaare gilt, dass sie einer gemeinsamen Gruppe zugeordnet werden.

4. Die Gruppe spricht die Einzelheiten der Treffen untereinander ab, z. B.:

   Wo und wann treffen wir uns?

   Welche Mahlzeit wollen wir vorbereiten?

   Wer kocht? Wer bringt welche Zutaten oder Getränke mit?

   Wer erledigt den Abwasch?

5. Die sechs Personen treffen sich etwa drei- bis sechsmal innerhalb von sechs Monaten. Es geht also um eine zeitlich befristete Verabredung. Bei einer neuen „Dinner for Six"-Planung werden die Gruppen neu eingeteilt.

6. Kinder sind bei dieser Aktion der Gemeinde nicht mit eingeschlossen. Bitte plant deshalb rechtzeitig, einen „Babysitter" zu besorgen.

Na, wie wär's? Alle Beteiligten werden sich große Mühe geben – bereits beim Zuordnen der Gruppen, dass „Dinner for Six" für jeden ein angenehmes Erlebnis wird. Viel Spaß - und guten Appetit!

Name und Telefonnummer unserer Koordinatorin:
Joy Marx, Telefon (0511) 000 00 00.

Abbildung 12: Einladung zu „Dinner for Six"

8.3.2 Briefe, E-Mails, SMS[17] und Anrufe

Briefe, E-Mails, SMS und Anrufe helfen dem Gemeindegründer, mit den Menschen in Kontakt zu bleiben, die er kennengelernt hat. Nach dem anfänglichen Treffen mit einem an der Bibelgruppe Interessierten kann eine freundliche **Karte** oder ein **Brief** geschickt werden, in dem man sich für das Interesse bedankt und eine Einladung in seine Wohnung oder zu einem Hauskreis hinzufügt. Mit der Zeit wird der Gemeindegründer eine Sammlung von Briefen im Computer gespeichert haben, die er selbst auch unter zu Hilfenahme von Musterbriefen zusammengestellt hat. Das Nutzen solcher Vorlagen hilft, Zeit zu sparen. Jedoch sollte man bei jedem Brief auf die persönliche Note achten und ihn für die jeweiligen Empfänger umformulieren. Außerdem – ein handgeschriebener Zusatz im Brief wird oft als Erstes gelesen. Zusätzlich zu den persönlichen Briefen sollten an alle regelmäßige Infobriefe gesandt werden.

Hat man bei einem Gespräch die E-Mail-Adresse erhalten, eignet sich dieser Kommunikationsweg ebenfalls, um in Kontakt zu bleiben. Eine **E-Mail** ist weniger förmlich und ist schneller geschrieben als ein Brief.

Reinhard Brunner, der die Gemeinde „jesusfriends" in Hamburg gegründet hat, nutzte die Tatsache, dass die meist jungen Menschen, die er erreicht, häufig **SMS-Mitteilungen** empfangen und versenden. Er verweist mit SMS-Nachrichten auf besondere Veranstaltungen, erinnert an Hauskreise und versendet den „Spruch der Woche" – ein Bibelwort als Denkanstoß und Ermutigung. Eine junge Frau erzählte ihm, dass sie die Zitate auf ihrem Handy speichere und immer mal wieder durchblättere. Er nutzt die Chance, sieht aber auch die Grenze, auf diesem Wege Kontakt zu halten, wie er mir in einer E-Mail schrieb:

> Es ist interessant, dass unsere jesusfriendsSMS gerade deshalb so zündet, weil durch das moderne Medium *Handy* der Bibelspruch zum ganz persönlichen Wort Gottes wird.
> Kritisch muss man allerdings sagen: Je leichter die Kommunikationswege sind (Massen-SMS, E-Mail und Homepage), desto unverbindlicher wird das Ganze auch. Diese Wege sind perfekt für den ersten Schritt und die allgemeine Information, aber um die Leute in die Gemeinde zu bringen, braucht es die alten Wege: Beziehungen, Beziehungen, Beziehungen und das Ringen und persönliche Nachgehen um Einzelne.

Telefonate können Gemeindegründern ebenfalls helfen, mit denen in Kontakt zu bleiben, die sie bei den verschiedenen Veranstaltungen oder Begegnungen

---

[17] SMS steht für „short message service". Es ist ein Mobilfunkdienst, mit dem kurze geschriebene Nachrichten mit dem Handy versendet werden können.

getroffen haben. Ein kurzer Anruf einen Tag vor der nächsten Verabredung oder dem nächsten Hauskreis hat schon manchem geholfen, auch wirklich zu erscheinen. Hier gilt es natürlich, die gängigen Regeln fürs Telefonieren zu beachten, wie das Vermeiden von Anrufen zu spät abends oder in der Mittagszeit bei Familien mit kleinen Kindern.

8.3.3 Hausbibelkreise und andere Kleingruppen
Kontakte halten und zum Glauben einladen

Um Kontakte zu pflegen sind Hausbibelkreise sehr gut geeignet. Ein Hauskreis gibt Leuten, die die Bibel kennenlernen wollen, einen willkommenen Anlass zur Teilnahme. Die Botschaft des Evangeliums wird in diesen Gruppen gelehrt und die Möglichkeit eröffnet, andere Teilnehmer näher kennenzulernen. Hier lernen sie die Bibel kennen und sehen, wie Christen der Bibel und sich untereinander begegnen.

Der Gemeindegründer hat viele Möglichkeiten in Bezug auf diese Gruppen. Er kann anfangs einen Sechswochenkurs anbieten mit der Möglichkeit, bei Interesse weiterzumachen. Er kann thematische Studien durchführen, die sich auf die Bedürfnisse der Leute beziehen oder er kann sich auf ein Buch der Bibel konzentrieren. Es gibt Bibelstudienpläne, die bei der Vorbereitung Zeit sparen helfen. Der Pastor kann den Kreis leiten und Schritt für Schritt andere daran beteiligen, indem er sie z. B. darin anleitet, das Gespräch zu führen.

Bei der Hauskreisarbeit muss der Gemeindegründer die Gruppenmitglieder an das Langzeitziel erinnern: den Start einer Gemeinde. Er drängt auf den ersten Gottesdienst zu und gibt sich nicht damit zufrieden, nur Hauskreise zu leiten.

Kurz gesagt, Gastfreundschaft praktizieren, mit Interessierten telefonieren, Briefe versenden und Hausbibelkreise leiten sind vorrangige Instrumente der Kontaktpflege, bevor die Gemeinde mit Gottesdiensten beginnt. Der Pastor aber muss seine Ziele im Auge behalten, wenn er Leute auffordert, mit Jesus zu leben und auch beim Bauen der neuen Gemeinde mitzuarbeiten. Schon in dieser Phase soll durch Vorbild und Gespräche vermittelt werden, was auch später zum Wohlergehen der Gemeinde dienen wird. Hier folgen einige Beispiele.

Beziehungen vertiefen und den Glauben fördern

Lieben, Lehren, Liefern – alle drei Tätigkeiten sind wichtig. Dabei kommt es darauf an, dass zwischen den Dreien eine Balance besteht. Nicht an jedem Abend müssen alle drei Punkte gleichstark betont werden. Aufs Ganze gesehen kommt es auch nicht darauf an, dass alle drei Bereiche gleichmäßig stark vorkommen. So kann bei einer Bibelstudiengruppe das Lehren im Vordergrund stehen. Es darf mehr Raum und Zeit einnehmen, als die anderen beiden Bereiche, die aber auf keinen Fall fehlen dürfen. Würde die Fürsorge (Lieben) vernachlässigt, mangelte etwas ganz Entscheidendes. Hat eine Gruppe die Aufgabe mit Menschen zu sprechen, die Schweres durchgemacht haben, wird der Schwerpunkt bei der Fürsorge liegen. Das Lehren darf aber auch nicht fehlen, selbst wenn es zurzeit nicht im Vordergrund steht. Wenn eine Gruppe dabei ist, zu liefern, wie z. B. das Musikteam, das sich auf den Sonntaggottesdienst vorbereitet, kommt es doch auch hier darauf an, dass man sich in diesem Team umeinander kümmert.

Was heißt Lieben, Lehren, Liefern im Einzelnen?

Lieben: Dazu gehört das Aufbauen der Gruppe, der Gemeinschaft. Hilfreich dafür sind die Einsteigerfragen, auch „Eisbrecherfragen" genannt. Diese Fragen dienen dazu, eine gute Atmosphäre zu schaffen. Sie helfen den Teilnehmern, den Alltag hinter sich zu lassen, um sich voll auf die Gruppe und die Gesprächsthemen einzustellen. Diese Fragen machen es den Teilnehmern leichter sich kennenzulernen und Vertrauen zu gewinnen. Eine dieser Eisbrecherfragen wäre zum Beispiel: „Wir möchten uns einander näher vorstellen, indem wir auf folgende Fragen antworten: ‚Was hast du gesehen, als du zehn Jahre alt warst und aus dem Wohnzimmerfenster schautest?'" Es ist interessant, was Menschen bei der Antwort alles über sich mitteilen. Die Antworten dienen zum Auflockern der vielleicht etwas angespannten Atmosphäre und zum besseren Kennenlernen. Wenn man sich wohlfühlt, ist es anschließend wesentlich leichter, über Bibeltexte und Themen zu sprechen und neue Gedanken aufzunehmen.

Beim Lieben geht es um die Fürsorge. Dazu gehört die Zeit vor und nach dem offiziellen Hauskreistreffen, wo man locker zusammensitzt und sich unterhält. Dazu wird auch die Zeit zwischen den Hauskreistreffen genutzt, also von Donnerstag bis Mittwoch oder wann immer die Hauskreise stattfinden. Was hier durch Gespräche, Grußkarten, Telefonanrufe geschieht, baut den Einzelnen und die Gruppe auf.

Wenn man sich wohlfühlt, ist es anschließend wesentlich leichter, über Bibeltexte und Themen zu sprechen und neue Gedanken aufzunehmen.

Zum Lieben gehört auch das Gebet. In einer Gebetszeit während des Hauskreises und in persönlichen Gebetszeiten können die Teilnehmer Anliegen austauschen und füreinander beten.

Zum Lieben zählt ferner die ganze Atmosphäre in der Gruppe, die innere Haltung den anderen Teilnehmern gegenüber. Was gesagt und getan wird, soll aufbauen und das erreicht man nicht durch zynische Bemerkungen, Vorwürfe oder Besserwisserei. Stattdessen sollten die Teilnehmer einander achten.

Nicht zu unterschätzen ist das gemeinsame Feiern, etwa beim Abschluss einer Serie von Bibelgesprächen. Hat man zum Beispiel das Markusevangelium durchgearbeitet, sollten die Teilnehmer besprechen, ob sie sich zu einem Abendessen, Kaffeetrinken oder einem anderen schönen Ereignis treffen wollen.

Lehren: Es sollen biblische Aussagen und biblische Werte vermittelt werden. Um mich und andere Leiter immer mal wieder darauf hinzuweisen, deute ich mit dem Zeigefinger auf eine Stelle in der aufgeschlagenen Bibel: Hier steht, was Gott zu unserem Thema sagt. In anderen Worten: Die Bibel soll zu Wort kommen. Oft werden Fragen, die der Gesprächsleiter stellt, der Gruppe helfen, Entdeckungen im Text zu machen, die Bedeutung der Bibelstelle zu erfassen und das Erkannte anzuwenden. Es ist egal, ob das Gespräch in der Gruppe nun mit einem Bibeltext beginnt oder mit einer herausfordernden Situation im Alltag. Die Aussagen sollen aber mit dem Leben zu tun haben, mit unserem Denken, unseren Überzeugungen, unseren Taten und Gewohnheiten. Das Lesen und Erfassen des Bibeltextes soll den beiden anderen Pfeilern einer Kleingruppe – Lieben und Liefern – ein tragfähiges Fundament geben. Was auf die verschiedenste Weise gelehrt wird, soll zum Glauben an Jesus Christus aufrufen und die Beziehung zu ihm stärken.

Liefern: Hierzu gehört der Dienst an anderen. Die Gruppe ist nicht nur für sich selbst da, sie gehört zu einem größeren Ganzen, zur Gemeinde. So kann z. B. ein Gottesdienst von einem Hauskreis vorbereitet werden. Weitere Dienste wären die Vorbereitung des Essens für Teilnehmer eines Glaubensgrundkurses oder die Dekoration des Saales. Ein anderes Beispiel aus unserer Gemeinde ist das gemeinsame Packen von Weihnachtspäckchen für eine internationale Hilfsorganisation im Herbst.

Liefern – damit wird gesamte Haltung der Christen zum Ausdruck gebracht, dass wir etwas zu geben haben. Wir bringen denen, die noch nicht in unserer Gruppe sind, die gute Nachricht von Gottes rettender Liebe. Zum Liefern dieser Nachricht gehen wir hin zu denen, die nicht zu uns kommen und bringen ihnen die Einladung zu Jesus Christus. Wir bringen ihnen auch die Einladung zu unserer Gruppe, die ja eine sichtbare Einheit von Gottes Familie ist. Damit sie daran denken, andere einzuladen, reden manche Gruppen vom leeren Stuhl in ihrer Mitte. Ob dieser Stuhl wirklich da steht oder nur bildlich genannt wird: er symbolisiert die Offenheit der Gruppe für neue Teilnehmer. Er ist ein Symbol für die, die eingeladen werden sollen. Manche Christen machen es damit deutlich: Wir drehen uns nicht um uns selbst. Auch wenn es kuschelig gemütlich ist, soll diese Wärme doch auch dazu dienen, anderen das Evangelium zugänglich zu machen.

Zum Liefern könnten auch Hilfsangebote für Gruppenmitglieder gehören, wie das gemeinsame Streichen eines Wohnzimmers. Anderen ist schon gedient, wenn ihnen mit dem Einkaufen geholfen wird, sei es nun aus gesundheitlichen Gründen oder weil das nötige Fahrzeug fehlt.

Lieben, Lehren, Liefern – diese drei Standbeine tragen den Hauskreis. Damit diese drei Aufgaben einer Gruppe aber auch zum Tragen kommen, bedarf es der Planung. Logistik – mit diesem Wort kann man sich merken, bei jedem Treffen etwas Zeit für Planung und Absprachen vorzusehen. Dazu zähle ich auch die Aktivitäten, die nötig sind, eine Gruppe zusammenzuhalten: Wer übernimmt welche Aufgaben das nächste Mal? Wo treffen wir uns? Dieser Teil ist nicht immer am Ende des Treffens angebracht. Es ist ratsamer, zu Beginn deiner Kleingruppe über solche Fragen zu reden.

Diese drei Bereiche werden von Lyman Coleman betont. Er hat in seinem jahrzehntelangen Dienst in und für Kleingruppen verschiedene Phasen beobachtet, in denen der eine Bereich auf Kosten des anderen betont wurde. In den Jahren, in denen das Lehren in den Kleingruppen stark betont wurde, litten die Gruppen darunter, dass häufig die persönliche Zuwendung fehlte. Mit anderen Worten, viele Hauskreise waren zu trocken, die persönliche liebevolle Zuwendung war unterbetont. Deutlich wird dies, wenn man Arbeitshefte für das Bibelgespräch aus diesen Jahren aufschlägt: Es ging hauptsächlich um das Vermitteln der Lehre. Schlägt man heute Arbeitshefte auf, z. B. von Serendipity (dessen Gründer Lyman Coleman ist), so finden sich darin viele Fragen, die der Förderung liebevoller Beziehungen dienen. Alle drei Bereiche müssen also vorkommen, wenn auch nicht bei jedem Treffen gleich stark.

8.4 Eine Analyse der Kontaktaufnahmen

Es ist nützlich für eine Gemeinde herauszufinden, wie die Mitglieder auf die Gemeinde aufmerksam wurden und warum sie geblieben sind. Die Methode, die in der Vergangenheit erfolgreich war, sollte in der Zukunft besonders betont werden. Wenn andererseits eine Methode nicht so effektiv war, warum sollte man mit ihr fortfahren? Gemeindegründer sollten sich besser auf die Methode konzentrieren, die für sie funktioniert.

Dennoch ist einige Vorsicht geboten, wenn die Wirksamkeit der Methoden zur Kontaktaufnahme analysiert wird. Erstens hängt das Ergebnis verschiedener Methoden vom Einsatz ab. Wenn z. B. eine Gemeinde wenig in den Besuchsdienst investiert, kann sie nicht erwarten, dass dadurch viele Leute kommen. Obwohl im folgenden Vergleich Zahlen präsentiert werden, war der Einsatz von Zeit und Geld keineswegs gleichmäßig auf die verschiedenen Kontaktarten verteilt.

Zweitens wirkten in vielen Fällen zwei oder mehrere Methoden zusammen, um neue Mitglieder in die Evangelical Fellowship Church oder die Hauskreise zu bringen. Bei der Arbeit in Elburn folgten den Briefen an neue Einwohner manchmal Besuche.

Ebenso ist die Auswirkung von Zeitungsanzeigen schwer zu messen. Weil Anzeigen oder Presseerklärungen die Bevölkerung auf die Gemeinde aufmerksam machen, wird es für die Mitglieder leichter, ihre Freunde oder Nachbarn einzuladen. Die ersten Monate der Besuchsarbeit in Elburn waren zum Teil durch einen Artikel in der lokalen Presse vorbereitet. Auf den Punkt gebracht: Unterschiedliche Methoden arbeiten zusammen und können nicht immer bemessen werden; eine Gemeinde sollte eine Vielfalt von Ansätzen verwenden.

Das folgende Diagramm zeigt, wie die Menschen in Elburn in die Evangelical Fellowship Church gefunden haben. Dabei wird auch die unterschiedliche Wirkung der Methoden vor dem ersten öffentlichen Gottesdienst (Oktober 1990) und danach sichtbar. In einer weiteren Tabelle werden die Kontaktarten näher beschrieben. Dass die Kontaktaufnahmen schließlich erfolgreich waren, lag daran, dass Gott schon vor unseren Besuchen im Leben der Menschen gehandelt hatte und nun uns zu ihrem Segen gebrauchen wollte. Diese Zahlen zeigen nur Trends an und sie variieren von Monat zu Monat.

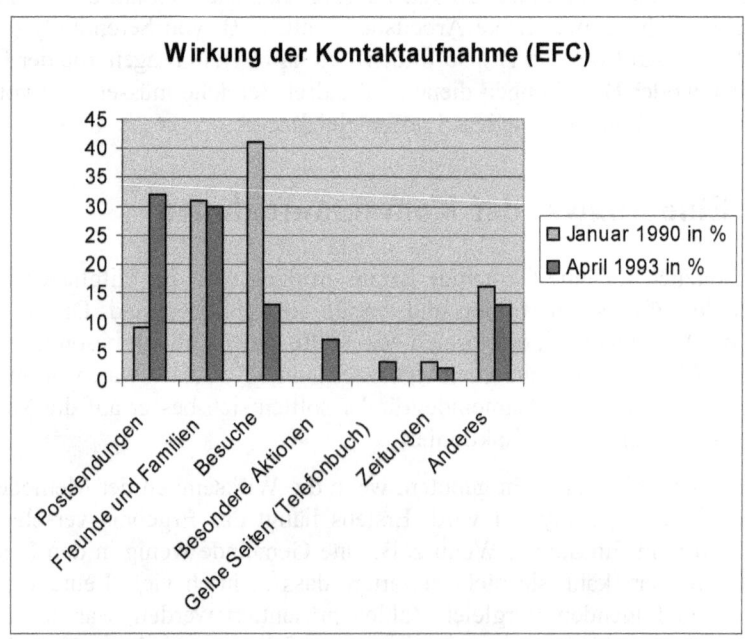

Abbildung 13: Kontaktaufnahmen im Vergleich (EFC – U.S.A.)

8 – Wege zu den Herzen der Menschen

Wodurch wurden Menschen auf die Gemeinde aufmerksam? Wieso kamen sie?	Erklärungen zu den Begriffen in den Diagrammen
Postsendungen	Ob nun 100 Briefe oder 5000 Flyer durch die Post ausgeteilt wurden oder ob 7.000 Handzettel von Aktiven in der Gemeinde verteilt wurden – alles zählt hier.
Freunde und Familien	Personen, die schon vorher Freunde oder Familienmitglieder in der Gruppe hatten und die von ihnen eingeladen wurden.
Besuche	Durch Besuche bei Bekannten, Nachbarn oder auch bei den Umfragen wurde der erste Kontakt geknüpft.
Besondere Aktionen	Infostände auf dem Festplatz in Elburn oder in den Fußgängerzonen in Hannover-Wettbergen und Hannover-Mühlenberg usw.
Gelbe Seiten (Branchenverzeichnis)	In den USA wird das Verzeichnis der Geschäfte und Firmen von der überwiegenden Zahl der Gemeinden genutzt, um sich bekannt zu machen. Wer umzieht oder auf Reisen ist, sucht oft in den Gelben Seiten nach einer Gemeinde. In Deutschland ist das anders.
Zeitungen und Mitteilungsblätter	Zeitungsartikel über unsere neue Gemeinde, Pressemitteilungen von uns verfasst, bezahlte Anzeigen oder die regelmäßigen Bekanntmachungen der Gottesdienste.
weitere Möglichkeiten	Was nicht in eine der anderen Kategorien passt.
Begegnungen	Wo die Gemeindegründer oder Mitarbeiter jemanden getroffen haben – aus der ungeplanten Begegnung wurde eine Beziehung zur Gemeinde.
Telefonverzeichnis	Dies war ein kurzer Versuch, Erstkontakte per Telefon zu knüpfen. (Empfehlen wir nicht mehr.)
Empfehlungen	Unsere Gemeinde wurde gelegentlich von anderen weiterempfohlen – oft von Christen, die nicht in Hannover lebten aber gern ihre Freunde in der Gemeinde gesehen hätten.
Internet	In den letzten Jahren informieren sich Menschen immer öfter im Internet über Gemeinden vor Ort – besonders, wenn sie eine Gemeinde suchen.

Bevor die Gottesdienste begannen, waren die Besuche des Pastors und seines Mitarbeiters die einzig wirklich erfolgreiche Art der Kontaktaufnahme. Etwa 41 Prozent kamen zu den Hauskreisen, weil sie besucht worden waren. Der Besuch war der bahnbrechende Kontakt. Weitere 31 Prozent in den Hauskreisen kamen durch das Engagement von Freunden oder Familienmitgliedern.

Zweieinhalb Jahre nach dem Beginn der Gottesdienste erzielte die Umfrage andere Ergebnisse. Die effektivste Methode waren Postsendungen (32 Prozent), gefolgt von Einladungen durch Freunde oder Verwandte (30 Prozent). Besuche rangierten auf dem dritten Platz (13 Prozent).

Wie kann diese Verschiebung erklärt werden?

Erstens wurden Postwurfsendungen an Tausende Einwohner als Einladung zur neuen Gemeinde verschickt. Dieses Rundschreiben war sehr wirkungsvoll. Es kamen Leute in die Gemeinde, die vorher keinen Kontakt zu den Hauskreisen gehabt hatten. Das Ergebnis zeigt, dass Rundschreiben besser für Gottesdienste als für Hausbibelkreise werben (für die Hauskreise hatte es vorher auch Postwurfsendungen gegeben). Für viele ist der Gottesdienst „Eintritt" in die Gemeinde. Das stellt auch Robert Bast fest: „Für die große Mehrheit der Leute, die Mitglieder einer Gemeinde werden, ist der Gottesdienst der Anlass für den ersten Gemeindebesuch."[18] Es muss aber auch gesagt werden, dass später, als die Gemeinde den Reiz des Neuen nicht mehr hatte, die Postwurfsendungen an Wirkung verloren.

Zweitens waren viele Leute deshalb in einem Hauskreis oder in Gottesdiensten, weil Freunde und Familienmitglieder (30 Prozent) schon vorher dabei waren und Einladungen ausgesprochen hatten.

Die dritte Feststellung ist, dass die Zahl derer, die durch Besuche (von Tür zu Tür) erreicht wurden, vom ersten auf den dritten Platz zurückfiel. Dies kann man nicht nur auf die größere Wirksamkeit von Postsendungen zurückführen. Verglichen mit dem Zeitaufwand für Besuche vor dem ersten Gottesdienst gab es hierfür hinterher nur wenig Bemühungen. Der Mitarbeiter, der den Besuchsdienst vollzeitig ausgeübt hatte, wechselte zu einer anderen wichtigen Aufgabe in der Deaconry und ich selbst war zunehmend mit der Gottesdienstvorbereitung und der Betreuung der Gemeindebesucher beschäftigt. Nur zu leicht vernachlässigt man die Besuche bei Außenstehenden, wenn Leute ohne vorherige Besuche in die Gemeinde zu kommen scheinen. Aber wenn die Attraktion des Neuen nachlässt und die Gemeinde sich etabliert, wird die Notwendigkeit zu fortgesetzter Kontaktaufnahme wieder sichtbar und Besuche sind ein Teil davon.

---

[18] Robert L. Bast, *Attracting New Members* (Monrovia, CA: Church Growth Press & Reformed Church in America, 1988), 67: im Folgenden zitiert als: Bast, *Attracting New Members*.

8 – Wege zu den Herzen der Menschen

Schaut man sich nun im Vergleich die Wirksamkeit der Kontaktaufnahme bei der Gemeindegründung in Hannover an, so sind auch hier viele durch Kontakte mit der Familie oder Freunden dazugekommen. Auffallend ist, dass in Hannover die Postsendungen fast nichts gebracht haben. Obwohl in Elburn wesentlich mehr von Postsendungen Gebrauch gemacht wurde, sind doch auch in Hannover in der Anfangsphase Infobriefe zum Einsatz gekommen. Ein sichtbarer Erfolg war allerdings nicht zu verzeichnen. Auch die Besuchsmission, die doch im ersten Jahr in Hannover-Wettbergen sehr intensiv betrieben wurde, hatte nur geringen Erfolg, zumindest im Hinblick auf die Zielsetzung, Menschen für die Gemeinde zu gewinnen. Allerdings haben diese Besuche, also eine an den Haustüren durchgeführte Gemeindeumfrage, dem Gründungsteam geholfen, Einblick in den Stadtteil Wettbergen zu erhalten.

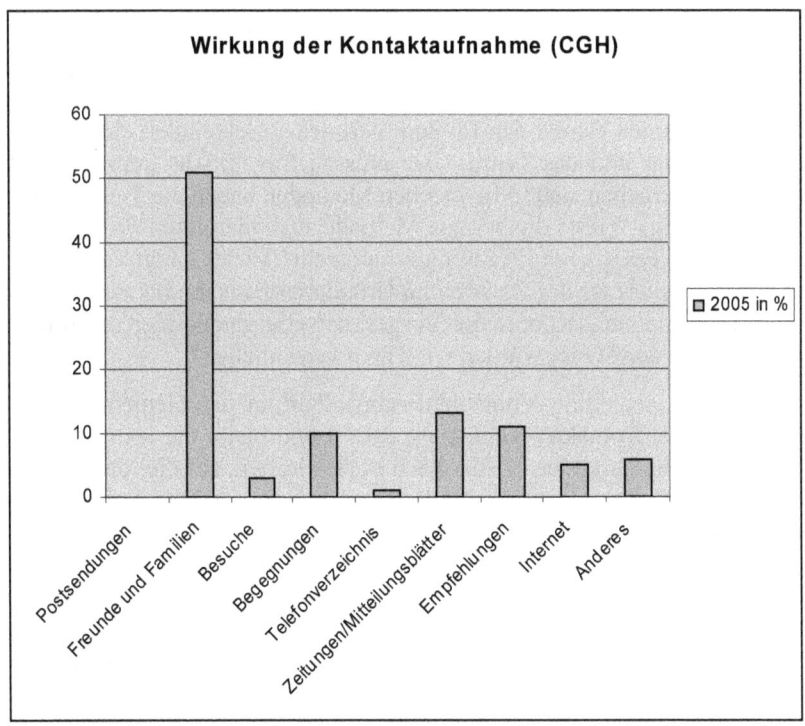

Abbildung 14: Kontaktaufnahmen im Vergleich (CGH – Deutschland)

Dagegen waren zwei andere Wege der Kontaktaufnahme in Hannover besonders wirksam. Mit *Begegnungen* sind die Kontakte gemeint, die die Gemeindegründer im täglichen Leben wahrgenommen haben. Es sind die von Gott geschenkten Gelegenheiten, die dadurch entstehen, dass man seinen Aufgaben und Verpflichtungen nachgeht, wie andere auch. So ergab sich zum Beispiel ein sehr tiefgehender und weitreichender Kontakt zu der Familie eines Mitschülers unseres Sohnes.

Mit *Empfehlungen* sind Kontakte gemeint, die durch Christen außerhalb unserer Gemeinde initiiert wurden. Weil Christen in anderen Teilen Deutschlands von unserer Gemeindegründung wussten, haben sie ihre Bekannten und Verwandten informiert oder uns auf Menschen aufmerksam gemacht, die in Hannover wohnen und an unserer Gemeinde interessiert sein könnten. Dieser Aspekt hatte in den USA für uns keine Rolle gespielt, da die Gemeinden unseres dortigen Verbandes sehr weit auseinanderliegen. Die *Empfehlungen* und von Gott gewirkten *Begegnungen* sind ein sehr erfreulicher Teil der Gemeindegründung in Hannover gewesen.

Ich möchte noch einmal darauf hinweisen, dass die Wirkung der Kontaktaufnahme an verschiedenen Orten und zu verschiedenen Zeiten sehr unterschiedlich ausfällt. Während z. B. in Deutschland die Besuchsmission zurzeit nicht die geeignetste Methode der Gemeindegründung ist, wird sie in unseren Tagen im Norden Brasilien erfolgreich für den Start neuer Gemeinden eingesetzt. Der Gemeindegründer und das Team – sie müssen fragen, was dran ist. Welche Möglichkeiten ergeben sich? Mit welchen Methoden haben die Teammitglieder bereits Erfahrung? Würde die besagte Methode auch hier gute Früchte bringen? Wo könnte das Team neue Erfahrungen sammeln? Vieles hängt von der Begabung und dem Interesse der Christen im Gründungsteam ab und vieles von dem Umfeld der Gemeinde. Könnte die Vorgehensweise gerade hier und jetzt zum „Türöffner" werden? Oder würden wir Türen verschließen?

Wie dem auch sei, ohne Kontaktaufnahme läuft in der Gemeindegründung nichts. Kontakte, Kontakte, Kontakte – das ist und bleibt die Herausforderung für jeden Gemeindegründer. Keiner kann es sich leisten, auf die ideale Methode zum Kontaktknüpfen zu warten: Viele davon haben Vor- und Nachteile, doch wird man dies häufig erst durch Ausprobieren herausfinden. So werden wir auch durch diese Bibelstelle ermutigt, nicht ängstlich abzuwarten, sondern das Wort voller Erwartung bekannt zu machen: *Wer ängstlich auf den Wind achtet, wird nie säen; und wer auf die Wolken schaut, wird nie ernten ... Säe am Morgen deine Saat aus, leg aber auch am Abend die Hände nicht in den Schoß! Denn du weißt nicht, ob das eine oder das andere gedeiht – oder vielleicht sogar beides zusammen!* (Pred 11,4-6; Hfa).

9 Der gezielte Aufbau einer Kerngruppe

9.1 Die Notwendigkeit einer Kerngruppe[1]

Zwischen den ersten Kontakten mit der Bevölkerung vor Ort und dem ersten öffentlichen Gottesdienst muss der Pastor aus der Gruppe derer, die zu den ersten Hauskreisen und Veranstaltungen kommen, ein Mitarbeiterteam aufbauen und zurüsten. Er muss Christen um sich sammeln, die das gleiche Ziel verfolgen und die ihm bei der Aufgabe der Gemeindegründung helfen. Es ist ja nicht so, als ob der Gemeindegründer zunächst eine Gemeinschaft derer aufbaut, die sich sehr stark in die Gemeindegründung investieren und erst danach auch die gewinnt, die allmählich dazukommen oder am Rande der Gemeinde stehen. So sieht es in der Praxis nicht aus. Unter denen, die der Gründer am Anfang erreicht, werden solche sein, die Randsiedler der Gemeinde bleiben und solche, die sehr schnell oder auch erst allmählich zuverlässige Mitarbeiter werden. Obwohl sich der Gemeindegründer um die hoffnungsvollen Personen besonders mühen sollte, kann er nicht wissen, wie sich die einzelnen Christen entwickeln werden und wer von den Nichtchristen im Kreis der ersten Kontakte zum Glauben kommen wird. Schon Jesus hat im Gleichnis vom Sämann veranschaulicht, dass die Verkündigung des Wortes Gottes viel Frucht bringt, aber nicht bei allen Hörern gleichviel und bei einigen auch gar keine (Mt 13,18-23).

Der Aufbau dieser Mannschaft, einer Kerngemeinde, beginnt also nicht erst, nachdem die Kontaktaufnahme beendet ist. Vielmehr arbeitet der Pastor daran, während er weiterhin darauf zielt, die Bevölkerung zu erreichen. Ebenso muss die Arbeit mit dieser Kerngruppe auch nach dem Start von öffentlichen Gottesdiensten weitergehen, obwohl die Gottesdienste viel Zeit zur Vorbereitung kosten. Ein Teil der Ausbildung und Zurüstung dieser ersten Mannschaft besteht u. a. darin, sie praktisch mitarbeiten zu lassen, eben bei der Vorbereitung und Durchführung eines attraktiven Gottesdienstes.

Was sind die Ziele für diesen Kreis der Mitarbeiter? Wie hat Jesus die Kerngruppe seiner Jünger aufgebaut? Wie kann ein Gemeindegründer den Kreis der ersten Mitarbeiter formen? Die Antworten auf diese Fragen werden einen Plan aufzeigen, der den Gemeindegründer in diesem wichtigen Teil seines Vorhabens leitet.

---

[1] Hier werden verschiedene Begriffe benutzt, z. B. Kerngruppe, Kernteam, Mannschaft und Kerngemeinde. Alle Ausdrücke beschreiben die entstehende Kerngemeinde und doch betonen die unterschiedlichen Worte jeweils andere Aspekte der Kerngemeinde. Der Ausdruck „Kerngemeinde" wird von den Übersetzern der folgenden Arbeitsmappe benutzt: Robert E. Logan und Steve L. Ogne. *Der Gemeindegründungs-Werkzeugkasten: Strategische Anleitung für Gemeindegründer und Supervisoren* (Wiesbaden: Johannes Institut, 1994), Abschnitt 5-1.

9.2 Ziele für den Aufbau einer Kerngruppe

Eine Gemeinde zu gründen kann nicht nur das Interesse des Pastors bleiben. Er braucht Christen, die seine Vision teilen und an dem Projekt teilnehmen wollen. Der Pastor muss sich mit Christen umgeben, die die Last der Verantwortung und des Dienstes mit ihm tragen.

Diejenigen, die der Pastor für die neue Gemeinde gewinnen konnte und die wenig Gemeindeerfahrung haben, müssen in ihrem Glauben reifen. Andere haben unterschiedliche Gemeindehintergründe; auch sie brauchen Hilfe, um ein Teil des Teams zu werden und andere in der entstehenden Gemeinde kennenzulernen.

Ein wesentlicher Gesichtspunkt, der von Anfang an bedacht werden muss, ist folgender: Mit dem Aufbau der ersten Gruppe lässt der Pastor die anderen miterleben, wie eine Kleingruppe geformt und gefördert werden kann. Er kann lehren und ganz praktisch zeigen, worauf es beim Arbeiten mit Kleingruppen und deren Mitgliedern ankommt. Hier sorgt er für andere und involviert zugleich geeignete Mitarbeiter, hier wird Gemeinschaft gefördert, die Bibel gelesen und über mögliche Anwendungen der Lektionen geredet, hier wird gebetet und hier spricht man darüber, wie Menschen für Christus und die Gemeinde gewonnen werden können.

Zusammenfassend kann gesagt werden, dass die Kerngemeinde eine wachsende Gruppe von Christen ist – Christen, die spüren, dass sie von Gott dazu berufen wurden, an dem Projekt mitzuwirken. Sie wollen füreinander sorgen und zusammenarbeiten, sodass Menschen zu Christus und zu seiner Gemeinde finden. Als Nächstes wird die Qualifikation dieser Kerngruppenmitglieder besprochen.

9.3 Merkmale guter Teammitglieder

9.3.1 Loyalität zum Teamleiter

Die Mitarbeiter der Kerngruppe müssen dem Gemeindegründer gegenüber loyal sein. In diesem frühen Stadium des Gemeindebaus ist es nicht schwer, dieses Prinzip einzuhalten, denn diejenigen, die nicht mit dem Gemeindegründer und seiner Dienstphilosophie übereinstimmen, bleiben sowieso fern. Ein Gemeindegründer kann es sich nicht leisten, zeitraubende und verwirrende Kontroversen in seiner Kerngruppe zu haben; die Aufgabe ist zu groß, als dass sie durch interne Querelen behindert werden dürfte. Deswegen muss er Christen gewinnen, die ihm gegenüber loyal sind. Nicht jeder, der sich zu einer Gründungsarbeit hält, wird einsehen, wie wichtig Loyalität ist. Ich war überrascht, in einem kurzen Fernsehinterview einen Fußball-Nationaltrainer über die Vorzüge seines ernannten Co-Trainers zu hören. Bundestrainer Joachim Löw machte nicht viele Worte über seinen neuen Co-Trainer, doch seine Loyalität nannte er als einen seiner Vorzüge. „Er passt von der Spielphilosophie und den Trainingsinhalten

9 – Der gezielte Aufbau einer Kerngruppe

zu uns, und auch menschlich. Er hat Erfahrung mit Jugendkonzepten und bringt ein hohes Maß an Loyalität mit", lobte Löw seinen neuen Mitarbeiter Hansi Flick.[2] Schon der Apostel Paulus äußerte sich dankbar über die, die zu ihm hielten und auf die er sich verlassen konnte, im Gegensatz zu denen, die ihm das Leben schwer machten (Röm 16,3-4; 2Tim 4,10-11).

Aus eigener Erfahrung und aus Gesprächen mit Gemeindegründern entnehme ich, dass es in diesem Stadium vorteilhaft ist, wenn die verantwortliche Führungsperson auf Erfahrungen im Gemeindebau oder gar in der Gemeindegründung verweisen kann. Außerdem kann man sich und dem Team viele zeitraubende Diskussionen ersparen, wenn der Gemeindegründer die wesentlichen Ziele und Werte der zu gründenden Gemeinde schriftlich vorliegen hat. Allerdings darf er nicht voraussetzen, dass neue Mitarbeiter diese Ziele und Werte als selbstverständlich begreifen. Er muss sie immer wieder vermitteln, worauf ich später noch einmal zurückkomme.

So wie der Pastor unproduktiven Streit vermeiden muss, sollte er ebenso dem anderen Extrem aus dem Weg gehen, nämlich so egozentrisch zu sein, dass er Vorschläge der Gruppenmitglieder generell ablehnt. Er sollte nichts gegen konstruktive Kritik sagen, sondern den Nutzen positiver Korrektur bedenken. So wird die Arbeit wirksam unterstützt und manche Fehler werden dadurch vermieden. Fred Smith, eine erfahrene Führungspersönlichkeit, betont: „Der innere Kreis muss willens und in der Lage sein, *sich in einer gesunden Weise gegenüberzutreten.* Das heißt, der Leiter muss denen bereitwillig zuhören, die anderer Meinung sind."[3]

Obwohl der Gemeindegründer aufgrund seiner Vorbereitung und Erfahrung derjenige ist, der am besten weiß, wie man eine Gemeinde aufbaut, braucht er den Input und Rat anderer. Es gibt Fragen zu Gebäuden, Mietverträgen, Werbung – um nur drei zu nennen – über die Mitglieder der Kerngruppe besser Bescheid wissen als der Pastor. Niemand kann alles wissen, noch hat jemand immer recht. Fred Smith ermutigt zur positiven Auseinandersetzung und schreibt: „Wenn Ihr innerer Kreis immer übereinstimmt, riskieren Sie blinde Stellen und lassen Ihre Fehler außer Kontrolle geraten."[4]

Es gibt aber Überzeugungen, die ein Pastor nicht aufgeben darf und die er vermitteln sollte. Letztlich müssen die Teammitglieder mit ihnen übereinstimmen. Einige dieser Überzeugungen werden im Folgenden betrachtet.

---

[2] Continental AG. Hansi Flick: Der Matthäus-Freund als Co-Trainer des deutschen Teams. 2006. http://www.conti-online.com/generator/www/de/de/continental/contisoccerworld/themen/00_euro_2008/00_einblicke/01_deutschland/einblicke_teil_40_de.html (2.10. 2006).
[3] Fred Smith, *Learning to Lead* (Carol Stream, IL: Christianity today, 1986), 97 (Hervorhebung im Original); im Folgenden zitiert als: Smith, *Learning to Lead*.
[4] Smith, *Learning to Lead*, 98.

9.3.2 Christ sein und mit grundlegenden Lehren übereinstimmen

Die Kerngruppenmitarbeiter müssen die Chance erhalten zu erfahren, was der Gemeindegründer über Gott und die Gemeinde glaubt – was er in Theorie und Praxis glaubt. Das heißt, sie werden lesen und hören, was der Pastor und die Denomination bekennen; sie werden auch erfahren, wie der Pastor seine Überzeugungen in den Hauskreisen und in der Beziehung zu anderen lebt.

Evangelikale Christen fühlen sich vorwiegend von einem evangelikalen Pastor angezogen und stimmen gewöhnlich den Grundlehren der Bibel zu. Aber auf dem Gebiet der Ekklesiologie können Differenzen die Gemeinde leicht verwirren. Towns schreibt dazu:

> Über die Lehre von Gott oder das Wesen der Dämonen argumentieren nur wenige, aber es haben sich Gemeinden wegen der Frage der Autorität oder Mangel an Autorität der Diakone oder das Geben des Zehnten oder offenem versus geschlossenem Abendmahl gespalten.[5]

Der Pastor muss mit dem inneren Kreis über seinen Standpunkt sprechen, bevor die Gemeinde gezwungen ist, auf den von Towns angesprochenen Gebieten Entscheidungen zu treffen. Ein Pastor sollte z. B. mitteilen, wie er es mit der Taufe halten will, bevor es den ersten Taufkandidaten gibt. Den lehrmäßigen Standort zu bestimmen, hilft den Mitgliedern der Kerngruppe, sich wohlzufühlen, und anderen, die damit nicht übereinstimmen, wissen ebenfalls, woran sie sind.

9.3.3 Übereinstimmung mit der Vision des Gemeindegründers

Wie der Pastor es will, so müssen die Mitglieder des inneren Kreises eine Gemeinde gründen wollen. Da gute Hauskreise auch Menschen aus anderen Gemeinden anziehen, sollte der Pastor es vermeiden, zu viel Zeit mit Besuchen bei ihnen zu verbringen. Wie Wagner richtig empfiehlt:

> An diesem speziellen Punkt des Dienstes hat Gott Sie berufen, den Kern für eine neue Gemeinde zu bauen, und Sie sollten Ihre ganze Zeit und alle vorhandene Energie einsetzen, um diese Aufgabe zu erfüllen. Seien Sie zielstrebig. Investieren Sie Ihr Leben in die Menschen, die Gott Ihnen für die neue Gemeinde gibt, und nicht in sonst durchaus sehr wertvolle Personen, die Sie ablenken können.[6]

---

[5] Towns, *Getting a Church Started*, 120.
[6] Peter C. Wagner, *Church Planting for a Greater Harvest* (Ventura, CA: Regal Books, 1990), 100; im Folgenden zitiert als: Wagner, *Church Planting*; im Folgenden zitiert als: Wagner, *Church Planting*.

9.3.4 Die Bereitschaft, Zeit zu investieren

Menschen, die bereit sind, Zeit für Hauskreise, Planungssitzungen und andere praktische Aufgaben zu investieren, sind eine wichtige Voraussetzung für den Grundstock. Die Teilnehmer haben eine große Aufgabe vor sich; sie zeigen ihr aufrichtiges Interesse durch die Zeit, die sie sich dafür nehmen.

Manche Christen bringen diese Eigenschaften von Anfang an für das Projekt mit, andere entwickeln sie während der Mitarbeit in Hauskreisen. Deshalb sollte die Kerngruppe offen für neue Mitglieder sein – für die geistlich Wachsenden und für Christen, die sich dem fortschreitenden Projekt anschließen. Gemeindegründer sollten mit den vorhandenen Teilnehmern arbeiten, d. h., ihnen beim Wachstum von einem geistlichen Schritt zum nächsten helfen.

9.4 Aufbau einer Kerngruppe – Wie macht man das?

Wie kann ein Pastor sein Team bilden? Ein Gemeindegründer kann davon profitieren, wenn er lernt, wie Jesus seine Kerngruppe aufbaute. Jesu Gruppe hatte die unglaubliche Aufgabe, auf der ganzen Welt Menschen zu Jüngern zu machen (Mt 28,19). Von der Stabilität dieses Teams hing deshalb sehr viel ab.

9.4.1 Die Schlüsselperson: Einer geht voran

Die folgenden Feststellungen von Logan und Rast beschreiben die Aufgabe des Gemeindegründers hervorragend:

> Der Aufbau einer Kerngruppe verlangt von dem Gemeindegründer sowohl ein Katalysator als auch ein Organisator zu sein. Als Katalysator muss der Gemeindegründer jemand sein, der eine neue Gruppe von Grund auf bauen kann. Als Organisator muss er fähig sein, die Kerngruppe zum Dienst zu bewegen und auszurüsten ... Die katalytischen und organisatorischen Funktionen sind notwendig, um die drei wichtigen Aktivitäten der Kerngruppenbildung auszuüben: das Vermitteln der Vision, das Organisieren für die Aufgaben und Dienste und den Aufbau eines Zusammengehörigkeitsbewusstseins der Gruppe.[7]

Der Gemeindegründer ist die Schlüsselperson; seine Vision für die Gemeinde beeinflusst andere. Wenn er nur wenige Möglichkeiten für eine Gemeinde sieht, dann geht es den meisten seiner Teammitgliedern ebenso. Wenn er darauf

---

[7] Robert E. Logan and Jeff Rast, *Church Planting Workbook* (Pasadena: Charles E. Fuller Institute, 1985), 38; im Folgenden zitiert als: Logan und Rast, *Church Planting*.

vertraut, dass Gott durch die Gemeinde stark wirken will, wird das seine Teammitglieder inspirieren.

Anfangs wird vieles vom Gemeindegründer (und von seiner Familie) begonnen, geformt und organisiert, aber er muss auch andere Christen in die Arbeit mit einbeziehen. Er muss ihnen helfen, in das Team hinein zu wachsen, damit sie ein Gefühl der Zugehörigkeit erfahren und Anteil an der Aufgabe und der entstehenden Gemeinde haben. Sie müssen verstehen lernen, dass sie wichtig sind. Wenn der Gemeindegründer die folgenden Vorschläge umsetzt, kann er kontinuierlich seine Kerngruppe bauen.

9.4.2 Ein Zeichen für hoffnungsvolle Mitarbeiter: die Bereitschaft, Neues zu lernen

Jesus suchte seine Jünger nicht unter den Gelehrten Israels.[8] Seine Nachfolger waren einfache Arbeiter, kleine Fischereiunternehmer und Angestellte. Die Jünger lernten von Jesus. Die meisten Schriftgelehrten und anderen religiösen Führer dieser Zeit waren so von ihrem Glauben überzeugt, dass sie sich weigerten, neue Wahrheiten zu akzeptieren. Die Jünger dagegen waren begierig, z. B. etwas über das Beten zu lernen. „Herr, lehre uns beten!" baten sie Jesus. Obwohl sie viele Lektionen wiederholen mussten, (wie ein Vergleich von Mt 14,20 mit Mt 15,33 zeigt), lernten sie es schließlich und konnten Jesu Lehre weitergeben. Coleman beobachtet an den Jüngern:

> Jesus sah in diesen einfachen Männern das Potential für die Führerschaft in seinem Reich. Sie waren tatsächlich „ungelehrt und unwissend" nach dem weltlichen Maßstab (Apg 4,13), aber sie waren belehrbar.[9]

Gemeindegründer müssen herausfinden, wie gerne Christen Neues lernen wollen. Halten sie z. B. starr an einer Gottesdienstform fest, die eventuell in ihrer vorigen Gemeinde praktiziert wurde oder sind sie bereit, neue Formen auszuprobieren oder mit zu entwickeln?

9.4.3 Ein Bestandteil erfolgreichen Lehrens: Zeit für Nähe

Jesus lehrte seine Jünger über das Königreich Gottes. Er unterrichtete sie privat (Mt 24,3) und auch in der Öffentlichkeit, wo Tausende andere mit zuhörten (Mk 6,34). Jesus bildete seine Jünger aus; er gab ihnen viele Möglichkeiten, ihn

---

[8] Robert E. Coleman, *Des Meisters Plan der Evangelisation* (Neuhausen-Stuttgart: Hänssler, 1978), 18 ff.; im Folgenden zitiert als: Coleman, *Des Meisters Plan*. Coleman lehrt im Detail über Jesu Methoden, Jünger zu machen. Da ich seit vielen Jahren von Colemans Buch beeindruckt bin, war es nicht immer möglich, die Quelle für meine Ausführungen anzugeben.
[9] Coleman, *Des Meisters Plan*, 18.

bei der Ausübung seines Dienstes zu erleben. Sie sollten ihn kennenlernen – sowohl seinen Charakter als auch seinen Auftrag. Jesus ließ sie auch an seinem Dienst teilnehmen. Die Zeit mit ihm formte ihr Leben.

Jesus stand für seine Kerngruppe zur Verfügung. Ob die Jünger große Freude (Lk 10,20) oder Frustration (Mt 17,19) erlebten, er war für sie da. Coleman schreibt über diese wirkungsvolle Methode: „Nachdem Jesus seine Leute herausgerufen hatte, machte er es sich zur Gewohnheit, bei ihnen zu sein. Dies war das Wesentliche an seinem Trainingsprogramm – seine Jünger sollten ganz einfach ihm folgen."[10]

Ein Gemeindegründer sollte anderen Einblick in seinen Dienst gestatten – in seine Pläne und seine Arbeit. Er muss Zeit mit Mitgliedern des Gründungsteams verbringen, sowohl mit ihnen einzeln, als auch mit ihnen als Gruppe. Eine Vision wird nicht so sehr durchs Lehren vermittelt, sondern vielmehr durchs Vorleben dessen, was zur Erfüllung der Vision beiträgt. Deshalb sind Begegnungen so wichtig, wo darüber gesprochen wird, was das Gründungsteam plant und woran es gerade arbeitet. Aber damit der Funke überspringt, damit sich neue Teammitglieder die Vision aneignen, müssen sie auch erfassen, weshalb etwas getan wird. Es reicht z. B. nicht nur das Wissen, dass wir in unseren Kleingruppen und Gottesdiensten moderne Bibelübersetzungen für Textlesungen bevorzugen. Mitarbeiter müssen auch wissen, weshalb wir das tun. Wir möchten nämlich, dass Menschen möglichst leicht verstehen, was geschrieben steht. Da wir besonders die Menschen ansprechen möchten, denen die Bibel noch fremd ist, wollen wir sie mit einer Sprache erreichen, die ihnen nicht auch noch fremd ist. Wenn Teammitglieder das evangelistische Anliegen der Gemeinde erkennen und ihnen das Gemeindekonzept einleuchtet, wenn sie etwas *be*greifen und dann *er*greifen, um es umzusetzen, dann ist eine Vision übergesprungen. Das hat mit dem zu tun, was wir sehen. So können auch der Charakter und die Motivation des Gemeindegründers von anderen beobachtet werden, wenn sie die Chance haben, mit ihm zusammen zu sein und mit ihm zu arbeiten.

9.4.4 Gemeinsames Bibelstudium: Alle lassen sich von Gott prägen

Eine Quelle der Stärke für die frühe Gemeinde in Jerusalem war ihre Hingabe an die „Lehre der Apostel" (Apg 2,42). Es sollen hier nur einige Vorteile des Bibelstudiums in Bezug auf Kerngruppe genannt werden.

Wenn Christen gemeinsam das Wort Gottes betrachten, helfen sie sich gegenseitig, es zu verstehen und auf ihr Leben anzuwenden. Die Umsetzung der

---

[10] Coleman, *Des Meisters Plan*, 30.

Wahrheit bringt Veränderung – positive Veränderung, weil Christen so fortlaufend vom Heiligen Geist in die Personen umgewandelt werden, wie Gott sie haben will. Der folgende Abschnitt zeigt den Einfluss von Bibelarbeit auf eine Gruppe. Paulus schreibt:

> Dann macht mich vollends glücklich und habt alle dieselbe Gesinnung, dieselbe Liebe und Eintracht! Verfolgt alle dasselbe Ziel! Handelt nicht aus Selbstsucht oder Eitelkeit! Seid bescheiden und achtet den Bruder oder die Schwester mehr als euch selbst. Denkt nicht an euren eigenen Vorteil, sondern an den der anderen, jeder und jede von euch (Phil 2,2-4).

Durch das Bibelstudium behält die Kerngruppe einer entstehenden Gemeinde ihre Prioritäten in der richtigen Reihenfolge: Christus hat die Kontrolle durch sein Wort. Nicht die Aufgaben zählen, sondern die geistlichen Dinge sind Mittelpunkt des Teams, wenn sie gemeinsam die Bibel lesen. Diejenigen, die sich als Leiter auszeichnen wollen, müssen auch an den Gesprächen in den Hauskreisen teilnehmen, was dem Gemeindegründer wiederum hilft, geistlich reife Christen für führende Positionen auszuwählen.

9.4.5 Gemeinsam mit Gott im Gespräch bleiben: Wir brauchen ihn

Jesus betete *für* seine Jünger und ließ sie wissen, was er für sie erbeten hatte. Er betete für ihren Schutz (Joh 17,11), ihre Heiligung (Joh 17,17), ihre Einheit (Joh 17,22-23), und dass sie seine ewige Herrlichkeit sehen sollten (Joh 17,24). Jesus betete für die Gruppe und für die Einzelnen. Um ein Beispiel zu nennen: Er bat seinen Vater, dass der Glaube des Petrus nicht aufhöre (Lk 22,32).

In ihrer Gegenwart pries Jesus seinen Vater dafür, dass er den Jüngern offenbart hatte, wer Jesus ist (Lk 10,21-22). Bei einer anderen Gelegenheit lehrte er sie zu beten (Mt 6,9-14; Lk 11 1-2). Das Gebet für die Mitglieder seiner Kerngruppe sowie das Gebet in ihrer Gegenwart hatte einen unschätzbaren Einfluss auf sie.[11]

Eine Interessentenliste ist für die Kommunikation mit den Menschen sehr wichtig, sie kann aber auch als Gebetsliste benutzt werden. Der Pastor kann sie als Hilfe benutzen, wenn er für die vielversprechenden Leute auf der Liste betet. Er sollte besonders für die Mitglieder der Kerngruppe beten, die er wiederum auffordert, für die Menschen zu beten, die ihnen am Herzen liegen und für ihn, den Pastor. Gott erhört Gebet und oft wird er auch den Gemeindegründer erkennen

---

[11] Coleman, *Des Meisters Plan*, 58-59. Dieses sind ein paar Beispiele aus einer umfassenden Liste in Colemans Buch.

9 – Der gezielte Aufbau einer Kerngruppe

lassen, wenn er gerade betet, was dieser als Nächstes tun kann, um die Menschen zu fördern, für die er betet.

Das Gebet *mit* der Gruppe ist ebenfalls sehr wichtig. Manche sind noch jung im Glauben und müssen erst lernen und ermutigt werden, öffentlich zu beten. Andere sind seit vielen Jahren Christen und können herausgefordert werden, für die Gemeindegründung und besondere Bedürfnisse im Gebet einzutreten.

Jesus lehrte seine Jünger zu beten und betete für sie. Wenn Christen in ihren Treffen füreinander beten und wenn sie in ihrer persönlichen Gebetszeit füreinander bitten, wird Gott ihre Gebete hören. Sie werden Antworten sehen und gemeinsam Gott loben. Sie müssen auch lernen, geduldig auf Antworten zu warten. Kurz gesagt, all dies stärkt die Kerngruppe und schweißt die Mitglieder zusammen. Gebet schafft Zusammenhalt und hilft den Mitgliedern, die Gruppe als ihre eigene zu sehen.

Es bleibt für den Gemeindegründer immer wichtig, Wege zu finden, die das Gebetsleben seiner Gruppe stärken. Zu leicht wird ernsthaftes Gebet durch andere Punkte auf der Tagesordnung der Gruppe erstickt.

Die Wirkung des Gebets ist natürlich nicht auf die Gruppenbildung beschränkt, aber sie ist ein wichtiger Faktor bei dem Aufbau einer Kerngruppe. Gott kann das Gebet auch dazu gebrauchen, die Vision des Teams zu bestätigen oder zu vergrößern. Oder Gott kann den Wunsch zu evangelisieren in die Herzen der Teilnehmer legen. Die Christen in der Gemeinde von Antiochia beteten und fasteten, als der Heilige Geist zu ihnen sprach, dass sie Barnabas und Saulus für die Missionsarbeit freigeben sollten (Apg 13,1-3).

Es bleibt für den Gemeindegründer immer wichtig, Wege zu finden, die das Gebetsleben seiner Gruppe stärken. Zu leicht wird ernsthaftes Gebet durch andere Punkte auf der Tagesordnung erstickt.

Von Anfang an, schon in der Planungsphase, beim Finden des Standorts, beim Zusammenstellen des Teams – bei allen Entscheidungen können wir den eigentlichen Gemeindegründer um Hilfe anrufen. Jesus sagt selbst: „Bittet darum den Herrn, dass er noch mehr Arbeiter schickt, die seine Ernte einbringen!" (Mt 9,38). Von Epaphras, der vorbildlich für drei junge Gemeinden betete, schrieb Paulus: „Inständig bittet er Gott darum, dass ihr vollkommen und untadelig vor Gott werdet und bereit, in allen Dingen Gottes Willen zu erfüllen" (Kol 4,8).

9.4.6 Übermittlung der Missionsaussage:
Alle sind begeistert von ihrem speziellen Auftrag

Gemeinden unterscheiden sich in ihren Missionsaussagen. Sie sehen sich zu bestimmten Aufgaben berufen und dafür begabt. Obwohl jede Gemeinde berufen ist zu evangelisieren, unterscheiden sich Gemeinden doch sehr in der Ausführung dieser Aufgabe. Die Mitarbeiter einer Kerngruppe müssen sich auf ein gemeinsames Konzept konzentrieren. Eine Gemeinde kann nur selten alle der folgenden Aktivitäten erbringen: die Armen speisen, Obdachlose unterbringen, sich um Frauen mit schwierigen Schwangerschaften kümmern, Sportereignisse für die Jugend der Stadt durchführen und Tagespflege für ältere Einwohner leisten. Nebenbei versucht die Gemeinde dann noch allen, die kommen, das Evangelium zu predigen. Nein, Gemeinden müssen entdecken, was Gott für sie geplant hat, wie sie das Evangelium in ihrem Ort mit Wort und Tat verkünden können.

Besonders neue Gemeinden müssen ihre Aktivitäten weise beschränken, um ihren Dienst mit Qualität zu leisten, Schaller beobachtet:

> Nur ein winziger Anteil aller neuen Missionen hat die erforderlichen Mittel, um auf zwei oder drei bestimmte bislang unbeachtete Bedürfnisse zu reagieren, daher werden die meisten der ersten Hundert Mitglieder viel gemeinsam haben.[12]

Eine Aufgabendarstellung muss biblische Ziele für die Gemeinde nennen und aufzeigen, wie diese Ziele in der neuen Gemeinschaft umgesetzt werden sollen. Im Elburn-Projekt wurde der Bedarf an Hauskreisen für Erwachsene und Bibellehre für Kinder angesprochen. Die Gemeinde bemüht sich auch, einen interessanten, zeitgemäßen Gottesdienst anzubieten. Sie kann sich jedoch nicht nur auf die Bedürfnisse des Ortes konzentrieren, sondern muss immer auch nach Gottes Plan für eine Gruppe von Gläubigen fragen. Gottes Absicht für seine Gemeinde zeigt sich in den folgenden Absichtserklärungen der Christus-Gemeinde Hannover, wie sie im Wesentlichen bereits für die Evangelical Fellowship Church in Elburn formuliert worden waren (siehe Abbildung 15). Zunächst wird beschrieben, wozu sich die Gemeinde von Gott berufen weiß; dann wird beschrieben, auf welchem Wege diese Berufung in die Praxis umgesetzt werden soll.

---

[12] Schaller, *44 Questions*, 79.

9 – Der gezielte Aufbau einer Kerngruppe

UNSER AUFTRAG

Der Auftrag unserer Gemeinde ist, Gott zu ehren, indem wir
* *ihn anbeten,*
* *Gemeinschaft erleben,*
* *für den Dienst ausgerüstet werden und*
* *die gute Nachricht weitersagen, sodass Menschen durch Jesus Christus ewiges Leben bekommen.*

Wir wollen Menschen für Christus gewinnen, ausrüsten, senden und ermutigen.

Gottesdienste sind für Christen und suchende Menschen. Wir rechnen damit, dass Gott uns auch solche Personen anvertraut, die noch nicht Christen sind. Unsere Gottesdienste enthalten zeitgemäße christliche Musik und biblische Verkündigung, die auf die geistlichen Bedürfnisse von Christen und Suchenden eingehen. Der Gemeindegesang ist ein wesentlicher Bestandteil des Gottesdienstes.

Kleingruppen (z. B. Hausbibelkreise, Gesprächskreise, Jugendkreise) sind äußerst wichtig für unsere Gemeinde. Sie helfen den Teilnehmern, Freundschaften zu bilden, das Wort Gottes kennenzulernen und anzuwenden. Gruppen bieten Möglichkeiten zum Dienen, zum Leiten, zum Mitteilen der guten Nachricht von Jesus Christus an solche Menschen, die Jesus noch nicht nachfolgen.

Kurse (z. B. „Schritte zum Wachstum im Glauben" und „Wie finde ich meinen Platz als Mitarbeiter in der Gemeinde?") fördern die persönliche Reife der Teilnehmer. Sie helfen Gemeindegliedern, eine Sicht für ihre gabenorientierte Mitarbeiterschaft zu bekommen und die nötigen Fähigkeiten zu erwerben.

Gottesdienste (mit parallel laufenden Kindergottesdiensten), **Kleingruppen**, die sich während der Woche treffen und **Kurse** sind die wichtigsten Mittel, durch die wir unsere Ziele erreichen wollen. Treffen von Leitern und Mitarbeitern der Gemeinde, sowie die Arbeit der Besuchsmission und weitere Veranstaltungen sollen den Gottesdiensten und Kleingruppen zuarbeiten.

Die Durchführung der Kasualien (Abendmahl, Taufe, Trauung, etc.) gehört ebenfalls zu den Diensten unserer Gemeinde.

Christus-Gemeinde Hannover e.V., Vogesort 25e, 30457 Hannover

Abbildung 15:
Ziel und Zweck der Christus-Gemeinde Hannover (Missionsaussage)

9.4.7 Übermittlung der Grundwerte der Gemeinde: Zu einem gemeinsamen Ergebnis kommen

In einem kurzen Dokument werden die Grundwerte der Gemeinde festgehalten, also das, was dem Gemeindegründer und dem Gründungsteam wichtig ist und wo sie ihre Schwerpunkte im Dienst setzen wollen. Diese Grundwerte haben eine ähnliche Wirkung wie die zuvor beschriebene Missionsaussage. Während die Missionsaussage die umfassenden Ziele der Gemeinde beschreibt, definiert die Philosophie der Gemeinde, *wie* diese Ziele erreicht werden sollen. Die Einzigartigkeit der Gemeinde, die Art, wie sie als Gemeinde wirken will, muss in den Grundwerten beschrieben sein. Sie müssen so früh wie möglich schriftlich festgelegt werden, möglichst bevor eine Kerngruppe versammelt wird.

Welche praktische Relevanz haben die Grundwerte? Ein Pastor in St. Charles, Illinois, wurde von sechs Ehepaaren interviewt, die einen Gemeindegründer suchten. Der Pastor erläuterte ihnen seine Gemeindephilosophie, vor allem also das, was ihm besonders wichtig war und erklärte ihnen, wie er seine Arbeit tun wolle. Nachdem sie dem Pastor und seiner Philosophie zugestimmt hatte, bat ihn die Gruppe, eine Gemeinde zu starten. Weil eine Übereinkunft vor dem Start der Gemeindegründung erzielt worden war, konnte das Team erfolgreich arbeiten. Der Pastor hatte freie Hand, innerhalb der getroffenen Absprachen zu arbeiten und zu leiten. Ein Beispiel dafür war die Überzeugung des Gemeindegründers hinsichtlich der Gemeinderäume. Die Gemeinde traf sich in einem Kino; für den Pastor war ein Gemeindegebäude nicht so wichtig wie das Gewinnen neuer Mitarbeiter aus den Gottesdienst- und Hauskreisbesuchern. Deshalb wurde mehr Geld in Personal als in Gebäude investiert. Nach nur zweieinhalb Jahren versammelte sich die Christ Community Church jeden Sonntag mit mehr als 400 Leuten und bot zwei Morgengottesdienste an.

Die Mitarbeiter konnten sich darauf konzentrieren,
zu einer starken Gemeinde heranzuwachsen,
weil sie sich früh darauf geeinigt hatten,
während der ersten Jahre nicht zu bauen.

Ihre Philosophie verlieh der Einstellung von Mitarbeitern höhere Priorität als einem Bauprogramm für ein Gemeindegebäude. Die Mitarbeiter konnten sich darauf konzentrieren, zu einer starken Gemeinde heranzuwachsen, weil sie sich früh darauf geeinigt hatten, während der ersten Jahre nicht zu bauen. Das zeigt, wie die Grundwerte helfen, Prioritäten zu setzen. Heute hat die Gemeinde ein großes Grundstück mit einem attraktiven Gemeindezentrum und vielen Parkplätzen. Außerdem gingen mehrere Gemeindegründungen von ihr aus.

Die Grundwerte sind auch ein Werkzeug dafür, Christen für die entstehende Gemeinde zu gewinnen und zu motivieren. Auf der anderen Seite hilft es denen, die mit den Grundwerten nicht übereinstimmen, ebenfalls zu entscheiden. Sie sollten eine andere Gemeinde aufsuchen und damit sich selbst und den Leitern der neuen Gemeinde viele Probleme ersparen.

Von Anfang an müssen die Grundwerte vermittelt und beachtet werden. Sie sind ein wichtiges Instrument, um auf Kurs zu bleiben und neue Christen in den Dienst zu integrieren. Im Laufe der Zeit werden der entstehenden Gemeinde natürlich noch weitere Erkenntnisse kommen über das, was wichtig ist. Manches wird die Philosophie des Gründungsteams auf die Probe stellen. Obwohl man an den ursprünglichen Einstellungen zum Gemeindebau nicht leichtfertig rütteln sollte, können Kurskorrekturen doch nötig werden. Logan und Rast schreiben:

> Wenn Sie Ihre Gemeindephilosophie anwenden, werden Sie entdecken, dass einiges gut funktioniert, während andere Ideen stranden. Also wiederholen Sie die funktionierenden Aktivitäten und geben die anderen auf.[13]

Ein Gemeindegründer darf nicht unterschätzen, wie schwierig das Vermitteln der Grundwerte ist. Er muss Überzeugungsarbeit leisten und das immer wieder, besonders wenn die Vorgehensweise beim Gemeindebau neue Wege geht. Nur durch Überzeugung werden Mitarbeiter die Werte auch anwenden und neue Mitarbeiter sie ebenfalls übernehmen.

**UNSERE GRUNDWERTE
(Gemeindephilosophie)**

Es ist die Aufgabe unserer Gemeinde, Gott zu ehren, indem wir Gottes Leute darauf vorbereiten, im Dienst der Gemeinde zu arbeiten, damit die Gemeinde auferbaut wird (Eph 4,11-16).

Da jeder Christ eine Geistesgabe erhalten hat, mit der er anderen dienen kann (1Petr 4,10), wollen wir darauf achten, dass jeder seinen oder ihren Platz zum Dienst findet. Neue Arbeit kann nur begonnen werden, wenn wir willige und qualifizierte Leute dafür haben.

Der Pastor soll als ein Ausrüster angesehen werden, der dafür sorgt, dass jeder Christ in der Gemeinde angemessen ausgestattet ist, um seinen oder ihren Anteil an der Durchführung der Ziele der Gemeinde zu leisten (Trainer).
Die Verfahrensweise der Leitung gibt dem Pastor und seinen Co-Leitern viel Freiheit zur Erfüllung ihrer Aufgaben. Mehr Mitarbeiter zu bekommen ist wichtiger als ein neues Gemeindegebäude.

---

[13] Logan und Rast, *Church Planting,* 49.

> Es ist uns bewusst, dass letztlich alles in der Gemeinde dazu dienen soll, Leute für Jesus zu gewinnen. Deshalb muss Evangelisation unsere Priorität sein, was uns dazu bringt, eine Gottesdienstform zu wählen, die neue Besucher anspricht.
>
> Der sonntägliche Gottesdienst sollte so geeignet wie möglich für junge Berufstätige und junge Familien sein. Die Predigten müssen auf die Bedürfnisse der Leute eingehen und die biblische Botschaft vermitteln. Zeitgenössische christliche Musik wird der Gemeinde am besten dienen (obwohl auch ältere Glaubenslieder eingebracht werden sollen).
>
> *Evangelical Fellowship Church, 60119 Elburn, IL, USA*

Abbildung 16: Werte und Schwerpunkte der Evangelical Fellowship Church[14]

Ein kurzes Dokument, in dem die Grundwerte festgelegt sind, hilft der Kerngruppe und später auch der Gemeinde, in Harmonie auf die gesetzten Ziele hinzuarbeiten. Gemeinsame Überzeugungen stärken das Miteinander und die Freude an der Mitarbeit. Sie bieten außerdem eine Basis, an die Mitarbeiter sich gegenseitig erinnern können, wenn das Miteinander durch das Nichtbeachten von vereinbarten Werten gestört ist. „Hatten wir nicht gesagt, wir würden in diesem Kreis Entscheidungen nur treffen, wenn wir dies einmütig tun können?" so meldete sich jemand in einer wichtigen Sitzung. Dieser Hinweis auf einen vereinbarten Wert, der übrigens nicht für alle Arbeitsgruppen gilt, verhalf uns zum gründlichen Überdenken der zu treffenden Entscheidungen.

9.4.8 Ein wichtiger Hinweis für die Zukunft: Es werden noch andere zu uns gehören

Jesus betete für die Menschen, die durch den Predigtdienst der Jünger zur Gemeinde hinzugefügt würden. „Ich bete nicht nur für sie [die Jünger], sondern auch für alle, die durch ihr Wort von mir hören und zum Glauben an mich kommen werden. Ich bete darum, dass sie alle eins seien" (Joh 17,20-21a). Er betete um Einheit in der Gemeinde. Interessant ist auch, dass Jesus seine Jünger

---

[14] *„Our Philosophie of Ministry"* (Elburn, IL: Evangelical Fellowship Church, 1992).
Als wir 1986 unsere Arbeit in Elburn begannen, lagen noch keine Grundwerte für die neue Gemeinde in geschriebener Form vor. Wir bezogen einige Mitglieder der Hausbibelkreise in die Aufgabe ein, die Gegebenheiten des Standorts der Gemeindegründung zu analysieren und Ziele für die Gemeinde zu bestimmen, wie auch über die Grundwerte der entstehenden Gemeinde nachzudenken (1988). Es folgt die Gemeindephilosophie der Evangelical Fellowship Church von 1992. Diese Fassung enthält nur geringfügige Änderungen der ersten Version von 1988.

Das Einflechten von älteren Glaubensliedern war ein Versuch, auch Menschen anzusprechen, denen diese Lieder viel bedeuten. In Hannover haben wir dies jahrelang nicht mehr so gehandhabt, abgesehen von der Advents- und Weihnachtszeit.

von diesem Gebet wissen ließ. Bei einer anderen Gelegenheit benutzte Jesus das Bild einer Herde, um seine Jünger auf zukünftige Mitglieder aufmerksam zu machen: „Ich habe noch andere Schafe, die nicht zu diesem Schafstall gehören; auch die muss ich herbeibringen. Sie werden auf meine Stimme hören, und alle werden in einer Herde unter einem Hirten vereint sein" (Joh 10,16). Jesus bereitete seine Kerngruppe auf die Zukunft vor, denn er wusste, dass die Arbeit seiner Jünger Früchte tragen würde. Neue Leute mussten dann integriert werden, denn er wollte sie zu *einer* Gemeinde machen.

Der Gemeindegründer muss den Mitgliedern der Kerngruppe immer wieder das Ziel vor Augen halten, nämlich andere zu Christus und in die Gemeinde zu bringen. Möglichst viele der neuen Christen sollen auch Teil des inneren Kreises der Gemeinde werden. Es ist nicht das Ziel, eine gemütliche Gemeinschaft für einige wenige Christen zu pflegen, die für Neuzugänge verschlossen ist. Die Kerngruppe soll sich über neue Teilnehmer freuen und für sie beten, dass sie aktive Mitglieder werden. Jemand sagte einmal treffend: „Wer neu zu unserer Gruppe stößt, braucht sich nicht hinten anzustellen, sondern er ist eingeladen, unseren Kreis zu vergrößern." Dabei darf der Gemeindegründer nicht den Eindruck vermitteln, dass Teilnahme an der Kerngruppe auch gleichzeitig einen Sitz in der zukünftigen Gemeindeleitung bringt. Es werden im Laufe der Gemeindeentwicklung Menschen dazukommen, die für Leitungsaufgaben wesentlich mehr Qualitäten mitbringen als mancher im Anfangsteam. Deshalb muss ein Gemeindegründer von Jesus lernen und das Team auf neue Mitglieder vorbereiten, damit diese nicht als Bedrohung gesehen, sondern herzlich aufgenommen werden. Eine sehr schöne Weise, neue Personen in eine Gruppe aufzunehmen, wird im Folgenden beschrieben.

9.4.9 Gelebte Gemeinschaft: Das Feiern nicht vergessen

Wenn der Pastor, wie in Elburn, verschiedene Bibelstudiengruppen leitet, lernen sich die Mitglieder untereinander in ihrer eigenen Gruppe kennen, nicht aber die der anderen. Gemeinsame Unternehmungen, also Gruppen übergreifend, sind wichtig, denn sie bieten Leuten die Chance, den Mitgliedern der anderen Hauskreise zu begegnen. Picknicks, Weihnachtsfeiern und andere besondere Treffen schaffen die Plattform, wo die Mitglieder sich kennenlernen. In diesen Versammlungen können kurze Predigten angeboten werden, gemeinsames Singen, Erlebnisberichte und Aktivitäten für Kinder. Auch Wochenendfreizeiten eignen sich gut zur Gruppenbildung. Logan und Rast schreiben über die Ergebnisse solcher gemeinsamen Unternehmungen:

> Die Gruppe muss an gemeinsamen Unternehmungen und Treffen teilnehmen. Veranstaltungen wie Bibelstudien, Picknicks, Spiele und Feiern schaffen ein starkes Gefühl der Einheit. Die Leute

merken, dass sie zu einer besonderen Gruppe gehören. Sie beginnen sich zueinander gehörig zu fühlen.[15]

Ein wesentlicher Aspekt der gemeinsamen Unternehmungen ist das Feiern. „Man muss die Feste feiern, wie sie fallen", heißt es im Volksmund. Man kann auch bewusst nach Anlässen suchen, um gemeinsam zu feiern. Wir feierten Zwischenziele, die erreicht wurden, wie die Gründung des dritten Hauskreises, den Abschluss eines sechswöchigen Kurses, das zehnte Mitglied in der Kerngruppe, einen Geburtstag usw. Es gibt viele Anlässe, die genutzt werden können, um bewusst auf die Fortschritte beim Gemeindebau hinzuweisen.

Die Freude über das Handeln Gottes drückt sich auch im Feiern aus. Feste werden sogar von Gott verordnet (2Mose 23,15-19), sie ehren Gott und tun den Menschen gut. Denn die Freude über Gott ist die Stärke seiner Leute (Neh 8,9-12). So könnte man im Gründungsteam die Bekehrung eines Menschen mit ihm richtig feiern (Lk 15,21-27).

9.4.10 Aufträge gemeinsam erfüllen: an Aufgaben wachsen

Nachdem sie unterrichtet worden waren und schon etwas mitgearbeitet hatten, wurden die Jünger allein zur Evangelisation ausgesandt (Lk 10,1). Die Kerngruppe war nicht das Ziel an sich, sondern sie bestand, um die Mitglieder auf den Dienst vorzubereiten: auf die Evangelisation (Mt 28,18-20). Coleman sagt zu der ersten evangelistischen Mission der zwölf Jünger:

> Als Jesus seine dritte Reise durch Galiläa antrat (Mt 9, 35; Mk 6,6), erkannte er zweifellos, dass die Zeit gekommen war, die Jünger direkt mitarbeiten zu lassen. Sie hatten genug Erfahrung gewonnen, um wenigstens einen Anfang zu machen. Jetzt sollten sie praktizieren, was sie bei ihrem Meister gesehen hatten. „Er rief die Zwölf zu sich und sandte sie . . ." (Mk 6,7)[16]

Christen sollten in die praktische Arbeit einbezogen werden. Aber auch solche Teilnehmer, die noch keine Entscheidung für Jesus getroffen haben, sind oft bereit, Aufgaben zu übernehmen. Wo Mitarbeit möglich ist, hängt von der Aufgabe ab und von der Persönlichkeit und geistlichen Reife des einzelnen Mitarbeiters. Ob es sich um die Vorbereitung des Treffpunktes oder die Leitung eines Hauskreises, den Entwurf eines Rundbriefs oder das Sortieren der Post handelt – die Beteiligung daran hilft ihnen, ihr Potenzial zu entwickeln und zeigt ihnen, wie wichtig ihr Beitrag ist.

---

[15] Logan und Rast, *Church Planting*, 42.
[16] Coleman, *Des Meisters Plan*, 66.

Mit einer Gruppe planen und arbeiten verstärkt das Gefühl der Zusammengehörigkeit und erweitert die Basis für effektive Arbeit. Gebraucht zu werden fühlt sich gut an. Gemeinden benötigen immer Leute, die sich einbringen. Besonders neue Gemeinden haben diesen Bedarf, der zu einer hohen Beteiligung von Freiwilligen führt. Leute in den Dienst einzubeziehen, bewirkt auch, was in allen Entwicklungsphasen einer Gemeinde von Bedeutung ist: der aktive Dienst eines jeden Christen (1Kor 12-14; 1Petr 4,10-11).

Es gibt unterschiedliche Vorgehensweisen, um Christen an der Gemeindearbeit zu beteiligen. Einmal kann man sich an den Bedürfnissen orientieren, die bei der fortschreitenden Arbeit auftauchen. Hauskreise brauchen Leiter, Leiterassistenten, Gastgeber, Babysitter und Leute, die für Snacks sorgen. Andere Mitarbeiter werden für Hausbesuche, zum Entwerfen von Rundbriefen oder für Büroarbeiten gebraucht. Wenn die Gemeinde mit öffentlichen Gottesdiensten beginnt, werden noch mehr Mitarbeiter benötigt, die regelmäßig mit anpacken – von Ordnern bis zu Musikern. Die Bedürfnisse treten zutage und der Gemeindegründer und sein Team versuchen Leute zu finden, die solche Aufgaben übernehmen.

Ein zweiter Ansatz eröffnet weitere Möglichkeiten zur Mitarbeit. Zusätzlich zu dem Versuch, sich auf die Bedürfnisse zu konzentrieren, sollte der Gemeindegründer die Gaben und Talente der Gruppenmitglieder kennenlernen und darüber nachdenken, wie diese Gaben eingebracht werden können. Diese Beobachtungen sind hilfreich, um Leute in den Dienst einzubinden, die während der ersten Auswahl übersehen werden könnten. Noch wichtiger: Hier ist die Wahrscheinlichkeit wesentlich größer, dass der Dienst mit Freude verrichtet wird. Beide Wege ergänzen einander und fördern die Kerngruppe in ihrer Arbeit.

9.4.11 Vermittlung von finanzieller Verantwortung: Alle stehen auch mit ihrem Geld zu der Gemeinde

Der Gemeindegründer will Nichtchristen nicht mit Geldforderungen irritieren und den Eindruck erwecken, als komme es ihm nur aufs Geld an. Das Reden übers Geld gehört jedoch zu den Aufgaben eines Gemeindegründers. Es ist hilfreich dabei zu bedenken, dass das Interesse von uns Menschen grundsätzlich da liegt, wo unser Geld ist. „Denn euer Herz wird immer dort sein, wo ihr eure Schätze habt" (Mt 6,21).

Finanzen spielen in der Gemeindegründung eine große Rolle. Ich hörte, dass Stephen Beck, der Sohn meines einstigen akademischen Beraters, mehrere Gründungsteams in Deutschland coacht und Gemeindegründung an der Freien Theologischen Hochschule Gießen lehrt. Rat ist oft nur ein Telefongespräch entfernt, also rief ich ihn an. „Wie finanzieren sich eure Gründungsteams?", wollte ich wissen und „Was lehrst du?" Er antwortete spontan, dass auch in den

Gemeinden in Deutschland gelehrt werden müsste, dass sie finanzielle Mittel für „ihre" Gemeindegründer zur Verfügung stellen. Aus der Sicht der Teammitglieder heißt das, sie müssen wie Missionare für ihren Unterhalt sorgen und nach Unterstützern Ausschau halten. Manche in den Teams arbeiten aber auch neben der Gründungsarbeit in anderen Berufen, einige vollzeitlich, andere teilzeitlich.

Ein nicht zu unterschätzender Vorzug des Gewinnens von Unterstützern aus den Gemeinden ist, dass mit dem Geben des Geldes für einen Mitarbeiter in einer neu entstehenden Gemeinde auch das Interesse an ihm und der Gründung wächst. Der Kontakt wird vertieft, was die gegenseitige Fürbitte verstärkt. Außerdem fließen durch die Berichte von der Gemeindegründung wertvolle Impulse zu den unterstützenden Christen und ihren Gemeinden zurück.

Der Gemeinde Geld anzuvertrauen, gehört zur Gemeindemitgliedschaft dazu. Diejenigen, die geben, zeigen damit, dass sie dieser konkreten Gemeinde angehören wollen. Wer andere Menschen lehrt, mit ihren Finanzen verantwortlich umzugehen – und dazu gehört auch das Geben für Gottes Gemeinde, der hilft den Gebern, in ihrem Glauben zu reifen.

Es gibt noch einen anderen Grund, den Bedarf an Geld ins Bewusstsein der einzelnen Gemeindeglieder zu heben. Geldgaben verhindern ungesunde Abhängigkeiten von unterstützenden Organisationen. Je eher die neue Gemeinde ihren finanziellen Bedarf selbst deckt, desto größer ist die Chance, dass sie wächst. Finanzielle Beihilfe ist in den frühen Stadien einer Gemeinde hilfreich. Sie sollte allerdings nicht dauerhaft geschehen. Redford bemerkt:

> Es gibt dokumentierte Umfragen, die zeigen, dass Missions-Gemeinden [Gemeindegründungen] zu abhängig werden können, ähnlich wie Kinder, denen von zu wohlmeinenden Eltern zu viel gegeben worden ist. Solche Abhängigkeit verhindert Wachstum und Entwicklung einer Gemeinde. Ein Wohlfahrts-Syndrom kann sich schneller entwickeln als eine verantwortungsvolle Haltung, wenn es um Finanzen geht.[17]

Die Christen in der Kerngruppe müssen lernen, dass sie für die neue Gemeinde verantwortlich sind; sie sollten sich nicht auf den unterstützenden Bund oder Verband verlassen, sondern ihre Verpflichtung zum Geben erkennen. Christen, die schon vorher in Gemeinden waren, haben den Vorteil, dass sie regelmäßiges Geben wahrscheinlich gelernt und praktiziert haben, besonders wenn ihre Gemeinden das Prinzip der finanziellen Haushalterschaft betont haben.

---

[17] Redford, *Planting New Churches*, 83 (Anmerkung des Autors in Klammern).

9 – Der gezielte Aufbau einer Kerngruppe

Offene Gespräche über die Finanzen können das Bewusstsein für Spenden wecken, ebenso monatliche oder vierteljährliche Rechenschaftsberichte über die Finanzen, die die Einnahmen und Ausgaben bei der Gemeindegründung aufzeigen. Akkurate Buchhaltung, Prüfung und Veröffentlichung der Finanzberichte belegen die Glaubwürdigkeit des Gemeindegründers und anderer Verantwortlicher im Team.

Bibelstudien über Haushalterschaft sind wichtig für den Aufbau einer biblischen Basis für das Geben. Dabei ist es entscheidend, immer wieder aufzuzeigen, was mit den Gaben erreicht werden soll, welche Ziele angesteuert werden und welche positiven Entwicklungen dadurch gefördert werden sollen. Wenn Rechenschaft darüber abgelegt wird, in welcher Weise frühere Gaben gemeindefördernd eingesetzt werden konnten, stärkt dies ebenfalls das Vertrauen in die Entscheidungsträger. Gelegentlich kann man auch auf besondere finanzielle Nöte hinweisen. Obwohl Aufrufe zum Geben für finanzielle Engpässe ihre Wirkung zeigen, ist die Bitte, Finanzlöcher zu stopfen, auf Dauer ein sehr schwacher Anreiz, Geld zu geben. Dagegen ist es für Geber höchst motivierend, zu hören, dass ihr freudiges Geben zur Lebensveränderung oder Umkehr eines Menschen beigetragen hat. Wohl dem Gemeindegründer, der davon berichten kann, wie vergängliches Geld dazu beigetragen hat, Menschen für den ewigen Gott zu interessieren. Wie gut, wenn man von Menschen erzählen kann – oder noch besser – wenn sie es selbst berichten, dass sich ihr Leben durch die Begegnung mit Jesus Christus spürbar verändert hat. Deshalb darf man nicht nur von Zahlen reden, sondern von dem, was das Geben bewirkt oder auch bewirken könnte.

Für Unterstützer ist es höchst motivierend, zu hören, dass ihr freudiges Geben zur Lebensveränderung oder Umkehr eines Menschen beigetragen hat.

Natürlich sollten der Gemeindegründer und andere Schlüsselpersonen Vorbilder im Geben des Zehnten sein – die erwünschte Praxis für alle Leiter der entstehenden Gemeinde. Gelegentliche Erlebnisberichte über Erfahrungen von ihm oder anderen zeigen das Wie und Warum des Gebens ganz praktisch auf. Schaller schreibt über das Geben des Zehnten: „Vorbild zu sein ist die stärkste pädagogische Technik in der menschlichen Gesellschaft."[18] Verständnis für den Bedarf an Geld und das Einüben des Gebens machen die Christen zu hingegebenen Mitgliedern der Kerngruppe.

---

[18] Schaller, *44 Questions*, 130.

9.4.12 Kurz gesagt

Der Gemeindegründer ist die Schlüsselfigur im Prozess der Gemeindegründung. Er muss dafür sorgen, dass die Kerngruppe durch Bibelarbeiten und Gebet gefördert wird. Durch die kreative Vermittlung der Missionsaussage und der Grundwerte gibt er die Richtung an, motiviert und vereint den inneren Kreis der entstehenden Gemeinde.

Der Gemeindegründer organisiert oder sorgt für gemeinsame Unternehmungen, für Begegnungen auf gesellschaftlicher und geistlicher Ebene, um das Gefühl der Zusammengehörigkeit sowie das geistliche Wachstum zu fördern. Christen fühlen sich besonders durch ihr Engagement in verschiedenen Dienstbereichen zunehmend in *ihrer* Gemeinde zu Hause.

> *Der Gemeindegründer ist die Schlüsselfigur im Prozess der Gemeindegründung. Durch die kreative Vermittlung der Missionsaussage und der Grundwerte gibt er die Richtung an.*

Schließlich wirbt der Gemeindegründer um das finanzielle Bekenntnis zu Jesus und dieser konkreten Gemeinde. Alle angesprochenen Aktivitäten dienen zur Formung der Kerngruppe – ein Team, das stehen muss, bevor die Gemeinde ihren ersten öffentlichen Gottesdienst ankündigt. Die Kerngruppe wird wachsen und der Gemeindegründer im Laufe der Zeit erkennen, wer Leitungsaufgaben übernehmen kann. Er behält das Ziel im Auge und ebenso die Christen, die dazu beitragen, dieses Ziel zu erreichen – Menschen, die treu sind und fähig, andere zu lehren, wie Paulus es an Timotheus schrieb: „Was ich dir vor vielen Zeugen als die Lehre unseres Glaubens übergeben habe, das gib in derselben Weise an zuverlässige Menschen weiter, die imstande sind, es anderen zu vermitteln" (2Tim 2,2).

9.5 VGS-Leitertreffen: Damit das Wachstum weitergeht

Die Kerngruppe, die hier geformt wird, bildet die Basis für das weitere Wachsen der Mitarbeitergruppe einer Gemeinde. Die Kerngruppe wird wachsen, indem neue Christen gefördert werden und Verantwortung übernehmen. Nun stellen sich Teamleiter manchmal die Frage: Wen nehmen wir in diese Kerngruppe hinein? Sollten auch Christen, die vorher bereits in Gemeinden mitgearbeitet oder gar in der Leitung waren, sofort in die Kerngruppe aufgenommen werden? Welches sind die Voraussetzungen, um zu dieser Leitungsgruppe zu gehören? Auf keinen Fall darf man bei den Teilnehmern des Treffens den Eindruck erwecken, als ob sie automatisch zu der zukünftigen Gemeindeleitung

9 – Der gezielte Aufbau einer Kerngruppe

gehören werden. Dafür sind noch andere Qualifikationen nötig, die eventuell viel besser von Christen wahrgenommen werden können, die anfangs noch nicht einmal in Sichtweite des Teams sind.

Als wir die Christus-Gemeinde Hannover gründeten, wurde aus der anfänglichen Kerngruppe das VGS-Leitertreffen, das bis heute etwa monatlich stattfindet.[19] Wir haben damit sehr gute Erfahrungen gemacht. Die Abkürzung VGS steht für Vision, Gemeinschaft und Schulung.[20] Dabei soll diese Abkürzung uns immer wieder daran erinnern, dass diese drei Funktionen dazu dienen, uns auf Kurs zu halten. Persönlich eingeladen werden zu dieser Gruppe Christen, die eine Kleingruppe oder einen Arbeitsbereich leiten oder als Leiter in Vorbereitung mitwirken.

Die Abkürzung VGS steht für Vision, Gemeinschaft und Schulung.
Diese drei Funktionen des Leitertreffens sollen uns auf Kurs zu halten.

9.5.1 Vision

Es soll dort die Vision, also die Sicht von der Gemeinde, vermittelt und wach gehalten werden. Warum wir etwas tun (z. B. Kleingruppen gründen) und wie wir es tun – das wird hier immer wieder mal aufgezeigt. Das Treffen soll zeigen, wie wichtig die Beteiligung der Mitarbeiter ist und es soll Impulse für die weitere Entwicklung der Gemeinde geben.

9.5.2 Gemeinschaft

Als Nächstes geht es darum, Gemeinschaft zu erleben. Hauskreisleiter tragen während ihrer eigenen Hauskreistreffen große Verantwortung, deshalb tut es ihnen gut, selbst einfach Teilnehmer in einer Gruppe zu sein, für die sie nicht verantwortlich zeichnen. Zur Gemeinschaft untereinander gehört die Zeit der lockeren Begegnung bei Tee und Gebäck. Außerdem ist Gelegenheit zum Berichten über das Ergehen der einzelnen Gruppen, was dahin führt, dass füreinander gebetet und auch gedankt wird. Wächst die Gruppe auf über vierzehn Personen an, empfiehlt es sich, ein Drittel des Abends in kleinen Untergruppen zu gestalten. Dass wir Gemeinschaft leben, dient zum näheren Kennenlernen, zur Ermutigung und auch dazu, im Gebet gemeinsam mit Gott zu reden und auf ihn zu hören.

---

[19] Andere schlagen auch häufigere Treffen vor.

[20] Carl F. George, *Prepare Your Church for the Future* (Grand Rapids: Fleming H. Revell, 1992), 117; im Folgenden zitiert als: George, *Church for the Future*. Dieses Konzept stammt von Carl F. George, der die Inhalte *Vision*, *Huddle* und *Skill* nennt. In der deutschen Ausgabe werden die Begriffe mit „Vision", „Intime Runde" und „Persönliche Befähigung" übersetzt (*Meta-Gemeinde*, 154).

9.5.3 Schulung

Schulung ist der dritte Bereich des Leitertreffens. Hier geht es um praktische Vermittlung von Fähigkeiten für das Durchführen einer Kleingruppe und die Betreuung ihrer Mitglieder. Der Pastor – oder wer auch immer dieses Treffen vorbereitet – braucht ein offenes Ohr für die Bedürfnisse der Leiter. Er soll aber auch auf Gott hören und dann der Gruppe vermitteln, was Gott ihm aufs Herz gelegt hat. Als ich vor einigen Jahren ein Buch *Eight Habits of Effective Small Group Leaders* (Acht Gewohnheiten erfolgreicher Kleingruppenleiter)[21] und ähnliche Literatur geschenkt bekam, gab mir Jesus einen neuen Motivationsschub für das VGS-Leitertreffen. Ich führte, angeregt durch die Lektüre, übers Internet selbst einen kurzen Test für Kleingruppenleiter durch. Das Ergebnis war für mich ernüchternd. Ich hatte schlecht abgeschnitten. Also entschloss ich mich, die acht Lektionen selbst durchzuarbeiten und sie mir nach und nach anzueignen. Gleichzeitig war ich ganz neu für das VGS-Leitertreffen motiviert, denn ich sah, was ich unbedingt weitergeben musste, was den Leitern entscheidend helfen würde. So ging ich die Themen des Buches durch – in kleinen Einheiten.

Es geht bei Schulungen im VGS-Leitertreffen nicht um langatmige Vorträge, sondern um kurze Lektionen, die als hilfreich angenommen werden. Ob man den Nerv getroffen hat, ob man etwas vermittelt, was hilfreich scheint, sieht man, wenn die Leiter ihre Stifte nehmen und mitschreiben. Und man hört es in der Gebetszeit des Abends – wenn das Thema zu zahlreichen Gebeten veranlasst. Einige weitere Themen für kurze Schulungseinheiten sind, z. B. „Wie handle ich, wenn jemand im Hauskreis zu oft das Wort ergreift, sodass es andere einschüchtert oder aufregt?", „Was soll ich tun, wenn die seelsorgerlichen Gespräche meine Kompetenz übersteigen?", „Wie werden unsere Treffen wärmer, was trägt zu einer herzlichen Atmosphäre bei?", „Was sind die Werte unserer Gruppe und wie machen wir darauf aufmerksam?", „Wie finde ich Helfer und potenzielle Leiter?", „Woran erkenne ich einen möglichen Leiter in Vorbereitung, was charakterisiert ihn oder sie?" und „Weshalb sind die Kontakte mit Gruppenmitgliedern zwischen den Treffen so wichtig?" Eigene Beobachtungen sowie Checklisten in Büchern über Hauskreise bieten genügend Stoff für hilfreiche Lektionen. Außerdem tauchen in den Leitertreffen oder in Gesprächen mit den Teilnehmern positive wie auch negative Ereignisse auf, die Anlass zur Diskussion oder klärenden Gesprächen bieten.

Wenn man bedenkt, dass die Teilnehmer des VGS-Leitertreffens meist schon einen anstrengenden Arbeitstag hinter sich haben, sollte das Treffen etwa einenhalb Stunden dauern. Wer danach weiter bleiben möchte – und das sind nicht wenige, kann sich locker mit diesem oder jenem unterhalten.

---

[21] Dave Earley, *Eight Habits of Effective Small Group Leaders: Transforming Your Ministry Outside the Cell Meeting* (Houston, Texas: Cell Group Resources, a division of TOUCH Outreach Ministries, 2001).

In diesem Treffen hört man, was die Gemeinde so bewegt, wo es vorwärtsgeht und wo der Schuh drückt. Anders herum kann die Gemeindeleitung hier mit Multiplikatoren arbeiten, die helfen, Ziele anzusteuern. Die Erfahrung lehrt, dass man die Leiter gelegentlich daran erinnern muss, dass das, was alle angeht, auch in ihren Kleingruppen vermittelt werden soll. Bevor unsere Christus-Gemeinde Hannover einen Vorstand hatte, war das VGS-Leitertreffen auch der Ort, wo manche die Gemeinde betreffenden Entscheidungen abgesprochen und Sonderveranstaltungen (z. B. Freizeiten) geplant wurden. Wir waren dabei etwas zu weit auf die technischen Gebiete der Gemeindearbeit gerutscht. Als der Vorstand – dessen Mitglieder aus den Mitarbeitern des VGS-Leiterkreises berufen wurden – dann seine Arbeit aufnahm, konnten wir uns im VGS-Leitertreffen wieder auf die eigentlichen Anliegen konzentrieren: Vision, Gemeinschaft und Schulung. Dabei müssen nicht alle Bereiche an jedem Abend gleich stark betont werden, aber aufs Quartal gesehen sollten doch alle Bereiche ausreichend bedacht worden sein.

9.5.4 Unterstützer

Das VGS-Leitertreffen bietet Gelegenheiten für die Unterstützer oder Mentoren, mit den Kleingruppenleitern zu sprechen, um die sie sich kümmern. Das kann in kleinen Gruppen geschehen oder auch nach dem gemeinsamen Teil des Abends. Leider haben wir erst sehr spät versucht, dieses Unterstützersystem in der Christus-Gemeinde Hannover einzuführen. Wenn in der Gründungsphase drei Kleingruppen bestehen, sollte nicht mehr nur der Pastor den Kontakt mit den Leitern der Kleingruppen halten, sondern ein Mitarbeiter mit der Unterstützung der Kleingruppenleiter betraut werden. Der erste Unterstützer kann vom Gemeindegründer lernen und dann in bestimmten Abständen die Kleingruppen besuchen, nicht um zu kontrollieren, sondern vielmehr, um die Leiter in der Kleingruppe zu ermutigen und im Glauben sowie in der praktischen Arbeit zu fördern. Kleingruppenleiter brauchen Aufmerksamkeit und Hilfe, dazu hilft das VGS-Leitertreffen, dazu sind aber auch Personen nötig, die sich für ein bis vier Kleingruppenleiter verantwortlich wissen.[22]

Wenn eine Gruppe so wächst und stabil wird, wird sie früher oder später (das liegt an der Gemeindephilosophie und anderen Faktoren) an die Öffentlichkeit treten. Dieser entscheidende Schritt wird im Folgenden näher behandelt.

---

[22] In der folgenden Literatur wird die Aufgabe dieser Unterstützer gut beschrieben. Sie werden auch Coaches, Mentoren, Bereichsleiter oder Hauskreis-Koordinatoren genannt.
Schönheit, Swen. *Gemeinde, die Kreise zieht: Das Kleingruppen-Handbuch*. Glashütten: C & P, 2008, Seite 55 ff.
Comiskey, Joel. *How to be a Great Cell Group Coach: Practical Insight for Supporting and Mentoring Cell Group Leaders*. Houston, TX: Touch Publications, 2003.
George, Carl F., und Bird Warren. *Nine Keys to Effective Small Group Leadership: How Lay Leaders Can Establish Dynamic and Healthy Cells, Classes, or Teams*. Mansfield, PA: Kingdom Publishing, 2001, Seite 21 ff.

10 Der Gottesdienst –
ein Schlüsselfaktor fürs Wachstum

Für viele der jetzigen Mitglieder war der Gottesdienst die erste Veranstaltung unserer Gemeinde, die sie besucht haben. Weil die ersten Erlebnisse so ausschlaggebend sind, müssen die Gottesdienste gut durchdacht sein. Doch zu welchem Zeitpunkt sollte man mit Gottesdiensten überhaupt beginnen, wenn man eine neue Gemeinde gründet? Wie beeinflussen die Gestaltung des Gottesdienstes, die Musik und andere Elemente die Gemeinde und ihre Besucher? Der Gemeindegründer und sein Team müssen diese Fragen sorgfältig bedenken und einen attraktiven Gottesdienst planen. Der Eindruck, den der erste Gottesdienst vermittelt, wird das zukünftige Wachstum der Gemeinde beeinflussen.

10.1 Der Beginn öffentlicher Gottesdienste –
was zu einem erfolgreichen Start gehört

Nachdem sie ungefähr drei Jahre lang Bibelkreise durchgeführt hatten, begannen die Mitglieder der Evangelical Fellowship Church mit öffentlichen Gottesdiensten. Dieser Schritt war sorgfältig vorbereitet worden und bedeutete sehr viel für die Kerngruppe und das lokale Umfeld.

10.1.1 Der erste Gottesdienst motiviert die Kerngruppe

Wenn eine Gemeinde mit öffentlichen Gottesdiensten beginnt, motivieren diese Versammlungen die Mitglieder der Kerngruppe in ihrer Hingabe, dem Herrn in der neuen Gemeinde zu dienen. Die Mitglieder engagieren sich in der Planung, beim Werben und Einladen. Sie wirken mit als Ordner, Musiker, Sänger, Tontechniker, Mitarbeiter beim Kindergottesdienst und in anderen Bereichen. Beteiligte haben die Möglichkeit, ihre Freunde und Familien einzuladen und können dafür sorgen, dass Gäste sich willkommen fühlen. Die Mitarbeiter haben Anteil an einem aufregenden Unternehmen: eine neue Gemeinde zu bilden, in der Christen sowie Nichtchristen mit einer dienenden Haltung immer gefragt sind.

Nun haben die Mitglieder der Kerngruppe eine sonntägliche Veranstaltung, sie gemeinsam Gott anbeten und andere Gläubige treffen können. Gemeinsam hören sie auf die Verkündigung des Wortes Gottes und gemeinsam mühen sie sich um Menschen, die Jesus Christus noch nicht kennen. Diese Faktoren tragen zum Gefühl der Zusammengehörigkeit bei, das für eine gesunde Gemeinde so wichtig ist. Die Mitglieder merken spätestens jetzt, dass sie zu einer „richtigen" Gemeinde gehören. Mancher, der in der Anfangsphase zu Gottesdiensten anderer Gemeinden ging, wird nun auch im eigenen Gottesdienst eine Heimat finden.

Mit dem ersten Gottesdienst wird die finanzielle Unterstützung der Gemeinde wahrscheinlich drastisch zunehmen, so wie es in Hannover und besonders in Elburn geschah. Teilnehmer der Hauskreise sehen sich noch nicht genügend veranlasst, das Projekt finanziell zu unterstützen, selbst wenn ein Gemeindegründer vollzeitig mit ihnen arbeitet. Aber mit dem Beginn der Gottesdienste beginnen mehr Christen, die Gemeinde regelmäßig zu unterstützen, unter anderem deswegen, weil es einleuchtet, dass Räume gemietet und technische Geräte gekauft werden müssen – oder einfach, weil Gemeinden allgemein Unterstützung brauchen.

10.1.2 Der Gottesdienst ist ein Signal für die Öffentlichkeit

Mit dem ersten Gottesdienst öffnet die Gemeinde ihre Tore weit für die Bevölkerung. In den Augen der Mitbürger ist eine Gemeinde erst eine richtige Gemeinde, wenn sie Gottesdienste feiert. Die Einladung zu diesem ersten öffentlichen Ereignis wird von einigen Leuten, die auf der Adressenliste stehen, angenommen werden. Aber es werden auch solche Mitbürger positiv reagieren, die bisher nicht im direkten Kontakt mit dem Team standen. Obwohl Bibelgruppen häufig offen für neue Teilnehmer sind, fällt es vielen Menschen leichter, den öffentlichen Gottesdienst zu besuchen. Ein Haus als Treffpunkt ist manchen eben zu privat.

Zusammenfassend kann man sagen, dass der öffentliche Gottesdienst, seine Vorbereitung und Durchführung, ein weites Feld an Diensten für die Kerngruppe und die Teilnehmer der Hauskreise bietet. Die Mitglieder können sich zu ihrem Glauben stellen, indem sie an den Gottesdiensten beteiligt sind. Gottesdienste wecken auch das Bewusstsein für die neue Gemeinde in der Bevölkerung. Nun ist die Gemeinde eine greifbare Einheit und Menschen können effektiver zu ihr eingeladen werden.

Es sei noch hinzugefügt, dass ein Team bereits zu diesem Zeitpunkt folgende Frage bedenken muss: Welche konkreten Ziele steuern wir an, nachdem wir den ersten Gottesdienst durchgeführt haben? Die Monate zuvor drehte sich viel Planung um diesen ersten Gottesdienst, nun ist er da – was kommt danach? Die ganze Gruppe braucht rechtzeitig neue erstrebenswerte Ziele.

10.2 Der Zeitpunkt des ersten Gottesdienstes muss überlegt sein

Die Auswahl des passenden Termins für den Gottesdienst ist eine wesentliche Entscheidung. Wenn die Gemeinde sich der Öffentlichkeit zu früh präsentiert, kann das Team entmutigt werden über den geringen Besuch der Gottesdienste und die vielen Aufgaben, die die wenigen Mitglieder erledigen müssen. Wenn dagegen die öffentlichen Gottesdienste in dem Prozess zu spät beginnen, verliert das Team den Schwung, der mit der Arbeit auf ein erhofftes Ereignis verbunden ist. Das Interesse und die Spannung lassen nach.

Der Gemeindegründer muss die Faktoren erkennen und einschätzen, wann das Team fähig, groß genug und bereit ist, einen Gottesdienst durchzuführen. Nicht allein die Größe der Gruppe beeinflusst diese Entscheidung, sondern auch die geistliche Reife der Teammitglieder und die Möglichkeit, Räume für den Gottesdienst zu nutzen.

10.2.1 Die Größe der Kerngruppe

Wie groß sollte die Kerngruppe sein, bevor man mit Gottesdiensten beginnt? Die Anzahl hängt teilweise von den langfristigen Zielen der Gemeinde ab. Wenn es eine große Gemeinde werden soll und die demografischen Bedingungen es zu lassen, sollte die Anzahl der Kerngruppe größer sein als bei einer Gemeinde, die nicht über 200 Besucher anwachsen will. Wagner spricht über die kritische Menge und erklärt, dass die Kerngruppe so zwischen fünfundzwanzig und dreißig Mitglieder haben sollte, wenn sie später unter 200 Teilnehmer bleiben will. Wenn die Gemeinde andererseits auf über 200 anwachsen will, sollte die Kerngruppe aus fünfzig bis einhundert Leuten bestehen.[1] Das hängt mit der Dynamik zusammen, die beide Größen entwickeln. Je größer die Gruppe, desto mehr können mitarbeiten, desto mehr Kontakte werden geknüpft. Außerdem scheint eine größere Gruppe erfolgreicher zu sein, was wiederum Interessierte anzieht.

Allerdings müssen wir zurzeit in Deutschland wohl noch etwas bescheidener sein, sonst würden manche Gründungsteams nie mit Gottesdiensten beginnen. Die Versuchung liegt jedoch auch in Deutschland darin, zu früh mit öffentlichen Gottesdiensten zu beginnen. Es gibt auch gute Zwischenlösungen. In Elburn machten wir aus dem ersten Gottesdienst ein großes Ereignis. Wir hatten sehr stark durch Postwurfsendungen, einen Infotisch beim Stadtfest, durch persönliche Einladungen, Radioansagen und Zeitungsmeldungen darauf hingewiesen und eingeladen. Über 80 Personen erschienen. Beim zweiten Gottesdienst waren es dann noch etwa 55 Teilnehmer. Dass beim zweiten Gottesdienst wesentlich weniger Menschen teilnehmen, kommt bei vielen Gemeindegründungen vor. Im Nachhinein dachte ich, wir hätten den zweiten Gottesdienst gleich gründlich mitplanen sollen, sogar etwas Besonderes vorbereiten sollen, um dafür noch wirkungsvoller einladen zu können.

---

[1] Wagner, *Church Planting*, 119-120.

10 – Der Gottesdienst: Ein Schlüsselfaktor fürs Wachstum

Wir hätten den zweiten Gottesdienst gleich gründlich mitplanen sollen.
Auch der zweite Gottesdienst soll etwas Besonderes bieten.

Eine andere Frage ist, wie viele Gäste können beim ersten Gottesdienst erwartet werden? Je mehr Leute am Anfang kommen, desto eher lernen die Mitarbeiter, als eine große Gemeinde zu agieren und bleiben nicht in der „Kleine-Gemeinde-Mentalität"[2] stecken, d. h. in dem Ein-Zellen-Denken, wo jeder alle anderen kennen will und vom Pastor erwartet, dass er sich persönlich um alle Leute kümmert.

Es ist für den Gemeindegründer und sein Team hilfreich, einmal eine Liste mit nötigen Aufgaben zusammenzustellen und dann zu prüfen, welche Mitarbeiter diese Dienste regelmäßig ausrichten könnten.

Wie viele Mitglieder der Kerngruppe sind bereit, sich im Gottesdienst als Musiker, Ordner, als Mitarbeiter im Kindergottesdienst, im Begrüßungsdienst etc. einzubringen? Man braucht mindestens fünfzehn Mitarbeiter für diese Aufgaben, wobei es vom Umfang des Programms abhängt, das von Anfang an angeboten wird. Es ist für den Gemeindegründer und sein Team hilfreich, einmal eine Liste mit nötigen Aufgaben zusammenzustellen und dann zu prüfen, welche Mitarbeiter diese Dienste ausrichten könnten. Man bedenke dabei, dass es nicht nur um einen Gottesdienst geht, sondern von nun an um regelmäßige Gottesdienste. Solch eine Liste hilft einzuschätzen, wie realistisch ein Start in absehbarer Zukunft ist.

Die folgenden Teilnehmerzahlen halte ich für ein gutes Ziel. Die ersten öffentlichen Gottesdienste sollten durchgeführt werden, wenn etwa 50 Erwachsene zu den bisherigen Treffen (Hauskreise usw.) kommen, mindestens drei Hauskreise bestehen und etwa zehn Christen zum VGS-Leitertreffen gehören.

Sehr hilfreich finde ich auch die **vier Phasen der Gemeindegründung**, die von Dietrich Schindler, dem Leiter der Inland-Mission im Bund der Freien evangelischen Gemeinden, vorgeschlagen werden:

1. Aufbau des Startteams: 6-8 Monate; zwischen 15-25 Teilnehmer

2. Vorschaugottesdienste: 6-8 Monate; einmal im Monat Gottesdienst; zwischen 40-60 Erwachsene

---

[2] Carl F. George, *How to Break Growth Barriers* (Grand Rapids: Baker Book House, 1993), 133-137; im Folgenden zitiert als: George, *Growth Barriers.*

3. Intensivierungsphase: 6-8 Monate; zwei Gottesdienste im Monat; zwischen 60-100 Erwachsene

4. Große Eröffnung: jeden Sonntag Gottesdienst; einen Monat lang Sonderveranstaltungen, Gemeindegründung[3]

10.2.2 Der Stand der geistlichen Reife

Nicht nur die Größe der Kernzelle ist von Bedeutung, sondern auch der Stand der geistlichen Entwicklung. Folgende Fragen werden dem Gemeindegründer helfen, die Hingabe der Teammitglieder zu überprüfen. Hat das Teammitglied einen Hauskreis und andere Treffen regelmäßig besucht? Lebt er oder sie im Alltag mit dem Herrn? Persönliches Bibellesen und Gebet sind Hinweise dafür. Lädt der Mitarbeiter andere zu den Hauskreisen ein? Bringt er sich durch finanzielle Unterstützung und praktische Arbeit in die Gemeindegründung ein (Postsendungen vorbereiten, Beförderungsmittel bereitstellen, Räume gestalten und bestuhlen oder wieder aufräumen, etc.)? Wie wohl fühlt er sich im Team?

Natürlich haben die Mitglieder unterschiedliche Reifegrade. Je mehr engagierte und reife Christen in der Kerngruppe sind, desto eher kann mit öffentlichen Gottesdiensten begonnen werden. Während der Gemeindegründer die Hauskreise und andere Treffen leitet oder deren Leiter begleitet und während er Vorkehrungen für den ersten Gottesdienst trifft, wird er diejenigen erkennen, auf die er sich verlassen kann.

10.2.3 Der erste Treffpunkt

Der Zeitpunkt für den ersten Gottesdienst hängt auch vom Ausfindigmachen der geeigneten Räumlichkeiten ab. Während der Pastor am Aufbau der Gemeinde arbeitet, kann er mit seinem Team schon verschiedene Alternativen für einen Versammlungsort begutachten. Vieles, was im Laufe der Entstehung einer Gemeinde nötig ist, wird geschehen, weil unter der wachsenden Schar der Mitarbeiter solche sind, denen bestimmte Aufgaben besonders leicht von der Hand gehen. Wenn gewonnene Mitarbeiter sich auf den geschäftlichen Teil verstehen, wie z. B. auf das Aushandeln von Mietbedingungen und die Höhe der Miete, kann das für den Gemeindegründer eine große Entlastung sein.

So muss der Gemeindegründer die Größe der Kerngruppe, ihre geistliche Reife und Hingabe und den passenden Versammlungsort im Gebet abwägen, um den Zeitpunkt für den ersten Gottesdienst festzulegen. Wenn er diese Themen mit seinem Team diskutiert, wird er beobachten, dass einige zögern, in die Öffent-

---

[3] Dietrich Schindler, *Die vier Phasen der Gemeindegründung* (persönl. E-Mail, 25. Sept. 2009). Dietrich Schindler schreibt, dass diese vier Phasen ursprünglich von der Evangelical Covenant Church USA stammen.

lichkeit zu gehen, während andere zu früh einen Gottesdienst wünschen, weil sie die Schwierigkeiten der vor ihnen liegenden Aufgabe unterschätzen. Eines Tages wird das Team den Glaubensschritt wagen und öffentliche Gottesdienste anbieten.

10.2.4 Die Wahl des Zeitpunkts am Beispiel der Evangelical Fellowship Church

Wir planten im Jahr 1987, unseren ersten öffentlichen Gottesdienst im Frühjahr 1989 zu feiern. Doch es wurde Herbst 1990, bevor die Evangelical Fellowship Church mit Gottesdiensten begann. Verglichen mit den Idealen in der Gemeindegründungs-Literatur, brauchten die Mitarbeiter viel mehr Zeit, um die Kerngruppe für diese Aufgabe zuzurüsten. Allerdings muss deutlich gesagt werden, dass die Offenheit für das Evangelium in den Ländern sehr unterschiedlich ist. Die „Beschaffenheit des Bodens", also die Bereitschaft auf Gottes Wort zu hören, umzukehren zu Gott und Sündenvergebung zu empfangen, ist nicht überall gleich. Wagner stellt seinen Zeitrahmen für die USA vor:

> Ein Baby braucht neun Monate für seine Entwicklung. Erfahrungen haben gezeigt, dass diese Zeitspanne ein wenig zu lang für die Aufbauphase der Kerngruppe einer neuen Gemeinde ist. Wenn die Planung richtig durchgeführt und eine kompetente Studie für die Machbarkeit aufgestellt wurde, ist es gut, vier bis sechs Monate für die Aufbauphase einer Kerngruppe zu veranschlagen. In der Vergangenheit mag ein längerer Zeitabschnitt gefordert worden sein, als das heutige Know-how noch nicht zur Verfügung stand. Aber jeder Gemeindegründer, der auf diesem Gebiet up to date ist, sollte die Techniken beherrschen, um es in vier bis sechs Monaten durchzuführen.[4]

Warum brauchte der Gemeindebeginn in Elburn länger? Die Antworten zeigen einige der vielen Faktoren, die eine Rolle spielen können.

Erstens war es die erste Gemeindegründung meiner Familie und es gab auch keine Neugründungen unseres Gemeindeverbands, auf deren Erfahrungen und Materialien wir hätten zurückgreifen können. Wir mussten viele Techniken während des Prozesses der Gründungsarbeit lernen und Briefe, Verteilschriften sowie andere Dokumente erst erstellen.

Zweitens ist Englisch nicht unsere Muttersprache, was die anfänglichen Vorbereitungen, z. B. für Hauskreise, verlangsamte.

---

[4] Wagner, *Church Planting*, 97-98.

Drittens, obwohl die Bevölkerungszahlen im Einzugsbereich der entstehenden Gemeinde zunahmen, blieb der Bereich doch lange ein halb ländliches Gebiet mit weniger zahlenmäßigem Wachstum als viele andere Städte es aufwiesen. Weniger Einwohner vor Ort bedeutet langsameres Wachstum für eine Gemeinde.

Viertens gab es keine Muttergemeinde, aus der Mitglieder für die Kerngruppe rekrutiert werden konnten.

Fünftens ist nicht jeder ein Rick Warren – Gaben und Fähigkeiten spielen doch auch eine wesentliche Rolle.

Diese Faktoren trugen dazu bei, dass die Gemeindegründung in Elburn von den Idealen der Fachliteratur abwich. Alle Versuche, Gemeinden zu gründen, werden auf Schwierigkeiten stoßen, die den Prozess bremsen oder verlangsamen wollen. Kein Leiter sollte sich entmutigen lassen, wenn das Wachstum länger dauert als geplant – solange er Fortschritte erkennen kann und es nach Misserfolgen wieder aufwärts geht. Mal ist das Wachstum an Zahlen erkennbar, mal an dem geistlichen Reifungsprozess der Mitarbeiter.

10.3 Gottesdienste, die Menschen ansprechen – eine besondere Chance für neue Gemeinden

Was lehrt die Bibel über den Sinn und Zweck von Gottesdiensten? Wie wird die Form des Gottesdienstes durch Grundwerte und Missionsaussagen der Gemeinde beeinflusst? Wie können Christen mit ihren Talenten in den Gottesdienst und die begleitenden Programme eingebunden werden? Wie können Gottesdienstbesucher angesprochen und ermutigt werden wiederzukommen? Die Antworten auf diese Fragen helfen dem Pastor und seinem Team einen Gottesdienst zu feiern, der ansprechend ist und der die wichtigen Elemente eines Gottesdienstes enthält.

10.3.1 Biblische Ziele und wichtige Komponenten bedenken

Das Neue Testament bietet keine feste Form oder Liturgie für den christlichen Gottesdienst an, sondern zeigt den Sinn und Zweck und wichtige Aspekte. Das erlaubt eine Vielfalt von Formen. Die Gottesdienstordnungen wechseln von Generation zu Generation, von Land zu Land, von Denomination zu Denomination und sogar von Gemeinde zu Gemeinde. So kann der Ablauf durch den Gebrauch technischer Neuerungen wie Videobeamer und Soundsysteme geprägt werden. Die Zusammensetzung der Besucher, ihr Alter oder ihre Herkunft, wird ebenfalls einen Einfluss auf den Gottesdienst ausüben. Die folgenden Komponenten müssen jedoch in allen Gottesdiensten vorkommen; sie hängen eng mit dem Sinn von Gottesdiensten zusammen, nämlich auf Gott zu hören und ihm in Anbetung und Gehorsam zu antworten.

10.3.2 Gottes Wort zu Wort kommen lassen

Die Gemeinde ist auf Gottes Gegenwart angewiesen, dass er nämlich durch biblische Verkündigung – sei sie nun gesprochen oder gesungen – zum Reden kommt. Die Art und Weise, wie Gottes Wort dargeboten wird, ist unterschiedlich, aber eine Gemeinde muss hören, um Gott und sein Wirken besser kennenzulernen, besonders sein Werk in der Schöpfung und in der Erlösung durch Jesus Christus.

Das Neue Testament bezeugt, dass Gottes Wort gelesen (Lk 4,16), gelehrt und verkündigt (Apg 5,42), ausgelegt (Apg 2,14), gepredigt (1Kor 1,17), prophezeit (1Kor 14,3), gebracht (1Kor 14,6) und gesungen (1Kor 14,26; Kol 3,16) wurde. Diese Hinweise zeigen, wie zentral das Wort – das Evangelium – für die Gemeinde ist. Sie muss eine Vielfalt von Methoden anwenden, um Gottes Wort verständlich zu machen und eine Reaktion bei den Gottesdienstbesuchern zu bewirken.

10.3.3 Zur Antwort motivieren

Erstens ist die Antwort der Zuhörer auf Gott gerichtet. Sie reagieren auf seine Gegenwart und sein Wort. Sie beten Gott an (Jer 26,2), sie loben ihn (Lk 24,53), sie danken ihm (Kol 3,17), sie beten zu ihm (Apg 1,14), sie opfern ihm (Ps 96,8; 2Kor 8,5), sie bereuen ihre Sünden und wenden sich Gott zu (Apg 2,38). Dies wird im Gottesdienst geschehen, soll aber auch dazu führen, die gesamte Woche bewusst mit dem Gott zu leben, der da ist.

Zweitens wendet sich die Reaktion der Anbeter dann an ihren Nächsten. Christen „kümmern sich um einander" (1Kor 12,25), sie „vergeben einander" (Eph 4,32), „sie machen einander Mut" (1Thess 5,11), „sie lieben einander als Brüder und Schwestern" (Hebr 13,1), „sie beten füreinander" (Jak 5,16) – Christen tun diese guten Handlungen füreinander und sie tun es gemeinsam. Die Worte *füreinander* und *gemeinsam* betonen den Gemeinschaftsaspekt der Gemeinde. Obwohl Gemeinschaft nicht nur auf den Gottesdienst bezogen ist, spielt sie doch eine wichtige Rolle dabei. Während manche Antworten auf Gottes Wort sich im Bezug auf ein aufbauendes Miteinander gleich im oder nach dem Gottesdienst umsetzen lassen, wird doch gerade auch der Alltag zeigen, wie Christen sich gegenseitig wertachten, lieben und helfen.

Drittens ist Gottes Wort nicht nur an Christen gerichtet und bei ihnen wirksam, sondern es bewirkt auch bei Menschen, die noch nicht an Jesus glauben, Buße und Anbetung (1Kor 14,24-25). Ebenso kümmern die Christen sich nicht nur umeinander, sondern auch um Noch-nicht-Christen, die in den Gottesdienst kommen (1Kor 14,24-25).

Kurz, in einem Gottesdienst muss das Wort Gottes verkündigt und die angemessene Antwort darauf gegeben werden. So wie die Botschaft von Gott auf vielfältige Weise – durch Reden, Singen, Illustrieren usw. – verkündigt wird, so reichen auch die Antworten darauf vom staunenden Schweigen über die erkannte Wahrheit bis zum Loblied, das voller Begeisterung gesungen wird. Die Antwort reicht vom aufmerksamen Zuhören – wie einst Maria Jesus zuhörte, bis zum tatkräftigen Zupacken, um Not zu lindern – wie beim Samariter, der sich mit helfenden Händen und großzügigem Geldbeutel um den Verwundeten mühte. Viele dieser Antworten ergeben sich bereits bei der Vorbereitung und ihre Umsetzung kann geplant und gemeinsam praktiziert werden. Die praktischen Schritte werden also vorgeschlagen und den Teilnehmern zur Umsetzung ans Herz gelegt. Wieder andere Antworten löst Gott aus, besser als es von den Verantwortlichen für den Gottesdienst hätte geplant werden können.

10.4 Die Zielsetzung der Gemeinde prägt die Gottesdienste

Die vorher diskutierten Komponenten eines Gottesdienstes können auf viele verschiedene Weisen präsentiert werden. Gemeinden können sehr kreativ in der Verkündigung von Gottes Wort und ihrer Antwort darauf sein, solange sie beachten, was die Bibel über Gemeindeversammlungen sagt: „Gott liebt doch nicht die Unordnung, sondern er schafft Frieden" (1Kor 14,33). Deshalb „soll alles anständig und geordnet zugehen" (1Kor 14,40).

Eine neue Gemeinde hat die einzigartige Gelegenheit, die Struktur des Gottesdienstes auf die erwarteten Besucher nach ihrer Missionsaussage zuzuschneiden. Neue Gemeinden müssen nicht mit den Traditionen einer örtlichen Gemeinde brechen, wie es im Fall der Neuausrichtung einer bestehenden Gemeinde wäre. Obwohl Struktur und Programm einer entstehenden Gemeinde durch die Mitglieder der Kerngruppe mitgestaltet werden und zwar durch ihre Gaben und Meinungen, muss der Gemeindegründer sehr darauf achten, dass der Anbetungsstil zu der Zielgruppe der Besucher passt. Das Team sollte andere Gemeinden besuchen, speziell jüngere, und von ihrer Gottesdienstgestaltung lernen. Keine Gemeinde ist genauso wie die andere, aber die Teammitglieder können viele Ideen für die eigenen Gottesdienste sammeln.

Wenn die Struktur steht, kann weitere Anpassung nötig sein, aber die Grundrichtung ist festgelegt und muss den Zielen der Gemeinde dienen. Will eine Gemeinde z. B. junge Ehepaare oder ältere Rentner erreichen? Junge Familien brauchen eine Gemeinde mit Kinderprogramm, damit die Familie gemeinsam zur Gemeinde gehen kann. Natürlich wird eine Gemeinde nicht auf eine Altersgruppe begrenzt sein; aber der Großteil einer neuen Gemeinde kommt zunächst wahrscheinlich aus einem bestimmten Segment der Gesellschaft.

Die Zielgruppe der Besucher wird auch durch die Wahl der Musik und der allgemeinen Struktur bestimmt. Wenn eine Gemeinde formelle Gottesdienste durchführt, in denen vorwiegend Choräle und alte Glaubenslieder gesungen werden, wird sie Schwierigkeiten haben, junge Karriereleute anzuziehen und zu halten – ob sie gläubig sind oder nicht. Desgleichen wird laute christliche Rockmusik nicht zu den meisten älteren Christen passen. Die Teammitglieder müssen wissen, wen sie erreichen wollen, und welcher Gottesdienststil ihnen liegt.

Es müssen andere Fragen geklärt werden. Wie oft will die Gemeinde im Gottesdienst singen? Will sie nur einmal oder mehrmals singen, will sie die meisten Lieder einer Band oder einem Orchester überlassen, und das Singen der Gemeinde auf einen Gottesdienst in der Mitte der Woche beschränken?

Neben der Auswahl der Musik muss entschieden werden, wie Mitarbeiter und Gäste sich in den Gottesdienst einbringen können. Einige Beispiele: Erlaubt die Gemeinde spontane Erlebnisberichte oder andere Mitteilungen und Anfragen (Bitte um Fürbitte) aus den Reihen der Anwesenden? Wenn ja, wie geht man dabei vor? Ermutigen die Leiter dazu oder sollten auch diese Beiträge und Berichte vorher abgesprochen werden, um eine hohe Qualität im Gottesdienst zu bewahren und Menschen nicht zu verunsichern? Nichts sollte peinlich sein, denn es macht sich nicht gut, wenn ein Pastor eine Aussage seines Vorredners korrigieren muss, weil er unkommentiert nur Verwirrung stiften würde. Weil Erlebnisberichte für den Gottesdienst wichtig sind, sollten sie gut vorbereitet sein. Dann wird auch mal das Spontane gelingen.

Die Leiter formen den Gottesdienst durch ihre Entscheidungen, wenn sie das Programm planen. Das Folgende wird zu einem eindrücklichen Gottesdienst helfen, ganz gleich welche Struktur oder welcher Stil angewandt werden.

10.5 Das Interesse der Besucher gewinnen

10.5.1 Echte Freundlichkeit

Bast nennt Freundlichkeit und Wärme einer Gemeinde als den wichtigsten Faktor, damit Besucher wiederkommen.[5] Die Liebe, die Gott gibt, ist freundlich, sie ist gütig (1Kor 13,4). Der Pastor, das Lobpreisteam, der Begrüßungsdienst – kurz, je mehr Leute zeigen, dass sie sich um andere kümmern, ohne sie einzuschüchtern, desto effektiver wird das Programm. Der Pastor und die Lobpreisleiter geben den Ton an durch die Art, wie sie die Menschen wertschätzen und willkommen heißen.

---

[5] Bast, *Attracting New Members*, 61.

10.5.2 Aussagekraft und Relevanz

Erstens sollten die Predigt und die Lieder die Zuhörer ansprechen und auf eine Art präsentiert werden, die zeigt, dass Gottes Botschaft jeden angeht. Ein guter Weg, die Bedeutung des Gottesdienstes zu vermitteln, ist die Konzentration der Botschaft auf gefühlte Bedürfnisse, die den Hörern persönlich bewusst sind. Einige brauchen Freunde; alle brauchen Freude, Geduld, einen Sinn des Lebens und Seelenfrieden. Eltern brauchen Hilfe bei der Kindererziehung und beim Zeitmanagement. Vom richtigen Umgang mit Geld bis zur Vergebung der Sünden und zur Glaubensgewissheit brauchen Menschen Hilfe. Sie hören intensiver zu, wenn sie die Bedeutung der Botschaft für sich und ihr tägliches Leben entdecken. Deshalb fängt ein Verkündiger seine Ansprache möglichst mit der Praxisrelevanz an – mit der praktischen Anwendung im Leben des Einzelnen, die gegen Ende der Predigt natürlich noch vertieft wird.

Zweitens sollte die Gemeinde leicht verständliches Deutsch benutzen, das ist effektiver, um die Botschaft rüber zu bringen. Der Gebrauch von modernem Deutsch gilt für Bibelübersetzungen, die Auswahl der Lieder und das Vokabular des Pastors. Für die meisten Menschen ist eine moderne Übersetzung, wie z. B. *Die Gute Nachricht* oder die *Hoffnung für alle*, am besten zu verstehen. Natürlich haben andere Bibelübersetzungen beim Arbeiten am Text ihren unverzichtbaren Platz. Außerdem sollten Choräle wie auch neuere Lieder darauf hin beleuchtet werden, ob das Publikum den Inhalt verstehen kann. Schließlich sollte der Pastor in seinen Predigten Umgangsdeutsch benutzen und nicht das Vokabular, das er sich bei einer alten *Lutherübersetzung* ausgeliehen hat.

Drittens ist es ein großer Gewinn, wenn die Atmosphäre der Gemeinde von Hoffnung geprägt ist. Durch Worte in Ansagen und Predigten, durch die Texte und Tonart der Lieder oder durch spontanen Applaus sollte eine Erwartung vermittelt werden, dass Gott handelt und alles gut macht. Jeder braucht Hoffnung zum Leben und die Gemeinde hat eine Botschaft der Hoffnung. McAlister schreibt:

> Da Gott durch Christus den Tod überwunden hat, kann der Mensch mit Zuversicht in der Gegenwart leben. Ganz gleich wie düster die augenblickliche Zeit erscheint, der Christ hat das kommende Licht gesehen. Menschen müssen hoffen, und die Hoffnung, die auf Gottes persönlicher Verheißung beruht, ist sicher.[6]

Diese Hoffnung wird die Verkündigung, die Haltung des Lobpreisleiters wie auch die gesamte Atmosphäre des Gottesdienstes durchdringen. Bast nennt diese, durch Gottes Liebe zu den Menschen und sein gnädiges Handeln geprägte Atmosphäre „Ton der Gnade", und Schaller schreibt: „Dieser Klang der Hoff-

---

[6] *Baker Encyclopedia of the Bible,* 1988, s.v. „Hope", by Paul K. McAlister, I: 996-997.

nung und des Optimismus in Bezug auf die Zukunft ist ein mächtiger Faktor, der die Größe der Menschenmenge bestimmt."[7]

> *Wenn Gottesdienste einen starken Ton der Hoffnung vermitteln, werden sie anziehend.*

Hoffnung kommt da auf, wo Jesus ist. Wenn es gelingt, im Gottesdienst Menschen mitzunehmen in die Gegenwart Gottes, um ihn anzubeten, dann wird Gott geehrt. Wer Gott ehrt, erlebt auch, dass Gott ihn mit festerem Glauben und belebender Hoffnung beschenkt, die nötig ist, um den Herausforderungen des Lebens mit einer Haltung des Vertrauens zu begegnen. Wo Sünde herrscht, gibt es Hoffnung, weil Jesus vergibt und befreit. Wo Traurigkeit herrscht, gibt es Trost. Wo Langeweile anödet, schenkt Jesus Perspektive und Sinn. Wo das alte Lied des Klagens und des Anklagens gesungen wird, da wollen Menschen bald neue Lob- und Danklieder anstimmen, weil sie Jesus so dankbar sind.

Eine Botschaft der Hoffnung, eine Sprache, die verstanden wird und biblisch fundiertes Predigen, das die Bedürfnisse der Menschen berücksichtigt, dem Gottesdienstbesucher zeigen, dass er auf Gottes Wort hören sollte. Dann entdecken die Zuhörer, wie wichtig die Gemeinde ist.

10.5.3 Das Tempo des Gottesdienstes

Dank einer Zeit, die geprägt ist von Schnelllebigkeit und vielen Reizeindrücken, von Fernsehprogrammen und Filmen, deren Szenen schnell wechseln (sonst wechseln die Zuschauer den Kanal!), ist die Aufmerksamkeitsspanne der Menschen auffallend kurz geworden. Ein gutgeplanter, abwechslungsreicher, interessanter Gottesdienst hat daher die besten Chancen, die Aufmerksamkeit der Besucher zu fesseln. Wer sich bei dem Programm langweilt, lernt nichts davon. Was lässt Spannung erkennen, was lässt Langeweile erst gar nicht aufkommen und hilft einem dem Gottesdienst zu folgen?

Wie schon zuvor gesagt, wird die praxisnahe Verkündigung den Leuten helfen, gedanklich dabeizubleiben. Außerdem sollte die Predigt Illustrationen gebrauchen und nicht mit eintöniger Stimme vorgetragen werden, sondern mit Freundlichkeit, Eindringlichkeit und Überzeugung. Da die Predigt einen wichtigen Teil der Gottesdienstzeit einnimmt, kann der Pastor viel dafür tun, der Gemeinde zu vermitteln, dass der Gottesdienst sinnvoll ist und ein Ziel ansteuert. Er kann zu lange Predigten vermeiden, kann die Themen interessant formulieren und mithilfe des Heiligen Geistes so predigen, dass die Zuhörer merken, es geht um sie. Es lohnt sich mitzudenken.

---

[7] Schaller, *44 Questions*, 24.

Lange Pausen hemmen den Fluss des Gottesdienstes ebenso wie lange Gemeindelieder, lange Gebete und lange Ankündigungen. Ein Abschnitt des Gottesdienstes sollte logisch zum nächsten führen und die Übergänge den Teilnehmern helfen, dem Gottesdienst zu folgen. Wenn man ältere Gemeindelieder singt, die viele Strophen haben, können sie durch sinnvolle Auswahl verkürzt werden. Aber auch kurze Lieder verbreiten Langeweile, wenn sie zu oft auf dem Programm stehen und wenn die kurzen Strophen übertrieben häufig wiederholt werden. Lieder sollten nicht zu oft durchgesungen werden und generell sollten in jedem Gottesdienst auch Lieder gesungen werden, durch die man Freude ausdrücken kann. Das heißt nicht, dass nicht auch Lieder mit Texten und Melodien eingeplant werden, die nachdenklich stimmen. Alles hat seinen Platz.

Ankündigungen können in Programmheften gedruckt werden, sodass im Gottesdienst nur kurze Erinnerungen an besondere Veranstaltungen mündlich angesagt werden.[8] Außerdem kann man der Gemeinde durch taktvolle Nutzung eines Beamers viele langatmigen Ansagen ersparen, indem die Bekanntmachungen vor dem Gottesdienst damit veröffentlicht werden. Bei allem Mühen um einen zielgerichteten Gottesdienstablauf soll aber keine Hektik aufkommen. Es darf nicht der Eindruck entstehen, als würde man durch die Lieder, Ansagen und Predigten hetzen. Dazu gehört auch, dass man zwar lange Pausen vermeidet, aber auf der anderen Seite kreative Denkpausen einplant. Langweilig sind Pausen der Stille, wenn Teilnehmer nicht wissen, was sie tun oder worüber sie nachdenken sollen. Dagegen wirkt die Stille nach folgender Frage z. B. keineswegs peinlich: „Wo haben Sie in dieser Woche Gott am Handeln entdeckt?"

10.5.4 Familien ansprechen und Singles nicht vergessen

Die Gestaltung des ersten und aller weiteren Gottesdienste hängt sehr von der Zielgruppe der Gemeinde ab. Wer am Anfang alle Altersgruppen erreichen will, tut sich wahrscheinlich damit schwer. Es ist ratsam, eine Zielgruppe im Auge zu haben, die auch zum Gemeindegründer und seinem Team passt und auf die sie sich einstellen.

Im ersten Quartal 1993 besuchten im Durchschnitt 53 Prozent Erwachsene, 13 Prozent Teenager und 34 Prozent Kinder die Evangelical Fellowship Church. Diese Zahlen zeigen die Bedeutung der Kindergottesdienste während der sonntäglichen Versammlung für diese Gemeinde. Eltern wollen für eine gute geistliche und moralische Basis ihrer Kinder sorgen, wenn sie sie mit zur Gemeinde nehmen. Der Gemeindegründer und sein Team tun gut daran, ein an-

---

[8] Viele dieser Gedanken, die meine Überzeugungen für die Gottesdienstgestaltung geprägt haben, stammen aus folgendem Tagesseminar mit Robert Orr: Win Arn und Robert Orr, *Worship That Attracts and Holds the Unchurched,* ein Seminar der Church Growth, Inc., 1921 South Myrtle Ave., Monrovia, CA. Seminar Notizen, 1990, 8.

sprechendes Programm anzubieten, das diesen Bedürfnissen der Familien entgegenkommt.

Wenn Familien sich nach ihrem ersten Besuch dazu entscheiden, die Gottesdienste wieder zu besuchen, spielt die Sicht der Kinder eine große Rolle, was sie über die Gemeinde sagen und wie es ihnen gefallen hat. So kam eine Familie in Hannover am folgenden Sonntag wieder, weil ihre Töchter den zweiten Teil der Fortsetzungsgeschichte im Kids-Treff hören wollten. Wagner trifft es genau, wenn er schreibt, dass Eltern ihre Kinder nach dem Kindergottesdienst fragen: „‚Hat es euch gefallen?' Wie nichts anderes wird die Antwort auf diese Frage darüber entscheiden, ob sie wieder kommen."[9] Außerdem kommen Eltern nicht zum Gottesdienst, wenn sie für diese Zeit einen Babysitter besorgen müssen.

Nun gibt es aber nicht nur Familien in einer Gemeinde. Alleinstehende jeden Alters gehören zur Gemeinde und sollen die Gottesdienste ebenfalls relevant und interessant finden. Deshalb müssen sie in der Planung bedacht werden, z. B. bei der Auswahl der Themen und dem Text der Einladung für den ersten und den folgenden Gottesdienst.

Kurz, die ersten Gottesdienste geben für die Zukunft einer neuen Gemeinde den Ton an. Sie sollten durch echte Freundlichkeit, Aussagekraft und Dynamik gekennzeichnet sein und den Bedürfnissen der ganzen Familie gerecht werden.

10.6 Gemeinde zum Mitmachen – auch im Gottesdienst

Die Teilnahme der Mitglieder am Gottesdienst ist nicht auf Singen und Zuhören beschränkt. Wie schon zuvor gesagt, werden viele Mitarbeiter für das Sonntagmorgen-Programm gebraucht. Die Evangelical Fellowship Church brauchte mehr als fünfzehn Helfer für jeden Gottesdienst. Fünf von ihnen lehrten im Kindergottesdienst, drei beteten, lasen aus der Bibel oder machten die Ankündigungen, einer bediente das Soundsystem, ein anderer den Overheadprojektor. Drei bis fünf Leute beteiligten sich am Musikteam, zwei begrüßten die Ankommenden am Eingang, zwei waren Ordner. Einer bereitete Erfrischungen vor, ein anderer ging nach dem Gottesdienst freundlich auf die neuen Besucher zu, mit denen sich gerade niemand unterhielt.

Im Zeitraum eines Monats waren viele Mitglieder aktiv an einem Bereich des Gottesdienstes beteiligt. Die Zahlen unterscheiden sich je nach Größe und Aktivitäten der Gemeinde. Auf jeden Fall fördert die Beteiligung der Laien ihre geistliche Entwicklung, hilft ihnen, sich als Teil von Gottes Gemeinde zu erkennen und dient der gesamten Gemeinschaft.

---

[9] Wagner, *Church Planting*, 123.

Der Pastor und seine Mitarbeiter müssen Männer und Frauen finden, die während des Gottesdienstes in verschiedenen Funktionen dienen. Die Leiter müssen dafür sorgen, dass die Aufgaben gut erledigt werden. Je größer die Gemeinde, desto mehr erwarten die Anwesenden von den einzelnen Beiträgen im Gottesdienst, desto mehr Professionalität erwarten sie, z. B. vom Musikteam, dem Moderator und dem Verkündiger. Dabei ist es eine biblische Herausforderung, Christen für aktiven Dienst zu gewinnen ist (Eph 4,12; 1Kor 12,7-10) und ein gutes Heilmittel gegen die Verbrauchermentalität, die zu viele Besucher charakterisiert. Eine neue Gemeinde hat eine einzigartige Gelegenheit, Gläubige für den Dienst zu engagieren, besonders im Gottesdienst, denn viele Aufgabenbereiche sind noch nicht durch langjährige Mitarbeiter besetzt.

10.7 Gäste zum nächsten Gottesdienst einladen

Der gesamte Gottesdienst ist ein Schlüsselfaktor für das Wachstum der Gemeinde. Die Gottesdienste sind nicht nur für Christen und regelmäßige Teilnehmer. Die Leiter müssen den Wunsch haben, neue Leute für Christus und für die örtliche Gemeinde zu gewinnen. Die meisten Besucher sind an der Gemeinde interessiert, andernfalls wären sie nicht gekommen. Da einige von ihnen vielleicht eine Gemeinde suchen und andere nur gelegentlich kommen (und versucht sind, nächsten Sonntag zu Hause zu bleiben), muss die Gemeinde Wege finden, zum Wiederkommen anzuregen. Was bringt die Leute dazu, ein zweites oder drittes Mal zu kommen?

Alles, was in diesem Kapitel angesprochen wird, soll diesem Ziel dienen. Gäste können aber auch direkt zum nächsten Gottesdienst eingeladen werden.

Erstens durch einen Einladungstext im Gottesdienstprogramm, der auf den nächsten Gottesdienst und dessen Thema hinweist und einlädt, wieder dabei zu sein.

Zweitens wird gegen Ende des Gottesdienstes mit ein oder zwei Sätzen auf den nächsten Gottesdienst hingewiesen und dazu eingeladen.

Drittens werden die, die während des ersten Gottesdienstes eine Willkommenskarte (Abbildung 17) ausgefüllt haben, im Laufe der nächsten Woche angeschrieben, besucht oder angerufen (Abbildung 18). Bei der Gelegenheit werden sie nochmals eingeladen.

HERZLICH WILLKOMMEN!

Wir freuen uns, dass Sie heute hier sind. Wenn Sie mehr über unsere Gemeinde erfahren möchten, dann lassen Sie es uns wissen, indem Sie dieses Blatt ausfüllen und nachher am Infotisch abgeben. Dort erhalten Sie dann auch ein kleines Willkommensgeschenk.

Name: _____

Straße: _____

Stadt / PLZ: _____

Telefon: _____

❑ Ich bin heute zum ersten / zweiten Mal in dieser Gemeinde

❑ Ich komme gelegentlich

❑ Ich komme regelmäßig

Ich würde gern ...

❑ mehr von Jesus Christus wissen

❑ die Glaubensgrundsätze dieser Gemeinde kennenlernen

❑ mehr Informationen über Hausbibelkreise oder andere Angebote der Gemeinde bekommen

❑ in einem Bereich des Gemeindelebens mitwirken (in welchem?)_____

❑ um Gebetsunterstützung bitten:
_____

❑ Folgendes anmerken:
_____

❑ Ja, ich möchte zu weiteren Veranstaltungen eingeladen werden. Deshalb bin ich einverstanden, dass die Christus-Gemeinde Hannover obige Daten speichert. Sie werden nicht an Dritte weitergegeben.

Abbildung 17

Datum xxxxxx

Liebe Frau Hartwig,

wir haben uns gefreut, dass Sie am Sonntag zum Gottesdienst gekommen sind und hoffen, dass es Ihnen gefallen hat. Es ist unser Anliegen, dass die Teilnehmer von Gott beschenkt werden, d. h. ermutigt werden, neue Einsichten erhalten oder alte Wahrheiten unterstrichen bekommen. Sollten Sie es sich zum nächsten Gottesdienst einrichten können, so sind Sie wieder herzlich willkommen.

Sie fragten auf der Willkommenskarte nach unseren Glaubensgrundsätzen. Wir sind evangelisch, d. h., wir halten uns an die folgenden vier Grundsätze der Reformation. Aber auch wer nicht evangelisch ist, ist herzlich zu unseren Gottesdiensten eingeladen.

1. **Allein Jesus Christus** (er allein ist der Mittler zwischen Gott und den Menschen. 1. Timotheus 2,4-6).

2. **Allein die Schrift** (die Bibel allein ist die Grundlage für unseren Glauben. Keine menschliche Schrift oder Instanz nimmt die gleiche Stellung wie die Bibel ein. 2. Timotheus 3,14-17).

3. **Allein die Gnade** (d. h. das Handeln Gottes allein rettet. Römer 3,24).

4. **Allein der Glaube** (d. h. Vertrauen in Gottes Handeln durch Jesus Christus rettet, nichts tun eigene Werke hinzu. Epheser 2,8-9).

Wir denken, dass diese kurzen Informationen Ihnen helfen, uns etwas besser kennenzulernen. Gerne bleiben wir mit Ihnen im Gespräch.

Mit freundlichen Grüßen

Eide Schwing

Abbildung 18: Brief an eine Gottesdienstbesucherin

10.8 Atmosphäre und Botschaft

Die Gesamtatmosphäre und das Programm beeindrucken die Besucher, wie schon zuvor erwähnt. Eine freundliche Atmosphäre und eine relevante Botschaft werden die Entscheidung der Besucher positiv beeinflussen.

10.8.1 Leicht zu verstehende Gottesdienste

Ein Gottesdienstablauf, dem man leicht folgen kann, der Situationen vermeidet, die den Besuchern unangenehm sind – diese und andere Komponenten tragen zu einer guten Atmosphäre bei. Diese wiederum ist wichtig, damit Menschen für die Botschaft offen sind, also bereit zu hören und sich etwas sagen zu lassen. Ein gedrucktes Programm ist hilfreich, aber die Abfolge des Gottesdienstes sollte auch klar angekündigt werden, sodass die Besucher wissen, was als Nächstes kommt. Z. B. sollten sie wissen, wann sie stehen oder sich wieder hinsetzen sollen. Der Gebrauch eines Overheadprojektors oder Videobeamers für das Singen erspart den Teilnehmern die Suche in einem nicht vertrauten Gesangbuch und bringt eine bessere Atmosphäre, als wenn alle Teilnehmer beim Singen auf ihr Liedblatt sehen.

Die Kollekte sollte so angekündigt werden, dass Neue sich nicht unter Druck gesetzt fühlen. Der Ankündende könnte sagen: „Das nun folgende Geben aus Dankbarkeit gilt für die, die diese Gemeinde unterstützen wollen. Wer nichts geben kann oder nichts geben möchte, reiche das Kollektenkörbchen einfach weiter."

10.8.2 Freundlicher Empfang

Die Gemeinde muss den Besuchern helfen, sich während des Gottesdienstes, aber auch vor und nach dem Gottesdienst wohlzufühlen. Der Gemeindebesuch wird für viele eine ganz neue Erfahrung sein. Gewöhnlich fühlen Erstbesucher sich ziemlich unwohl, wenn sie das Gebäude betreten und auch nachdem das offizielle Programm zu Ende ist.[10] Freundliche Begrüßer lösen die Spannung und helfen den Besuchern, die Kinderräume oder einen Sitzplatz zu finden. Das gedruckte Gottesdienstprogramm ist ein weiteres Mittel. Es gibt den Besuchern eine Beschäftigung, während sie auf den Gottesdienstbeginn warten. Außerdem bietet es ihnen die Chance, mehr über die Aktivitäten der Gemeinde zu erfahren.

Nach dem Gottesdienst entscheiden sich manche Besucher schnell wegzugehen. Andere sind daran interessiert, Gemeindemitglieder kennenzulernen. Bast schreibt, dass dies der einsamste Augenblick für einen Besucher werden kann,

---

[10] Bast, *Attracting New Members*, 63.

wenn alle sich unterhalten und der Besucher allein durch die Reihen geht.[11] Das ist der Zeitpunkt für das Begrüßungsteam – für die Begrüßer, die nicht unbedingt durch Namensschilder erkennbar gemacht sind, aber dennoch wissen, was ihre Aufgabe ist. Dabei richten einige Teammitglieder besonderes Augenmerk auf Besucher und versuchen, ihnen den Aufenthalt so positiv wie nur möglich zu gestalten. Ein Mitglied des Begrüßungsteams kann die Menschen, mit denen er spricht, nach dem Namen fragen, sie mit anderen bekannt machen und sie einladen.[12]

Der Begrüßer stellt sich den Besuchern namentlich vor und fragt z. B., wie sie von der Gemeinde erfahren haben. Das sollte auf eine freundliche und nicht aufdringliche Weise geschehen. Im Lauf der Unterhaltung kann der Begrüßer den Besucher anderen Gemeindemitgliedern vorstellen. Das hilft den Gästen, andere Leute kennenzulernen und mögliche zukünftige Freunde in ihrer neuen Gemeindeheimat zu treffen. Das Mitglied des Begrüßungsteams lädt die Besucher zu wöchentlichen Hauskreisen oder mindestens zum nächsten Gottesdienst ein. Während der folgenden Woche ruft er oder jemand anders die neuen Gäste an oder schickt ihnen eine kurze Notiz. Auf jeden Fall soll sie der Begrüßer am nächsten Sonntag erwarten und willkommen heißen, wenn sie wieder zur Gemeinde kommen. Freundlichkeit und echtes Interesse sollten nicht auf ihren ersten Besuch beschränkt bleiben, aber da ist es besonders wichtig, weil die Entscheidung, ob sie die Gemeinde weiterhin besuchen wollen, meist durch den Eindruck der Leute bei ihrem ersten oder zweiten Besuch fällt. Manche Christen haben auch gute Erfahrungen gemacht, neue Gäste im Gottesdienst beim ersten oder zweiten Mal zum Essen einzuladen.

10.9 Schlussfolgerung

Der Beginn der öffentlichen Gottesdienste ist eine motivierende Kraft für die Mitglieder der Kerngruppe und ein Signal für die Stadt, dass die entstehende Gemeinde daran interessiert ist, eine Rolle in dem Bezirk zu spielen. Der Zeitpunkt für den Start der Gottesdienste ist wesentlich, da ein vorzeitiger Beginn ein mäßiges Ergebnis und die Entmutigung des Teams bewirken kann. Wenn andererseits zu spät damit begonnen wird, fehlt dem Team die ursprüngliche Begeisterung. Um den richtigen Zeitpunkt zu finden, bedenkt der Gemeindegründer sowohl die Größe der Kerngruppe und die geistliche Reife der Gruppenmitglieder, z. B. auch ihren Einsatz an Zeit und Finanzen.

---

[11] Bast, *Attracting New Members*, 64.
[12] Diese drei Aufgaben werden bei Bast im Detail diskutiert, 81-96.

10 – Der Gottesdienst: Ein Schlüsselfaktor fürs Wachstum

Über die Inhalte der Gottesdienste und ihren Zweck steht vieles in der Bibel, wohingegen die Form nach den Absichten der lokalen Gemeinde ausgerichtet werden muss. Welchen Gottesdienststil eine Gemeinden auch anbietet, sie wird, was die Menschen betrifft, wirksamer sein, wenn die Gottesdienste durch echte Freundlichkeit und einen deutlichen Bezug zum Leben gekennzeichnet sind und im positivsten Sinne des Wortes unterhaltsam sind.

Jede Gemeinde tut gut daran, ihre Mitglieder in die sonntäglichen Aktivitäten des Gottesdienstes einzubeziehen und den Besuchern besondere Aufmerksamkeit zu widmen. Der Gottesdienst ist weder der einzige Anlass für Christen sich zu treffen, noch der einzige Einstieg für neue Leute in die Gemeinde; aber er ist für viele doch das erste Gemeindetreffen, das sie besuchen.

11 Das Gemeindegebäude und sein Einfluss auf das Gemeindewachstum

Die frühe Christengemeinde wuchs, ohne spezielle Gemeindegebäude zu besitzen.[1] Eine kurze Bewertung dieses Zeitraums zeigt, dass Gebäude zweitrangig sind, im Vergleich zur Lehre der Gemeinde und der Gemeinschaft ihrer Gläubigen.

Wenn schließlich Architekten in Baufragen hinzugezogen werden, ist es dennoch notwendig, dass der Pastor und sein Team sich dessen bewusst sind, wie das Gebäude die Arbeit der Gemeinde beeinflusst.

Die meisten neuen Gemeinden heutzutage brauchen vorläufige Einrichtungen und dann vielfache Dienste, bevor sie ihr dauerhaftes Gebäude beziehen. Der Gemeindegründer muss diese Stadien durchdenken und sich mit den Vor- und Nachteilen unterschiedlicher Möglichkeiten auseinandersetzen. Er muss auch herausfinden, wie Gemeindegebäude am besten die Mission und den Dienst der Gemeinde unterstützen. Auch wenn schließlich Architekten in Baufragen hinzugezogen werden müssen, ist es notwendig, dass der Pastor und sein Team sich dessen bewusst sind, wie das Gebäude die Arbeit der Gemeinde beeinflusst. Mit anderen Worten, die Erfordernisse des Dienstes sollten die Gestaltung des Gebäudes vorschreiben und nicht umgekehrt.

11.1 Die Geschichte der frühen Gemeinde und ihrer Treffpunkte

11.1.1 Treffpunkte waren wichtig, ob mit oder ohne Dach

Selbst vor Pfingsten versammelte Jesus seine Jünger an vielen unterschiedlichen Plätzen, um mit ihnen Gemeinschaft zu haben und um sie zu unterrichten. Dieses Muster lässt sich auch in der frühen Gemeinde erkennen. Man findet Jesus umgeben von seinen Zuhörern auf einem Berg (Mt 5,1), an einem Seeufer (Lk 5,1), in einem Haus (Mk 2,1), in einer Synagoge (Lk 4,16) und im Tempel (Mk 12,35).

Die ersten Christen trafen sich im Tempel (Apg 5,42), in Synagogen (Apg 13,5) und in Häusern (Apg 2,46). In vielen Fällen konnten die Christen wegen der Ei-

---

[1] Carl F. George, *Prepare Your Church for the Future* (Grand Rapids: Fleming H. Revell, 1992), 117.

fersucht und Feindseligkeit der damaligen jüdischen Führer nicht in den Synagogen bleiben (Apg 13,45; 17,6-7). Sie nutzten dann häufig Häuser als Treffpunkte. Die Verkündigung des Evangeliums in Häusern wurde eine der wichtigsten Methoden für die Ausbreitung der frohen Botschaft.[2] Als das Ehepaar Aquila und Priszilla in Korinth lebte, traf sich die Gemeinde in ihrem Haus (1Kor 16,19). Später wohnten sie in Rom und wieder hatten sie ein Gemeindetreffen in ihrem Haus (Röm 16,5). Ihr Heim wurde immer zu einem Ort für gemeinsame Anbetung und Gemeinschaft.

Nicht Gebäude, sondern Gott und die Menschen waren der absolute Mittelpunkt für die Christen während der ersten Jahrhunderte. Hesselgrave schreibt: „Es gab keine Gemeindegebäude, wie wir sie kennen, in den ersten 150 Jahren der Gemeinde."[3]

11.1.2 Die Freiheit der Christen in Bezug auf Gottesdienstorte

Obwohl die ersten Christen die Gottesdienstordnungen im Tabernakel und im Tempel kannten – und viele hatten an den jüdischen Versammlungen in den Synagogen teilgenommen –, haben sie nicht einfach die Nutzung solcher Gebäude für ihre Gottesdienste kopiert oder verändert. Was war der Unterschied?

11.1.2.1 Die neue Beziehung und die veränderte Sicht für den Tempel

Jesus lehrte, dass die richtige Erkenntnis Gottes und eine angemessene Beziehung zu Gott am wichtigsten sind, nicht aber der Ort oder das Gebäude für die Anbetung. Er sagte zu der Samariterin:

> Glaube mir, Frau, es kommt die Zeit, da werdet ihr den Vater weder auf diesem Berg noch in Jerusalem anbeten. ... Aber die Stunde kommt, ja sie ist schon gekommen, da wird der Heilige Geist, der Gottes Wahrheit enthüllt, Menschen befähigen, den Vater an jedem Ort anzubeten. Gott ist ganz anders als diese Welt, er ist machtvoller Geist, und alle, die ihn anbeten wollen, müssen vom Geist der Wahrheit erfüllt sein. Von solchen Menschen will der Vater angebetet werden (Joh 4,21.23-24).

Außerdem ist der Tempel, in dem Gott jetzt durch seinen Heiligen Geist lebt, die Gemeinde – die Gläubigen, wie der Apostel Paulus schreibt: „Weil ihr zu Christus gehört, seid auch ihr als Bausteine in diesen Tempel eingefügt, in dem Gott durch seinen Geist wohnt" (Eph 2,22). Aufgrund dieser Lehre brauchten die Christen keinen Tempel oder andere kirchliche Gebäude als heilige Stätten. Aus praktischen Gründen – etwa um Gemeinschaft und Lehre zu fördern – sind Gebäude natürlich schon nützlich und nötig.

---

[2] Green, *Evangelisation*, 239.
[3] Hesselgrave, *Planting Churches*, 290.

11.1.2.2 Ein Auftrag, den es zu erfüllen galt

Paulus wollte das Evangelium von Christus dort predigen, wo es vorher noch unbekannt war (Röm 15,20); seine Gedanken drehten sich nicht um Gebäude, sondern um Pläne, wie er neue Gebiete für Christus gewinnen konnte (Röm 15,24). Später, als er unter Hausarrest in Rom lebte, in einem Haus, das er selbst gemietet hatte, predigte er auch dort über das Reich Gottes und über Jesus Christus. Immer wieder empfing er Gäste, denen er von Jesus erzählte und sie lehrte (Apg 28,30-31). Dies zeigt, wie ein Gebäude als wichtiges Mittel von Christen in ihrer missionarischen Arbeit eingesetzt werden kann.

11.1.2.3 Gefährdet in Zeiten der Verfolgung

Während der ersten drei Jahrhunderte mussten sich viele Christen wegen der Verfolgung durch römische Beamte an geheimen Plätzen treffen. Ein Gemeindegebäude wäre ein leichtes Ziel für Durchsuchungen und Anschläge gewesen. Als dann aber von Kaiser Constantin 313 n.Chr. freigestellt wurde, wen man anbetet, konnten die Christen Gemeindegebäude errichten.[4]

11.1.3 Schlussfolgerung

Dass die ersten Christen so wenig Betonung auf kirchliche Gebäude legten, erklärte sich aus ihrer neuen Theologie über den Tempel (der nicht aus Stein ist, sondern aus Menschen), ihrem Wunsch, den großen Missionsauftrag zu erfüllen (Mt 28,18-20) und der Verfolgung, die viele von ihnen erleiden mussten. Mehr als irgendein anderes Gebäude wurde das Zuhause zum Treffpunkt vieler Versammlungen.

Was bedeutet das für Gemeinden im einundzwanzigsten Jahrhundert? Erstens, die Gemeinde muss in ihrem Denken und Planen Menschen wichtiger erachten als Gebäude; sowohl die Förderung des Mitarbeiterstabs als auch der Dienst der Gemeindeglieder untereinander sollten Vorrang vor Bauprogrammen haben.

Zweitens sollte die Gemeinde die Häuser und Wohnungen wieder neu entdecken und die besonderen Gelegenheiten nutzen, dort das Evangelium zu verkündigen. Hausbibelkreise sind eine ausgezeichnete Plattform für Bibellehre, mitmenschliche Zuwendung und Evangelisation. Die steigenden Baukosten werden es den Gemeinden zunehmend erschweren, geräumige Versammlungsräume zu besitzen. Während der Woche können Gruppen sich in Häusern treffen, anstatt in (gemieteten) Räumen. Die Gemeinde spart dadurch Geld und bringt auch ihre Mitglieder und das Evangelium nahe an die Bevölkerung heran. Natürlich bieten Bibelstunden oder andere Treffen in Gemeinderäumen auch gute Möglichkeiten, aber Räume sind teuer und das Nutzen von Häusern bietet viele Vorzüge, z. B. die familiäre Atmosphäre, die hier leichter zu schaffen ist.

---

[4] Henry R. Sefton, „*Building for Worship*", in Eerdmans Handbook to the History of Christianity, ed. Tim Dowley (Grand Rapids: Wm. B. Eerdmans, 1977), 150.

Drittens bedeutet das nicht, dass Gemeinden ihre öffentlichen Gottesdienste in privaten Häusern abhalten sollten. Sie müssen andere Einrichtungen finden, da die meisten Deutschen wie auch Amerikaner nicht gern Gottesdienste in Privatwohnungen besuchen. Wagner beobachtet: „Der Gedanke von ‚Haus-Gemeinden' wurde in den 1960er Jahren befürwortet und in den 1970er Jahren wurde verbreitet damit experimentiert, und das Ergebnis ist nun: es hat nicht gut funktioniert".[5] Wenn auch in neuerer Zeit das Modell der Hauskirche in vielen Ländern große Erfolge verzeichnet und auch in Deutschland propagiert wird, so ist für mich der Hauskreis, der sich zur Hauskirche entwickelt, nicht das Ideal, wenn man mal vom wirkungsvollen Einsatz dieses Modells für bestimmte Zielgruppen absieht (z. B. für kleine Gemeinden unter ausländischen Mitbürgern). Nicht Hauskirche, sondern die Gemeinde, die aus Hauskreisen und anderen Kleingruppen besteht, halte ich für das geeignete Modell.

11.2 Versammlungsräume, die auch zukünftiges Wachstum ermöglichen

Die Nutzung vorläufiger Versammlungsorte erhält der Gemeinde die Möglichkeit zum Wachstum. Die Leiter wissen nicht, wie schnell die Gemeinde wachsen wird, und vorläufige Versammlungsräume halten die Option offen, in größere Räume umzuziehen. Außerdem erkennen die Gemeindeleiter erst nach und nach, welche Art von Gebäude und Ausstattung für ihre zukünftigen Versammlungen geeignet ist.

Neue Gemeinden müssen sich irgendwo treffen, aber die meisten haben nicht die finanziellen Mittel zum Bau eines eigenen Gottesdienstzentrums. So wird jungen Gemeinden Folgendes geraten:

> In den Wachstumsjahren Ihrer Arbeit können Sie nicht beides machen (ein Gebäude bauen und Menschen gewinnen und mit ihnen arbeiten). Ihre Zeit und Energie wird entweder von dem einen oder dem anderen verbraucht. Die finanzielle Verpflichtung für ein Gebäude wird Sie dazu zwingen, Ihre Anstrengungen hier zu investieren und lässt Ihnen wenig Zeit, sich um Menschen und Ihre Bedürfnisse zu kümmern.[6]

---

[5] Wagner, *Church Planting*, 122.
[6] Ray C. Bowman, ed. Coordinator, *Church Building Sourcebook*, 2nd ed. (Kansas City: Beacon Hill Press, 1987), 14A-6

In der Phase, in der die Kerngruppe zusammengestellt wird, muss der Gemeindegründer mit seinem Team einen Platz für den ersten öffentlichen Gottesdienst finden, der so umfassend wie möglich genutzt werden kann.

11.3 Die Räume verraten viel über die Gemeinde

Die Ziele einer Gemeinde beeinflussen die Wahl des vorübergehenden Versammlungsortes. Manchmal sind aber bereits Räume für das Projekt vorhanden, wo auch geprüft werden muss, ob sie sich eignen. Das Team muss sich im Klaren darin sein, dass diese Wahl eine Erklärung über die Zielgruppe, die Ziele und Grundwerte sowie über die Wachstumserwartung für die neue Gemeinde abgibt.

11.3.1 Die erwarteten Besucher

Schaller fragt: „Wen wollen wir erreichen und was ist der beste vorläufige Versammlungsort, um dieses Segment der Bevölkerung anzusprechen?"[7] Viele Gemeinden in den USA haben in Kinos angefangen, andere in Schulen oder in Versammlungsräumen von Geldinstituten, die der Öffentlichkeit angeboten werden. Ein Treffpunkt in einem Hotel kann für Geschäftsleute attraktiver sein als eine Gemeinde, die sich in einem Ladengeschäft trifft. Der Versammlungsort muss für die erwarteten Besucher eine angenehme Umgebung darstellen.

Der Versammlungsort muss für die erwarteten Besucher eine angenehme Umgebung darstellen.

11.3.2 Wichtige Dienste und Programme

Die Einrichtung muss Räume für Kleinkinder und für den Kids-Treff während des Gottesdienstes bieten und Raum genug, um danach Gemeinschaft zu ermöglichen, z. B. beim Stehkaffee. Die Durchführung der wichtigen und für die Gemeinde notwendigen Dienste darf durch das Gebäude nicht behindert werden. Schaller fragt: „Was hat Vorrang in Ihrem Programm und was ist notwendig, um das auch unterzubringen?"[8] Für unsere Christus-Gemeinde Hannover spielt Musik eine große Rolle. Deshalb muss in allen Gottesdiensträumen Platz sein für das Musikteam mit den Instrumenten und es muss uns möglich sein, zu musizieren und zu singen, selbst wenn die Fenster geöffnet sind. Wir brauchen auch Stauraum für die Tontechnik zwischen den Gottesdiensttagen.

---

[7] Schaller, *44 Questions*, 61.
[8] Schaller, *44 Questions*, 61.

11.3.3 Erwartetes Wachstum

Menschen können die Wachstumserwartungen der Gemeinde an den vorläufigen Räumen ablesen. Sie tun das bewusst aber auch unbewusst. Enge, schwer auffindbare Versammlungsräume sprechen von geringer Erwartung, während gut sichtbare Gebäude mit großen Räumen Optimismus und Wachstumserwartung signalisieren.

11.4 Die Übergangsräume in Elburn

Die Evangelical Fellowship Church in Elburn nutzte eines der Gebäude auf dem Grundstück des christlichen Einkehrzentrums, das die Gemeindegründung unterstützte. Dieses Gebäude, ein ehemaliges Kutschenhaus, bot mehrere kleine Räume und einen großen Raum mit hundert Sitzplätzen. Das Gebäude war zuvor als Treffpunkt für Konferenzen und Ähnliches genutzt worden. Die Nutzung dieses Hauses brachte mehrere Vorteile und Nachteile für die Gemeinde.

11.4.1 Vorteile

Erstens wäre keine der anderen Alternativen in der Stadt ein idealer Treffpunkt gewesen. Für die neue Gemeinde gab es keine Alternative zu den Räumen in dem Einkehrzentrum.

Zweitens gehörte das Gebäude der unterstützenden Organisation und das hatte verschiedene positive Aspekte. So konnten z. B. Umbauten und Dekoration ohne schwierige Verhandlungen mit den Eigentümern durchgeführt werden, was notwendig gewesen wäre, wenn das Haus einer anderen Gesellschaft gehört hätte. Für die Nutzung wurde keine Miete verlangt; als die Gemeinde wuchs, musste sie nur die Rechnung der Stadtwerke und die Umbaukosten zahlen.

Drittens bot das Gebäude verschiedene Räume. Einige konnten während des Gottesdienstes für die Kindergottesdienste genutzt wurden. Auch die nötigen Sanitäranlagen waren vorhanden. Das gesamte Grundstück war wunderschön, ideal, wie ein kleiner Park. Der Besitz bot ausreichend Parkplätze, die in mehreren Etappen erweitert wurden. Es gab Platz zur Ausweitung des Dienstes der Gemeinde. Räume in naheliegenden Gebäuden auf dem Grundstück wurden für die Sonntagsschule, eine weitere Kindergruppe, für Picknicks und andere gesellschaftliche Ereignisse genutzt.

Viertens war die Nutzung der Räume nicht auf die Wochenenden beschränkt. Instrumente und andere Ausrüstung, Wegweiser, Material für den Kindergottesdienst und so weiter konnten in den Räumen und auf dem Grundstück bleiben.

Fünftens war der Standort zentral gelegen: im Ort an einer Hauptstraße. Die Sichtbarkeit des Gebäudes und die Zufahrt musste aber verbessert werden, was als Nächstes besprochen wird.

11.4.2 Nachteile

Erstens war das Gemeindegebäude nicht sichtbar genug. Obwohl die Lage des Konferenzzentrums nahe an einer Hauptstraße lag, war das Gebäude der Gemeinde von der Straße aus kaum erkennbar. Da es vor Jahrzehnten als Kutschenhaus gebaut war, sah es nicht nach Gemeinde aus, die Leute vermuteten keine Gemeinde hinter seinen Mauern.

Zweitens hatten neue Gäste Schwierigkeiten, die Einfahrt zum Parkplatz von der Straße aus zu finden. Die Gemeinde stellte dann Wegweiser auf, um diese Sicht- und Zugangsprobleme zu lösen. Aber Schilder allein waren nicht ausreichend und schließlich musste die Gemeinde Architekten für bessere Lösungen zurate ziehen und eine kostspielige Verlegung der Zufahrt vornehmen.

Drittens gab es bauliche Einschränkungen des Gebäudes. Das Foyer war für den im Anschluss an den Gottesdienst angebotenen Stehkaffee zu eng. Das zweite Stockwerk wurde für den Kindergottesdienst gebraucht, war aber für Rollstuhlfahrer nicht zugänglich. Man konnte trotz Renovierung nicht verbergen, dass es sich um ein altes Gebäude handelte.

Insgesamt überwogen aber die Vorteile für die Gemeinde in Elburn. Dennoch sollte sich keine Gemeinde mit einer Übergangslösung zufriedengeben, sondern versuchen, über ihre Kapazität hinaus zu wachsen. Dann kann sie größere und bessere Räumlichkeiten suchen, die passender für ihre Pläne und Aufgaben sind.

11.5 Die Übergangsräume in Hannover

Ganz anders waren die Voraussetzungen in Hannover, wo wir zunächst einige sporadische Treffen in einem Privathaus durchführten, zu denen wir die drei damaligen Hauskreise und andere Bekannte einluden. Bis zu 52 Erwachsene und Kinder füllten das Wohnzimmer. Danach wechselten wir in den Klubraum eines Restaurants, wo wir zweimal im Monat unsere ersten öffentlichen Gottesdienste feierten.

Der nächste Umzug war ein Schritt hin zu größeren Räumen: Wir trafen uns in einer Schule, die sehr zentral lag und Anschluss an Bus und Straßenbahn bot. Innerhalb der Schule konnten wir dann später in einen Bereich umziehen, der mehr und größere Räume bot, sodass wir auch ausreichend Platz für die Kinderprogramme fanden.

Obwohl Gottesdienste in diesen öffentlichen Räumen sehr viel Auf- und Abbauarbeiten (Bestuhlung, Tontechnik, Kaffeetisch, usw.) bedeuteten, boten sie uns doch viel Gutes: Die Lage war zentral und vielen bekannt, der Preis stimmte und wir konnten bei größeren Veranstaltungen in die Aula der Schule ausweichen. Außerdem tat es dem Image der Gemeinde gut, dass sie sich in städtischen Räumen traf.

Die Gottesdiensträume nur stundenweise zu mieten, ging nur, weil die Gemeinde auf Kleingruppen baute. Sie war und ist so strukturiert, dass Hauskreise, Mitarbeitertreffen, das Theaterteam, ja sogar das Musikteam sich in Privathäusern treffen. So war es möglich, Räume für Gottesdienste und Seminare zu suchen, die der Größe der wachsenden Gemeinde entsprachen. Denn „der Schuh darf dem Fuß nicht sagen, wie groß er werden soll" – das Gebäude muss sich der Größe der Gemeinde anpassen, nicht umgekehrt. Natürlich sehnen sich unsere Mitarbeiter auch nach eigenen Räumen, die ja auch ihre Vorzüge bieten.

Die Raumfrage bietet übrigens immer wieder Anlass zum Gebet. Jedes Suchen nach geeigneten Räumen ist mit viel Gebet verbunden. Man muss oft lange suchen, da mancherorts passende und erschwingliche Räume rar sind. Wir danken Gott, dass er immer rechtzeitig für passende Räume gesorgt hat.

11.6 Mehrere Gottesdienste oder ein größeres Gebäude?

Gute christliche Haushalterschaft fordert die vielseitige Nutzung des Gebäudes. Der Bau und Erhalt von Gebäuden kostet die Gemeinde einen großen Teil ihres Budgets, deshalb macht es aus ökonomischer Sicht Sinn, zwei oder drei Gottesdienste am Wochenende durchzuführen. Außerdem müssen sich die meisten jungen Gemeinden einen soliden finanziellen Grundstock erarbeiten, bevor sie ans Bauen oder Kaufen denken können. Während des Planungs- und Konstruktionsprozesses sind der Pastor und viele seiner Mitarbeiter mit dem Gebäude beschäftigt und investieren weniger Zeit in den eigentlichen Dienst an den Menschen. Das beeinträchtigt das Wachstum der Gemeinde. Arn beobachtet:

> Größere Bauprogramme können fast mehr als alles andere das Wachstum einer lebendigen Gemeinde hemmen. Außerdem haben Untersuchungen gezeigt, dass die Zahl der Zusammenbrüche von Pastoren (physisch, mental, theologisch) während eines größeren Bauprogramms für ein Gemeindegebäude und im Jahr danach dramatisch ansteigen.[9]

---

[9] Win Arn, „Stop That Building Committee!!", *The Win Arn Growth Report* 39 (Monrovia: Church Growth, n.Y.), 4.

11.6.1 Mehrere Gottesdienste für weiteres Wachstum

Mehrfache Veranstaltungen können erfolgreich für das Wachstum der Gemeinde genutzt werden, wenn die Gemeindeleiter die damit verbundenen Schwierigkeiten erkennen und überwinden.

11.6.1.1 Wirtschaftlichkeit

Am Wochenende zwei Gottesdienste in einem Gebäude zu feiern ist sehr kostengünstig. Zwei Gottesdienste schaffen mehr Raum für dasselbe Geld (obwohl sie die Teilnehmerzahl nicht zwangsläufig verdoppeln, da sie in beiden Gottesdiensten unterschiedlich sein kann). Die Kosten – Reinigung, Heizung, Versicherung – pro Besucher sind niedriger als für ein großes Gebäude, das sonst notwendig wäre. Je mehr Geld die Gemeinde in diesem Stadium sparen kann, desto mehr kann sie später in ein passendes Gebäude investieren.

11.6.1.2 Mehr Möglichkeiten zur Mitarbeit

Mehrere Gottesdienste bieten zusätzliche Gelegenheit zur Mitarbeit, weil mehr Mitarbeiter gebraucht werden. Da das Engagement im christlichen Dienst gut für die geistliche Reife der Gläubigen ist, wird es in den meisten Fällen auch zum Wachstum der Gemeinde verhelfen. Über die Nachteile zu diesem Aspekt schreibe ich später.

11.6.1.3 Zeitliche Wahlmöglichkeiten

Mehrfache Gottesdienste bieten mehr zeitliche Auswahl für die Besucher. Bedauerlicherweise machen am Sonntagmorgen Sportvereine der Gemeinde mehr und mehr Konkurrenz. Manche Familien mit überschneidenden Zeitplänen könnten z. B. an dem frühen Gottesdienst teilnehmen und würden so den sonntäglichen Gemeindebesuch nicht versäumen. Auch die Teammitglieder der Kinderprogramme haben Vorteile von mehreren Gottesdiensten. Sie können während des einen lehren und danach am zweiten Gottesdienst teilnehmen.

11.6.1.4 Zusätzliche Zielgruppe

Soll der zweite Gottesdienst mit dem ersten identisch sein? Das hängt von mehreren Faktoren ab. Wenn der zweite Gottesdienst nötig ist, weil Inhalt und Form des ersten so wirkungsvoll sind, sollte der zweite Gottesdienst möglichst identisch sein. Merkt die Gemeindeleitung aber, dass eine andere Form oder gar eine andere Sprache für Gemeindeglieder und ihre Bekannten dienlicher wären, werden sich die beiden Gottesdienste sehr unterscheiden.

11.6.2 Einige negative Aspekte mehrfacher Gottesdienste

11.6.2.1 Die Angst, Freunde zu verlieren

Das wichtigste Hindernis für mehrere Gottesdienste besteht in der Wahrnehmung der Gemeindemitglieder. Viele denken, dass ein zusätzlicher Gottesdienst die Gemeinde spaltet. Sie befürchten, keine Gelegenheit mehr zum Treffen mit ihren Freunden zu haben, weil diese vielleicht zu dem anderen Gottes-

11 – Das Gemeindegebäude und sein Einfluss

dienst gehen. Ein Arbeitsbuch für mehrfache Gottesdienste sagt den Leitern, was sie erwartet, wenn sie einen zweiten Gottesdienst vorschlagen:

> Die Akzeptanz und Unterstützung der Gemeinde wird die größte Herausforderung sein, der Sie begegnen. Der Widerstand gegen Änderungen wird besonders dann sichtbar, wenn Traditionen gebrochen werden. Ohne Zweifel wird die häufigste Klage sein: „Unsere Gemeinde ist eine Familie. Zwei Gottesdienste machen uns zu Fremden."[10]

Die Angst vor dem Verlust der „Ein-Zellen-Atmosphäre" (d. h. die Angst, den Kontakt zu Freunden zu verlieren) ist tief in den Beteiligten verwurzelt, wie eine anfängliche Umfrage in der Evangelical Fellowship Church in Elburn bestätigte. Diese Umfrage wurde durchgeführt, weil der Versammlungsplatz, besonders das Foyer, für die Zeit der Gemeinschaft nach dem Gottesdienst überfüllt war. Folgende Wahlmöglichkeiten wurden der Gemeinde angeboten:

Erweiterung auf zwei Gottesdienste: 0 %

Erweiterung des Gebäudes: 65 %

Ändert jetzt noch nichts: 25 %

Ich bin unentschieden: 10 %

Von den Befragten stimmte keiner für zwei Gottesdienste, wie die obigen Zahlen zeigen.

Wie schon gesagt, sind mehrere Gottesdienste vernünftig und oft der einzige Weg, weiteres Wachstum einer neuen Gemeinde zu finanzieren. Die Leiter müssen die Notwendigkeit für zwei Gottesdienste veranschaulichen und die Gemeinde von den Vorteilen überzeugen.

Ist die Angst vor Kontaktverlust zu Freunden berechtigt? Ja, sie besteht teilweise zu Recht. Aber wirkliche Freunde könnten sich entschließen, denselben Gottesdienst zu besuchen. Es gibt noch eine Tatsache zu bedenken: Der durchschnittliche Besucher duzt sich mit nicht mehr als 59 Leuten, egal wie groß die Gemeinde ist.[11] Ist die Gemeinde größer, ist es unmöglich, mit allen anderen Besuchern in Kontakt zu bleiben. Das Festhalten an einem Gottesdienst blockiert weiteres Gemeindewachstum und hindert die Gemeinde, dem großen Auftrag von Matthäus 28,18-20 zu gehorchen.

---

[10] Wilbur W. Brannon, *Multiple Services: A Strategy for Growth* (Kansas City: Church of the Nazarene, 1990), 18; im Folgenden zitiert als: Brannon, *Multiple Services*.

[11] Brannon, *Multiple Services*, 18.

11.6.2.2 Die Angst, Mitarbeiter zu überfordern

Obwohl es vorteilhaft sein kann, durch zwei Gottesdienste mehr Möglichkeiten zur Mitarbeit zu haben, ist die Kehrseite der Medaille, dass eventuell nicht genug Mitwirkende zur Verfügung stehen. Das Musikteam muss in zwei Gottesdiensten spielen, es müssen Mitarbeiter für den zweiten Kindergottesdienst gefunden werden und so weiter. Wie immer, wenn Änderungen Opfer verlangen, muss der Leiter davon überzeugen können, dass die Vorteile den Aufwand wert sind.

11.6.2.3 Der Zeitplan

Das Suchen nach einem angemessenen Zeitplan kann zu Schwierigkeiten innerhalb der Gemeinde führen. Die Gemeinde muss die günstigste Zeit für den ersten und zweiten Gottesdienst und das Kinderprogramm finden. Wenn z. B. der bisherige Gottesdienst um 10 Uhr stattfand, sollte nun bei zwei Gottesdiensten keiner der beiden zu diesem Zeitpunkt beginnen. Das Angebot von zwei neuen Alternativen, anstatt einer zusätzlichen, zwingt die Teilnehmer zu einer Änderung. Die Verantwortlichen, die über den Zeitplan entscheiden, sollten zwei Dinge beachten: Zunächst sollten sie die Gemeinde befragen. Was würde den Gemeindemitgliedern gefallen? Zusätzlich sollten sie nachlesen oder direkt beobachten, wie andere Gemeinden das Problem der Zeitplanung gelöst haben. In vielen wachsenden Gemeinden finden mehrere Gottesdienste statt; so sind gute Lösungen erreichbar.

11.6.2.4 Weitere Gedanken und Schlussfolgerung

Eine wachsende Gemeinde sollte über die Option, am Sonntag mehrere Gottesdienste durchzuführen, nachdenken, um gute Haushalterschaft zu verwirklichen. Die Gemeindeleiter müssen sich der Schwierigkeiten bewusst sein und Lösungen vorbereiten.

Für einen sanften Übergang zu zwei Gottesdiensten ist es notwendig, die Mitglieder zu unterrichten, zu informieren und sie in den Denkprozess mit einzubeziehen. Es könnte z. B. eine Umfrage durchgeführt werden, doch sollte die Diskussion über die Änderung bei den Leitern beginnen.

Experimente sprechen lauter als Theorien und wirken weniger bedrohlich. Wenn die Räume am Sonntagmorgen überfüllt sind und Parkplätze nur noch schwierig zu finden sind, werden die Gottesdienstteilnehmer den Gedanken an einen zweiten Gottesdienst besser verstehen. Ein dreimonatiger Testlauf kann der Gemeinde zeigen, dass die Vorteile die Nachteile überwiegen.[12]

Eine *neue* Gemeinde sollte nicht unterschiedliche Gottesdienstformen anbieten, sondern zwei identische Gottesdienste. Die Predigt, die Musik – das ganze Pro-

---

[12] Der Drei-Monats-Test wurde dem Autor bei einem Telefonat mit Charles Arn von der Church Growth, Inc., Monrovia, CA, (März 1992) vorgeschlagen.

gramm sollte gleich sein. Das gilt nicht für eine ältere Gemeinde, die mehrere Gottesdienste einführen will, um der jüngeren Generation mit alternativen Gottesdiensten zu dienen. Neue Gemeinden erreichen mit ihrem Stil des Gottesdienstes zunächst nur einen Teil der Bevölkerung. Es ist nicht sinnvoll, einen anderen Stil auszuprobieren; das wäre kontraproduktiv.

11.7 Gebäude müssen die Dienste und Mission der Gemeinde unterstützen

11.7.1 Einige Wachstumsziele erreichen

Wie schon zuvor gesagt, kann ein Bauprojekt das Wachstum der Gemeinde verlangsamen. Aber wann sollte eine Gemeinde ein eigenes Gebäude planen? Towns, der über die Wichtigkeit von Eigentum für das Wachstum der Gemeinde in Amerika und die Stabilität eines ständigen Gebäudes für die Kongregation schreibt, schlägt vor: *„Baut so früh wie möglich."*[13] Logan und Rast meinen unter Berücksichtigung der heutigen Wirtschaftslage und anderer Faktoren: „Im Allgemeinen ist es das Beste, so lange wie möglich zu mieten. Kaufen oder bauen Sie nicht, bevor es absolut nötig ist."[14]

Beide Bücher wurden zuerst 1985 veröffentlicht, also kann man nicht sagen, dass sie für unterschiedliche Zeiten und Situationen geschrieben worden wären. Welchem Rat sollten Gemeindeleiter folgen? Sie müssen beide Argumente berücksichtigen und ihre eigene Situation in Rechnung stellen.

Wann sollte eine Gemeinde bauen? Die Antwort hängt u. a. von den folgenden Faktoren ab.

Erstens: Wächst die Gemeinde noch? Die Wachstumsrate kann von Jahr zu Jahr unterschiedlich sein und die Planung muss dementsprechend angepasst werden.

Zweitens: Wächst die finanzielle Grundlage? Obwohl Spenden zunehmen, wenn die Mitglieder aufgefordert werden, für ein Bauprojekt zu geben, sollte eine gewisse finanzielle Basis vorhanden sein, bevor man ein Projekt startet. Und ist die Gemeinde fähig und willig ein Bauprojekt zu unterstützen?

Drittens: Wird die Kapazität des gegenwärtigen Gebäudes wirklich ausgenutzt oder könnte ein zweiter Gottesdienst mehr Platz bringen?

---

[13] Towns, *Getting a Church Started*, 154 (Hervorhebung im Original).
[14] Robert E. Logan und Jeff Rast, *Church Planting Workbook* (Pasadena: Charles E. Fuller Institute, 1985, 59.

Viertens: Ist ein Umbau oder der Umzug in ein größeres vorübergehendes Gebäude eine Alternative?

Diejenigen, die die Gemeinde wirklich wachsen sehen wollen, können etwas dafür tun, wenn sie aktiv zum Erreichen konkreter Ziele der Gemeinde beitragen. Schaller setzt Qualitätsziele – er schreibt von der Zahl der Durchschnittsbesucher, die Zahl der voraussichtlichen Mitglieder, einem Mindestbestand des Baukontos und dass es der Gemeinde im vergangenen Jahr gelungen sein muss, eine größere Anzahl von Besuchern in dem Gottesdienst willkommen heißen zu können – durch das Besuchen von Haushalten, wie er meint. Konkret spricht er von 5000 Haushalten, die man besucht haben sollte und von zweihundert Leuten, die im vergangenen Jahr die Gemeinde besucht haben sollten.[15] Indem er der Gemeinde Ziele vor Augen führt, die zeigen, dass es um Menschen geht, wird deutlich, dass die Planung für ein Gebäude, ein Planen und Arbeiten für die Ausbreitung des Evangeliums sein soll. Das Gebäude ist für die Menschen da und nicht umgekehrt.

11.7.2 Die Bedürfnisse einer Gemeinschaft erfüllen

11.7.2.1 Entscheidende Dienste

Eine der schwierigsten Aufgaben im Planungsprozess ist die Einschätzung des zukünftigen Wachstums und des Bedarfs an Räumen für die Gruppen in der Gemeinde. Diese Daten sind aber wichtig, um ein Gebäude zu entwerfen, das für die Gemeinde passend ist.

Die Hauptfrage lautet: Was ist das Besondere an dieser Gemeinde? Mit anderen Worten: Was ist der entscheidende Dienst dieser Gemeinde? Die Einrichtung muss so beschaffen sein, dass sie diesen Dienst ausrichten und unterstützen kann. Wie viel Platz und wie viele Räume braucht die Gemeinde, um ihre Aufgabe ausführen zu können? Die Leiter müssen sich auch fragen: Was brauchen wir zuerst? Was kann bis zu einer späteren Phase des Gemeindelebens warten? Eine Turnhalle z. B. könnte wünschenswert sein, muss aber nicht für das erste Bauprojekt notwendig sein. Wenn andererseits der Dienst für Jugendliche das wichtigste Anliegen der Gemeinde ist, könnte eine Turnhalle das erste Gebäude sein – das als Turnhalle wie Versammlungssaal dient.

Wenn eine Gemeinde bereits ein Gebäude gemietet hatte, kann man aus Erfahrung wesentlich genauer beschreiben, wie das gewünschte Gemeindezentrum aussehen soll. Dies ist ein weiterer Grund, um zunächst in vorübergehenden Räumen zu arbeiten.

Die Evangelical Fellowship Church z. B. legte großen Wert auf das gemeinsame Singen, auf biblisches Predigen, auf Gemeinschaft und das Kinderpro-

---

[15] Schaller, *44 Questions*, 145.

gramm während des Gottesdienstes. Der Versammlungsraum musste die Band unterbringen, eine Orgel wurde aber nicht gebraucht. Die Teilnahme am Gemeindegesang sollte durch ein angemessenes Soundsystem und die Projektion der Liedertexte angeregt werden. Alle in der Gemeinde sollten den Pastor oder Redner sehen und verstehen können.

Für die Zeit der Gemeinschaft nach dem Gottesdienst musste ausreichend Platz zur Verfügung stehen und ebenso passende Räume für den Kindergottesdienst. Die Anordnung und Einrichtung der Räume sollte es den Kindern ermöglichen, zu singen und zu spielen ohne andere zu stören. Die Kinder sollten sich in kleinen altersgemäßen Gruppen treffen können, aber das Gebäude sollte auch für größere Versammlungen wie Filmvorführungen geeignet sein.

Dieses sind nur einige der Bedingungen, die für die Evangelical Fellowship Church wichtig waren. Da die Planung selten alle möglichen Notwendigkeiten abdecken kann, müssen oft nachträgliche Umstellungen vorgenommen werden.

11.7.2.2 Flexibilität ist nötig

Die Nutzung der Räume kann wechseln – was für die Babygruppe geplant war, kann ein Raum für die schnell wachsende Kindergartengruppe werden. Was als Fläche für den Stehkaffee und die Begegnung nach dem Gottesdienst vorgesehen war, kann vielleicht für zusätzliche Stuhlreihen im Gottesdienst gebraucht werden. So weit wie möglich sollten die Räume vielseitige Nutzung anbieten.

An einem Tag kann die Gemeinde zwei Gottesdienste abhalten, an einem anderen hat man vielleicht mehr Besucher als sonst. Ein überfüllter Versammlungsraum ist für weiteres Wachstum nicht hilfreich, aber zu viele leere Stühle auch nicht. Die meisten Menschen wollen einem erfolgreichen Team angehören, aber leere Stühle vermitteln diese Botschaft nicht. Der Saal und möglicherweise die Nebenräume sollten so flexibel sein, dass ein guter Gottesdienstbesuch nicht den Eindruck der Überfüllung erweckt und bei anderer Gelegenheit eine wesentlich geringere Besucherzahl nicht den Eindruck von Ausverkauf vermittelt. Verstellbare Wände, die den Saal von den angrenzenden Räumen trennen und die Formation der Bestuhlung sind zwei der Möglichkeiten, um für eine zweckmäßige und ansprechende Raumausnutzung zu sorgen.

11.7.3 Ein Gebäude muss leicht zu finden sein und zur Gemeinde passen

Diese Überlegungen beschäftigen sich vorwiegend mit den Faktoren, die das Wachstum einer Gemeinde betreffen. Aber wenn man sich für den Standort einer Gemeinde entscheidet, müssen viele andere Punkte berücksichtigt werden. Bei einem Bauprojekt muss z. B. die Entfernung zu den öffentlichen Gas-, Wasser- und Abwassersystemen bedacht werden, denn lange Wege erhöhen die Kosten beträchtlich. Ob Neubau oder gemietete Räume, die Erreichbarkeit und die Lage des Geländes sind weitere Faktoren, die es zu bedenken gilt. Welche Faktoren haben Einfluss auf das Wachstum der Gemeinde, wenn es um die Lage geht? Das Gebäude soll sichtbar, leicht erreichbar und für die erwarteten Besucher passend sein.[16]

11.7.3.1 Sichtbar

Das Gemeindegebäude selbst ist ein mächtiger Werbeträger. Wenn die Leute täglich an der Gemeinde vorbeigehen, macht es ihnen keine Schwierigkeiten, sie zu finden, wenn sie sich entschieden haben, sie zu besuchen. Die Leute lesen die Schilder, beobachten bei Veranstaltungen den Verkehr auf dem Parkplatz und beginnen über die Gemeinde nachzudenken. Eine Gemeinde, deren Gebäude nicht sichtbar ist, braucht mehr Geld und Zeit für die Werbung als eine Gemeinde, die an einer belebten Straße oder Kreuzung liegt. Die Gartenanlage, die Außenfassade sowie Plakate können dazu beitragen, dass man auf das Gemeindegebäude aufmerksam wird. Jedoch ist die Sichtbarkeit nicht alles, was zählt.

11.7.3.2 Erreichbar – und mit ausreichend Parkmöglichkeiten für Pkws

Die Besucher müssen den Gemeindeparkplatz oder Parkflächen am Straßenrand leicht erreichen können. Einkaufszentren bieten ihren Kunden klar bezeichnete Eingänge und geräumige Parkplätze. Viele Autofahrer sind an diese leichten Zugänge gewöhnt und machen sich nicht die Mühe, eine Gemeinde aufzusuchen, die nur schwer zugänglich zu sein scheint. Jedenfalls ist es kein motivierender Gedanke, vor dem Gottesdienst auf Parkplatzsuche gehen zu müssen.

Ein Ereignis mit dem Gemeindegebäude in Elburn kann diese Tatsache illustrieren. Ein Ehepaar aus einer Nachbarstadt war von Gemeindemitgliedern eingeladen worden. Als sie bei der richtigen Adresse angekommen waren, konnten die Gäste die Gemeindegebäude nicht finden, da sie nicht wie eine Gemeinde aussah, hinter einem anderen Gebäude versteckt lag und nur auf einem schmalen Teerweg, der über ein Privatgrundstück führte, zu erreichen war. Die Besucher kehrten um und baten einen Ortskundigen um Auskunft, bevor sie dann zur Gemeinde fanden. Andere hätten vielleicht aufgegeben. Dies zeigt, wie wichtig die Sichtbarkeit und Erreichbarkeit für eine Gemeinde ist. (Von da an wurden mehr Schilder aufgestellt, um Besucher zur Gemeinde zu lotsen.)

11.7.3.3 Kompatibel

Die Lage der Gemeinde sollte zu den erwarteten Besuchern passen. Die Nachbarschaft muss zu der Attraktivität der Gemeinde beitragen. Eine spanisch sprechende Gemeinde in USA oder Deutschland passt z. B. am besten in eine

---

[16] Bast, *Attracting New Members*, 74. Der Gedanke der Sichtbarkeit und Erreichbarkeit wird von vielen Beratern für Gemeindewachstum erwähnt.

Umgebung, wo viel Spanisch gesprochen wird. Da ist sie für die Besucher sichtbar, leicht zu erreichen und nahe an den Menschen, denen sie dienen möchte. Ferner wird eine Gemeinde, die die gehobene Mittelschicht ansprechen will, Schwierigkeiten haben, wenn sie sich in einem abgewirtschafteten Stadtgebiet ansiedelt, wo auf den Bürgersteigen Gerümpel liegt, die Häuserfassaden nach Farbe lechzen und wo man sich fragt, wer dort eigentlich wohnt.

Es ist von Vorteil, wenn die Gemeinderäume in einem Wohngebiet liegen, aber manche Gemeinde in Deutschland ist auch mit Räumen im Industriegebiet erfolgreich, wo größere und preiswertere Räume zu haben sind. Es ist nämlich nicht unbedingt erforderlich, dass das Gemeindezentrum für die Zielgruppe zu Fuß zu erreichen sein muss – auch in Deutschland entscheiden doch sehr viele, zu einer geistlich passenden Gemeinde zu fahren, statt einfach eine Gemeinde zu wählen, die sich um die Ecke trifft.

11.7.4 Ein attraktives Gebäude

Was macht ein Gemeindegebäude für Menschen anziehend?[17] Es wurde schon erwähnt, dass ein Gebäude gut sichtbar und leicht erreichbar sein muss. Zwei Punkte sollen hier außerdem bedacht werden.

11.7.4.1 Die Gestaltung des Gebäudes

Fragen zur Gestaltung, des Designs, werden am besten durch kompetente Fachleute beantwortet. Nur ein paar Gedanken sollen zeigen, wie wichtig es ist, hier richtige Entscheidungen zu treffen. Die Form des Gebäudes, seine Farben, Ausstattung, Einrichtung und Lage – diese Faktoren vermitteln dem Beobachter eine Botschaft über die Gemeinde. Es ist doch ein Unterschied, ob man in einen dunkel wirkenden Gottesdienstraum tritt mit Backsteinwänden und nur kleinen Fenstern oder ob man in einen Saal eintritt, der durch seine Helligkeit Offenheit und Weite ausstrahlt. Die Gestaltung kann auch ausdrücken, wie gut es der Gemeinde finanziell geht, ob es vorwärtsgeht oder nicht.

Wie einladend sieht die Gemeinde aus? Ein Gebäude, das mehr im Hintergrund des Grundstücks liegt, wirkt weniger einladend, als eins, das näher an der Straße liegt. Ein einladender Haupteingang zur Gemeinde heißt die Leute eher willkommen als kleine Türen, die den Besucher ratlos machen, wo denn nun der Eingang sei.

Ein kleines Gebäude vermittelt die Botschaft von einer kleinen, exklusiven Gemeinde mit wenig Wachstumsabsichten. Daher fühlen sich Passanten oder Vorbeifahrende nicht dazu eingeladen.

---

[17] In diesem Abschnitt wird nicht die viel wichtigere Rolle angesprochen, die die Christen als Zugkraft für die Menschen spielen. Das geschieht an anderer Stelle in diesem Buch. Aber die Liebe zu den Menschen zeigt sich eben auch in den hier besprochenen Themen.

11.7.4.2 Das Erscheinungsbild des Gemeindezentrums

Das Grundstück, die Gebäude und die Räume müssen gut instand gehalten werden. Sauberkeit dient dazu, den Aufenthalt in den Gemeinderäumen angenehm zu machen. Bast schreibt: „Sauberkeit ist wesentlich. Und die drei wichtigsten Bereiche sind, in dieser Reihenfolge: Der Babyraum, die Toiletten und die Küche."[18]

11.7.4.3 Optimale Nutzung

Das Gemeindegebäude, die Räume und die Einrichtung sollten benutzerfreundlich sein. So müssen wichtige Räume, wie der Babyraum, die Räume für Kinderprogramm und andere Gruppen sowie die Toiletten deutlich gekennzeichnet sein, damit auch Gäste sie leicht finden. Auf bequemen Stühlen kann man sich besser konzentrieren und in Räumen, die angemessen beleuchtet und belüftet werden, hält man es länger aus.

11.7.5 Möglichkeiten zur Gebäudeerweiterung

Keine Gemeinde wünscht sich Versammlungsräume, die noch Jahre nach der Fertigstellung halb leer stehen. Das ist vom finanziellen Standpunkt her nicht weise und für die Besucher nicht attraktiv. Wenn die Gemeinde sich weiter auf Evangelisation und das geistliche Wachstum ihrer Teilnehmer konzentriert, wird das Fassungsvermögen des neuen Gemeindegebäudes bald zu klein. Ich könnte einige Gemeinden in Deutschland nennen, die nicht lange nach dem Bauen feststellten: „Wir brauchen eigentlich jetzt schon einen Raum mehr für die Kinder", „Wir hätten das Gebäude unterkellern sollen" oder „Wir hoffen, dass wir das Nachbargelände auch noch erwerben können, denn wir brauchen es für die Jugendarbeit." Doch oft fehlt dann für solche Erweiterungen das Geld oder auch der Platz. Die Planer eines neuen Gemeindezentrums müssen diese Möglichkeit bedenken und wissen, wie man anbauen könnte. Schaller, als er über die Flexibilität des neuen Gebäudes schreibt, schlägt vor: „Der Entwurf sollte wenigstens drei scharf unterschiedene Möglichkeiten für Erweiterung bieten."[19]

Einige Gemeinden bereiten sich auf die Zukunft vor, indem sie einen kompletten Plan entwerfen, der dann in Abschnitten ausgeführt wird. Das erste Stadium könnte die Konstruktion eines Bauabschnitts sein, der zunächst als Gottesdienstraum genutzt wird und einige Gruppenräume bietet. Wenn es dann einige Jahre später nötig wird, fügt man in einer zweiten Bauphase den eigentlichen Gottesdienstsaal dazu. Der ursprüngliche Gottesdienstsaal wird nun in zusätzliche Gruppenräume und Büros umgebaut. Ein anderes Modell ist der Bau einer Halle, die einige Jahre als Versammlungsort genutzt wird, bis die eigentlichen

---

[18] Bast, *Attracting New Members*, 75.

[19] Schaller, *44 Questions*, 155.

11 – Das Gemeindegebäude und sein Einfluss

Gemeinderäume errichtet werden. In der Zwischenzeit wird die Halle multifunktional genutzt – für Gottesdienst und andere Treffen, wie auch für die Kontakt fördernden Programme der Gemeinde, z. B. sportlicher Art.

Einen Gesamtplan für den Bau der Einrichtung in verschiedenen Phasen zu haben, hat etliche Vorteile.

Erstens sieht die endgültige Einrichtung nicht wie zusammengestückelt aus, da der Hauptplan die Gebäude von Anfang an zusammenfügt.

Zweitens kann die Gemeinde durch das Bauen in Abschnitten, die benötigten Räume, die für die nächste Phase gebraucht werden, so fertigstellen, dass sie sich finanziell nicht übernehmen muss.

Drittens, während die Gemeinde zahlenmäßig wächst, können die Gebäude zur angemessenen Zeit erweitert werden. Mit diesem stufenweisen Bauplan kann die Gemeinde ihre wichtigen Dienste fortsetzen und somit vermeiden, dass sie sich zu sehr auf die Gebäude konzentrieren muss.

12 Eine Gemeinde, die weitergibt

12.1 Eine Vision für Evangelisation und Auslandsmission

12.1.1 Definitionen

Der grundlegende Verantwortungsbereich einer Gemeinde liegt in der Evangelisation und Mission. Was ist mit diesen Worten gemeint? Die Bedeutung des griechischen Verbs *euangelizo* ist „bringen oder erklären guter oder froher Nachrichten".[1] Es „wird fast immer für die gute Nachricht vom Sohn Gottes gebraucht, wie er im Evangelium verkundigt wird".[2] Dieses Verb wird in Lukas 4,43 mit „die Gute Nachricht verkünden" übersetzt und ebenso in 1. Korinther 1,17.

Evangelisation, die Verkündigung des Evangeliums, ist das Bekanntmachen der Guten Nachricht von Jesus Christus verbunden mit einer Einladung zur Umkehr (Apg 2,38), zur „Abwendung von den Götzen, um dem wahren und lebendigen Gott zu dienen" (1Thess 1,9). Das Evangelium soll auf eine Art und Weise verkündigt werden, dass Menschen die zentrale Aussage gut verstehen und auf den Anspruch Christi antworten, indem sie Christen werden – Christen, die ihm dann dienen.

Der Begriff „Mission" stammt von dem lateinischen *missio*[3] *ab*, einer Übersetzung des griechischen *apostello*, das bedeutet „aussenden" oder „zum Dienst oder mit einem Auftrag senden".[4]

Wie Gott, der Vater, Jesus in die Welt sandte, so sendet Jesus seine Jünger mit einem Auftrag in die Welt (Joh 20,21). Das große Ziel jeder christlichen Mission hat Jesus vorgegeben:

> Mir ist gegeben alle Gewalt im Himmel und auf Erden. Darum gehet hin und machet zu Jüngern alle Völker: Taufet sie auf den Namen des Vaters und des Sohnes und des Heiligen Geistes und lehret sie halten alles, was ich euch befohlen habe. Und siehe, ich bin bei euch alle Tage bis an der Welt Ende (Mt 28,18-20).[5]

---

[1] William Edvy Vine, *The Expandes Vine's Expository Dictionary of New Testament Words*, ed. John R. Kohlenberger III (Minneapolis: Bethany House, 1984), 873; im Folgenden zitiert als: Vine, *Dictionary*.

[2] Vine, *Dictionary*, 873.

[3] *The New Lexicon Webster's Dictionary of the English Language* (New York: Lexicon Publications, 1987), 639.

[4] Vine, *Dictionary*, 1015.

[5] *Die Bibel nach der Übersetzung Martin Luther in revidierter Fassung* (Stuttgart: Deutsche Bibelgesellschaft), 1984.

Der Auftrag lautet: Menschen zu Jüngern zu machen. Wie geschieht das? Indem Christen zu anderen hingehen, verkündigen, lehren und taufen. Mit anderen Worten ausgedrückt bedeutet das, Menschen zu Jesus Christus zu bringen und ihnen beizubringen, ihm in allem zu gehorchen, was er gelehrt hat.

Der Begriff *Mission* beinhaltet den Gedanken, dass jemand in ein neues Gebiet gesandt wird; das schließt Verkündigung mit ein. Dabei geht es aber um mehr, als das Wort nur gesagt zu haben. Die Aufgabe der Verkündigung ist, die Gute Nachricht zu bringen und eine Antwort darauf zu erbitten, um dann den geretteten Menschen zu helfen, gehorsame Jünger Jesu Christi zu werden und dadurch auch aktive Mitglieder der Gemeinde. Paulus schrieb über seinen Auftrag, den er von Jesus Christus erhalten hatte: „Er hat mich bevollmächtigt, sein Apostel zu sein. Mein Auftrag ist es, zur Ehre seines Namens Menschen aus allen Völkern dafür zu gewinnen, dass sie sich Gott im Gehorsam unterstellen und ihm vertrauen" (Röm 1,5). Paulus war ein Ausgesandter, der evangelisierte und Gemeinden gründete. Dazu gehörte das Lehren, Ermahnen, Ermutigen, Vorleben des Christseins, das Anleiten von Mitarbeitern und vieles mehr.

Der Terminus *Missionar* wird jedoch heute in einem weiteren Sinn gebraucht, wie Johnstone korrekt formuliert:

> Der christliche Missionar wird von einer lokalen Gemeinde ausgesandt, um zu evangelisieren, Gemeinden zu gründen und Menschen zu Jüngern zu machen – von seiner Heimat entfernt und oft unter Menschen einer anderen Rasse, Kultur oder Sprache. Der moderne Gebrauch ist ganz anders. Wir gebrauchen diesen Begriff für alle, die über kulturelle Grenzen hinweg ausgesandt werden zu christlichem Dienst jeglicher Art, obwohl sie nicht notwendigerweise Apostel im biblischen Sinn sein müssen.[6]

Während nicht jeder Missionar direkt mit Evangelisation, Gemeindegründung oder Lehren zu tun haben muss, sollte doch sein Dienst dazu beitragen, diese Ziele zu erreichen. In diesem Abschnitt steht das Wort *Mission* für die Bemühungen von Gemeinden, Missionsorganisationen und Missionaren, Menschen – meist aus anderen Kulturen – zu Christus zu führen, sie zu unterrichten und neue Gemeinden zu gründen. Dass dazu auch das Eingehen auf die Nöte und Bedürfnisse der Menschen gehört, setze ich voraus. Oft öffnen sich Menschen erst dann für die Gute Nachricht, nachdem ihnen von den Christen Gutes getan wurde, nachdem Christen auf ihre Bedürfnisse eingegangen sind.

---

[6] Patrick Johnstone, *Operation World*. 4th ed. (Waynesboro, GA: Send the Light (Operation Mobilisation), 1986), 497.

12.1.2 Sendende Gemeinden in der Bibel

Christen können von den Modellen aussendender Gemeinden in der Bibel lernen. Die erste Gemeinde, die offiziell Missionare aussandte, war die Gemeinde in Antiochia. Die dortigen Leiter hörten auf den Ruf des Heiligen Geistes und sandten Barnabas und Paulus auf ihre erste Missionsreise (Apg 13,1-4). Interessanterweise gehörten die beiden Männer, die vom Heiligen Geist berufen und von der Gemeinde ausgesandt wurden, zur Gemeindeleitung („Propheten und Lehrer") und die anderen waren bereit, diese begabten Brüder gehen zu lassen.

Paulus startete seine drei Missionsreisen von Antiochia aus. Er kehrte auch nach seiner ersten und zweiten Reise wieder dorthin zurück, um der Gemeinde zu berichten, was Gott durch ihn und seine Mitarbeiter gewirkt hatte und um für eine Weile dort zu bleiben (Apg 14,26-28; 18,22-23). Die Gemeindemitglieder wurden über die Ausbreitung des Evangeliums und die Fortschritte der neuen Gemeinden unterrichtet. Ihr Interesse war nicht auf ihre eigenen Gemeindeangelegenheiten beschränkt.

Jede Gemeinde sollte auch „die Enden der Welt" im Auge behalten.

Die Christen in Philippi sind das zweite Beispiel für eine missionsorientierte Gemeinde. Nachdem die Gemeinde durch den Dienst des Paulus gegründet worden war, ließ sie ihm wiederholt Hilfe zukommen (Phil 4,15-16).

Auch junge Gemeinden von heute anerkennen, dass Gott einige der Mitglieder direkt für seinen weltweiten Dienst beruft. Jede Gemeinde sollte „die Enden der Welt" im Auge behalten (Apg 1,8); jede Gemeinde muss zur Ausbreitung des Evangeliums zu Hause und auswärts beitragen. Aber wer ergreift die Initiative dafür?

12.1.3 Betonung der Notwendigkeit von Mission und Evangelisation

Gemeindeleiter, die Evangelisation und Mission bereits in der Formulierung ihrer Gemeindevision hervorheben, geben damit die Richtung an. Auch wenn diesen Aufgaben dort die angemessene Priorität gegeben wird, muss doch wiederholt an sie erinnert werden; andernfalls wird die Gemeinde versucht sein, sich ganz um die eigenen dringenden Angelegenheiten zu kümmern. Hesselgrave schreibt: „Es ist sehr leicht, sich auf die zu konzentrieren, die nahe bei uns und uns ähnlich sind, und dabei die zu vernachlässigen, die weit weg sind."[7] Wenn in der Gemeinde ganz praktisch zu Evangelisation und Missionsarbeit angeleitet wird,

---

[7] David. J. Hesselgrave, *Planting Churches Cross-Culturally* (Grand Rapids: Baker Book House, 1986), 37.

trägt das zu einer gesunden Ausgewogenheit zwischen den nach innen und nach außen gerichteten Diensten bei.

12.2 Gott sendet eine Gemeinde zur Evangelisation

12.2.1 Evangelisation ist mehr als Menschen zu versammeln

Wenn eine neue Gemeinde gegründet wird, zieht sie Menschen an, die sich in ihren geistlichen Erfahrungen sehr unterscheiden. In den USA und auch in Deutschland versammeln sich in neuen Gemeinden oft Christen, die kürzlich in diese Gegend umgezogen sind oder einige Zeit keine Gemeinde besuchten. Gläubige wechseln aus unterschiedlichen Gründen zur neuen Gemeinde. Außer den Christen kommen auch Menschen, die noch nicht gläubig sind. Eine Gemeinde darf nicht damit zufrieden sein, nur Christen anzusprechen. Deshalb müssen Wege gefunden werden, Nichtchristen näher kennenzulernen. Es ist bereits viel gewonnen, wenn Teammitglieder dabei suchende Menschen treffen, die sich zu Gottesdiensten und anderen Veranstaltungen einladen lassen. Was noch schwerer ist und länger dauert, ist die Suche nach den Menschen, die man nicht als „nach Gott suchend" beschreiben kann. Doch auch für sie machen Christen sich auf die Suche.

Der erste Schritt ist getan, wenn Menschen die Bekanntschaft mit verschiedenen anderen Christen machen und an Veranstaltungen teilnehmen. Damit wird sich eine Gemeinde allerdings noch nicht zufriedengeben, denn Menschen sollen für Christus gewonnen werden. Die Zunahme der Gottesdienstbesucher ist noch nicht Evangelisation. Das Evangelium soll so verkündigt werden, dass Menschen zu einer persönlichen Hingabe an Christus geführt werden und die weltweite Gemeinde Jesu auch wächst, nicht nur die örtliche.

12.2.2 Viele Möglichkeiten zur Evangelisation

Einige Wege, um Menschen zu erreichen, sind schon in einem früheren Kapitel diskutiert worden. Das Vorgehen des Gemeindegründers beim Gewinnen von Interessierten für die Hauskreise und Kerngruppe kann von anderen in der Gemeinde ebenso gelernt werden. Während sich der Gemeindegründer zunehmend um seine Gemeindemitglieder kümmert, muss er sicherstellen, dass die Christen in seiner Gemeinde ebenfalls ihre Verantwortung für Evangelisation wahrnehmen. Ob nun jemand in die Gemeinde eingeladen wird oder neue Interessenten zu Hause besucht werden – es gibt genug Möglichkeiten, sich evangelistisch zu engagieren.

Wie bleibt das evangelistische Anliegen in der Gemeinde lebendig?

Erstens muss der Pastor zur Evangelisation motivieren. Er oder ein dafür begabtes Teammitglied sorgt dafür, dass die evangelistisch pointierte Botschaft und die herzliche Einladung zu Jesus Christus ein zentrales Anliegen der Gemeinde bleibt.

Zweitens sollte die Anleitung für evangelistische Aktivitäten nicht so kompliziert sein. Viele Mitglieder können dazu aufgefordert werden, ihren Nachbarn eine Broschüre über die Gemeinde zu geben; dazu braucht man kein langes Training. Von Tür-zu-Tür gehen oder neue Gäste besuchen erfordert dagegen eine gründlichere Vorbereitung. Der Gemeindegründer kann einzelne Mitglieder zu solchen Besuchen mitnehmen und dabei zusätzliche Hinweise geben. Als wichtiger für die Arbeit in Deutschland erachte ich aber, dass Christen gezeigt wird, wie sie ihre bereits bestehenden Beziehungen in der Verwandtschaft und im Kreis der Bekannten nutzen können, um taktvoll und konkret über Jesus Christus zu sprechen.

Drittens wird nicht jeder in der direkten evangelistischen Arbeit aktiv sein. Obwohl alle Gemeindemitglieder ermutigt werden sollten, Christus zu bezeugen, werden sich nicht alle in evangelistischen Gesprächen engagieren. Doch jeder in der Gemeinde kann seine geistliche Gabe entdecken und dem Herrn damit dienen (1Petr 4,10). Christen sollten sich nicht beneiden, noch auf andere herunter schauen, die z. B. nicht die Gabe der Evangelisation haben, um andere zu Christus zu führen. Ideal ist es, wenn jeder Gabenträger auf seine Weise zu der evangelistischen Gesamtausrichtung der Gemeinde beiträgt. Schon so mancher Nichtchrist wurde z. B. durch die praktische Hilfe eines Christen aus seiner Nachbarschaft auf die Gemeinde Jesu aufmerksam.

Ideal ist es, wenn jeder Gabenträger auf seine Weise zu der evangelistischen Gesamtausrichtung der Gemeinde beiträgt.

Schließlich bezieht eine Gemeinde ihre Mitglieder in die Evangelisation ein, indem sie evangelistische Veranstaltungen anbietet, und den Christen zeigt, wie sie andere zu Christus einladen können. Towns schreibt: „Eine Gemeinde muss durch Seelengewinnung gebaut werden ... Das Geheimnis des Wachstums auf allen Gebieten ist Seelengewinnung."[8] Sehr viel ist bereits gewonnen, wenn die Eingeladenen kommen und weitere Christen kennenlernen. Wer dies tut und Veranstaltungen mit Christen besucht, wird früher oder später das Evangelium hören und mit einem Christen über die Bibel, Gott und Jesus reden.

In der Evangelical Fellowship Church in Elburn wurde der Sonntagsgottesdienst bedeutendstes Instrument der evangelistischen Arbeit. Die Christen konnten ihre Freunde und Verwandten zu den Gottesdiensten einladen, in de-

---

[8] Elmer Towns, *Getting A Church Started* (Lynchburg, VA: Church Growth Institute, 1985), 124.

nen das Evangelium verkündet wurde (obwohl viele Predigten nicht evangelistische Botschaften, sondern eher Unterweisungen für die Gläubigen waren). In der Christus-Gemeinde Hannover ist der Gottesdienst ebenfalls eine wichtige Tür in die Gemeinde, durch die die meisten neuen Teilnehmer eintreten. Allerdings wird hier nun wesentlich mehr unternommen, um Menschen außerhalb der Gemeinde anzusprechen, sei es durch Konzerte, Theateraufführungen, Feste oder Open-Air-Gottesdienste, zu denen auf vielfältige Weise eingeladen wird. Auch die Kleingruppen werden immer wieder einmal an ihre evangelistische Chance und Aufgabe erinnert.

Doch sollen die Bemühungen sich nicht auf den Einzugsbereich der eigenen Gemeinde beschränken. Gott wird Türen öffnen, damit einzelne Christen oder ganze Teams der Gemeinde auch in anderen Städten zum Einsatz kommen. Ob es nun das Musikteam oder die Theatergruppe ist, der Extradienst über die lokalen Gemeindegrenzen hinweg, zeigt die Zugehörigkeit zur weltweiten Gemeinde Jesu und tut gut. Außerdem ist der Lerneffekt von evangelistischen Einsätzen nicht zu unterschätzen, wie das ein Team unseres Jugendkreises erfuhr, als sie unter der Leitung eines erfahrenen Kinderevangelisten in der Camping-Mission mitarbeiteten.

12.3 Unterstützung der Mission in anderen Kulturen

Wenn eine Gemeinde gegründet wird, entsteht damit auch ein neuer Partner für die Auslandsmission. Es stellt sich die Frage: Wann sollte eine neue Gemeinde beginnen, Geld für die äußere Mission zu geben? Man könnte denken, dass eine Gemeinde, solange sie nicht selbst finanziell unabhängig ist, noch nicht in der Lage ist, für die Mission zu geben. Vielleicht wird sie selbst noch von ihrem Verband oder einer anderen Organisation unterstützt. Was jedoch im frühen Stadium einer Gemeinde praktiziert wird, wird zum Muster für ihre Zukunft. Wenn eine Gemeinde die Mission nach außen von Anfang an vernachlässigt, wird sie ihr später vielleicht nicht genügend Aufmerksamkeit widmen. Die Gemeinde muss die Balance finden zwischen der Sorge um die eigenen augenblicklichen Bedürfnisse und der Notwendigkeit, Missionare zu unterstützen.

Was im frühen Stadium einer Gemeinde praktiziert wird, wird zum Muster für ihre Zukunft.

Schaller betont, dass es „schlechte Theologie" wäre, jeden Dollar und die ganze Energie des Pastors und der Freiwilligen nur in die neue Gemeinde zu investieren. Er sagt im Gegenteil: „Sowohl aus der biblischen Perspektive als auch vom pragmatischen Standpunkt aus ist es besser, die Mission von Tag eins an zu einem zentralen Aspekt der Vision zu machen."[9] Selbst wenn eine Gemeinde keine großen finanziellen Beträge an Missionen gibt, kann sie solche Unterstützung doch fast von Anfang an als ihre Aufgabe sehen.

12.3.1 Besuch von Missionaren

Aufgrund der Tatsache, dass die Liberty Corner Mission und die Evangelical Fellowship Church in Elburn derselben Organisation angehören, knüpfte die Gemeinde früh Verbindungen zur Mission. Missionare besuchten die Bibelgruppen schon, bevor die Gemeinde offiziell gegründet war. Später sprachen Missionare gelegentlich in den Gottesdiensten oder bei anderen Veranstaltungen. Ähnlich verlief es in Hannover.

12.3.2 Spenden für Missionare

Berichte aus der Mission wurden unter den Gemeindemitgliedern verteilt, und während der Weihnachtszeit wurden gezielt Spenden für Missionare gesammelt. Eine Kindergruppe bekam Kontakt zu einer Missionarsfamilie in Japan und legte Geld für sie zusammen. Obwohl die Summen vielleicht zunächst nicht hoch sein mögen, wird Geben zu einer guten Übung.

12.3.3 Missionsvertreter

Während die Gemeinde wächst, werden Mitglieder sich verstärkt für die Mission engagieren. Es werden zum Beispiel Missionsvertreter aus der Gemeinde gebraucht, d. h. sie repräsentieren die Mission in der Gemeinde. Sie informieren sich über das ausländische Missionsfeld und besuchen es vielleicht sogar, was ihnen direkten Einblick mit nachhaltiger Wirkung für ihr Missionsengagement gibt. Sie berichten dann der Gemeinde über die aktuelle Situation der Missionare. Diejenigen, die das Missionsfeld direkt erlebt haben, können der Gemeinde dabei helfen, missionsorientiert zu bleiben. Diese Missionsvertreter schreiben den Missionaren und bringen andere Mitglieder mit ihnen in Kontakt.

12.3.4 Kurze Missionseinsätze

Handwerker, Computerspezialisten, Krankenschwestern und andere Arbeiter aus den verschiedensten Berufsgruppen können eine große Hilfe sein, wenn sie ihren Urlaub einem Missionsprojekt zur Verfügung stellen. Die Evangelical Fellowship Church in Edmonton, Kanada, z. B. sandte mehrere Arbeitsteams nach Japan, um bei dem Bau eines Konferenzzentrums zu helfen. Interessanterweise wurde einer der Zimmermänner dann selbst ein vollzeitlicher technischer Missionar in Japan. Eine Gemeinde, die mit dem ausländischen Missionsfeld in Kontakt bleibt, kann Mitglieder als technische Helfer auf kurzzeitige Missionsreisen aussenden. Wenn sie zurückkehren, sind diese Mitglieder oft

---

[9] Lyle E. Schaller, *44 Questions for Church Planters* (Nashville: Abingdon Press, 1991), 133.

hoch motiviert, für Jesus in der örtlichen Gemeinde zu wirken und ebenso für die Unterstützung der Mission im Ausland. Ähnlich werden Jugendgruppen oder Gruppen junger Erwachsener, die ein Arbeitscamp planen oder eine evangelistische Aktion auf einem Missionsfeld, von solchen Bemühungen profitieren. Das Projekt gibt einem Jugendtreffen ein Ziel, erhöht die Disziplin, und hilft den jungen Leuten zu reifen. Die Zusammenarbeit in einem Missionsprojekt stärkt auch das Gemeinschaftsgefühl zwischen den Jugendlichen und ihren Leitern.

Als neun amerikanische Christen nach Hannover flogen, um hier bei einem christlichen Englisch-Camp mitzuarbeiten, war das für sie ein Missionseinsatz. Es kostete sie Zeit und Geld, doch wurde ihre Mitarbeit sehr geschätzt. Gleichzeitig hatten sie die Gelegenheit, ein missionarisches Projekt in Deutschland hautnah mitzuerleben. Solche Einsätze, selbst wenn sie kurz sind, prägen die Teilnehmer und weiten den Horizont für den weltweiten Missionsauftrag Jesu. Eine Aussendung solcher Missionsteams im heimatlichen Gottesdienst erhöht die Zahl derer, die für die Christen beten. Es muss ebenfalls sichergestellt werden, dass die Teilnehmer an einem Missionseinsatz nach ihrer Rückkehr ausführlich über ihren Einsatz berichten können, denn es zeigt auch, wie wichtig dem Team die Aussendung und das Fürbittegebet der sendenden Gemeinde sind.

12.3.5 Aussendung von Mitgliedern als Missionare

Früher oder später wird Gott Mitglieder der Gemeinde als Missionare berufen. Wenn dann, wie es in der Christus-Gemeinde Hannover geschah, Mitarbeiter aus der Gemeinde in die äußere Mission gehen, sind die Verbindungen zu diesen Missionaren natürlich besonders lebendig. Es liegt nahe, dass für Missionare, die man persönlich kennt, gebetet und regelmäßig gegeben wird.

Die Berichte in den Missionsnachrichten, E-Mails oder Briefe direkt von den Missionaren helfen Christen, sich in ihren persönlichen Gebetszeiten an die Anliegen der Missionare zu erinnern. Aber auch im gemeinsamen Gebet in Kleingruppen oder im Gottesdienst sollen ausgewählte Wünsche und Erfahrungen der Missionare vorkommen.

12.3.6 Das Verständnis für den Gesamtauftrag

Eine Gemeinde hilft mit, die Ernte im Ausland einzubringen und kümmert sich ebenfalls um die Ernte zu Hause. Wenn auch die Akzente unterschiedlich gesetzt werden, so gehört doch beides zusammen. Christen, die sich darum bemühen, „die Enden der Welt" für Christus zu gewinnen, indem sie die äußere Mission unterstützen, werden auch Zeugen für ihn in ihrem „Jerusalem" sein (Apg 1,8).

Durch den Blick auf die weltweite Aufgabe wird eine Gemeinde einen weiten Horizont behalten. Eine wesentliche Folge der Unterstützung der Mission durch die Ortsgemeinde ist, dass ihre Mitglieder ein besseres Verständnis für Gottes weltweites Wirken bekommen.

12.3.7 Inspiration vom Missionsfeld

Die Gemeinde wird durch Berichte vom Missionsfeld ermutigt und inspiriert. Diese Informationen regen zu Dankgebeten und Fürbitte an. Mitglieder können motiviert werden und neue praktische Ideen für ihre eigene Gemeindearbeit erhalten, wenn sie missionarische Einsätze auf dem Missionsfeld beobachten.

Viele Schilderungen der Missionare stärken die Hingabe der Gemeindemitglieder an den Herrn und seine Anliegen. Ich selbst erinnere mich noch gut daran, wie mich während der Ausbildung am Seminar die Besuche und Berichte von Missionaren für die Ausbildung und den Dienst motiviert haben.

12.3.8 Das Ziel des Engagements

Eine Gemeinde, die Mission unterstützt, bietet einen gewichtigen Grund für Menschen, sich in der örtlichen Gemeinde zu engagieren. Sie wird gereifte Christen anziehen, für die Mission von großer Bedeutung ist.[10] Spenden für die Mission bedeuten, dass die Gemeinde nicht selbstbezogen ist; im Gegenteil, sie nutzt ihre Ressourcen, um etwas Gutes für andere zu tun. Christen und sogar viele, die noch suchend sind, schätzen eine solche Großzügigkeit.

12.3.9 Überwindung kirchlicher Grenzen

Wenn jemand neu in einer Gemeinde ist, der einen anderen kirchlichen oder freikirchlichen Hintergrund hat, hilft die Tatsache, dass die Gemeinde Missionare fördert, als ein integrierender Faktor. War nämlich jemand in seiner früheren Gemeinde an Mission interessiert, wird er diese Ausrichtung in der neuen Gemeinde vertraut und attraktiv finden. Schaller beobachtet:

> (Für) Menschen, die kein Wissen aus erster Hand über das Erbe unserer Denomination haben, ist die Mission eine bessere Brücke zum Überwinden von Glaubens- oder Denominationsgrenzen als Lehrmeinung, Verfassung, Geschichte oder Tradition.[11]

12.4 Mitwirkung an der Ausbildung christlicher Berufsgruppen

12.4.1 Direkte Unterstützung für Studierende

Wenn Gott ein Gemeindemitglied beruft, sich auf einem Seminar oder einer Bibelschule für den christlichen Dienst gründlich ausbilden zu lassen, kann sich die Gemeinde überlegen, ob sie diesen Studierenden unterstützen will. Um sich

---

[10] Schaller, *44 Questions for Church Planters*, 133.
[11] Schaller, *44 Questions für Church Planters*, 134.

gut auf die Ausbildung konzentrieren zu können, brauchen Studierende finanzielle und andere materielle Hilfen. Ebenso benötigen sie Gebetsunterstützung und anhaltende Ermutigung durch die Heimatgemeinde. Es wirkt sehr motivierend, wenn der Studierende weiß, dass Mitglieder seiner Gemeinde an seinem Studium und seinen Plänen für den Dienst interessiert sind.

12.4.2 Unterstützung von Bibelschulen und Seminaren

Um gutes Training für Evangelisten, Missionare, Jugendreferenten und Pastoren abzusichern, kann eine Gemeinde Spenden für Bibelschulen und Seminare in ihrem Budget vorsehen. Ein logischer Ansatz wäre, die Schulen zu unterstützen, von denen die Gemeinde ihre Pastoren und andere Mitarbeiter erhält und wohin sie Mitglieder sendet, um als Missionare oder Gemeindemitarbeiter ausgebildet zu werden. Wenn dann noch zweckgebunden gegeben wird, weil die Gemeinde die Person kennt, wird das Geben und Beten für die unterstützte Person persönlicher und die Beziehung vertieft.

Seminare beeinflussen wesentlich die zukünftige geistliche Gesundheit von Gemeinden. Sie helfen Generationen von Pastoren und Jugendreferenten zu prägen. Ob ein Pastor biblisch gesunde und lebendige Predigten hält, hängt zu einem nicht unbedeutenden Teil von seinem Training im Seminar ab. Eine Gemeinde sollte daher über die theologische Entwicklung einer Schule informiert sein und durch finanzielle Unterstützung ihre Wertschätzung ausdrücken.

12.4.3 Zusammenfassung

Außer der Fürsorge für die Menschen, die bereits dazugehören, wird sich eine wachsende Gemeinde bemühen, ihre Nachbarschaft und die ihrer Teammitglieder zu evangelisieren. Menschen sollen von Jesus Christus hören und zu ihm eingeladen werden. Dafür sind Christen da. Obwohl die eigene evangelistische Arbeit Priorität hat, wird eine Gemeinde auch Bemühungen in der Mission unterstützen, um zu helfen, Menschen in anderen Kulturen für Jesus Christus zu gewinnen.

Wenn auch in der Gründungsphase einer Gemeinde die gerade beschriebenen Anliegen noch wenig greifbare Unterstützung finden werden, so ist es für die weitere Entwicklung dennoch gesund, den Wunsch zu haben, Mission, Evangelisation und die Ausbildung haupt- und ehrenamtlicher Mitarbeiter zu fördern. Ein weiteres Anliegen sollte jeder neuen Gemeinde mit auf den Weg gegeben werden – es sollte sozusagen im Erbgut enthalten sein: die Absicht, ihrerseits die Gründung neuer Gemeinden zu beginnen oder zusammen mit anderen zu unterstützen. Da dies so wichtig ist, widme ich dem Thema ein eigenes Kapitel.

13 Gemeinden gründen, die ihrerseits Gemeindegründung unterstützen

Weshalb gründen wir eigentlich neue Gemeinden? Bevor mit der Gründung begonnen wird und dann später, wenn die Kleinarbeit mühevoll wird, ist es heilsam zu fragen: Weshalb das alles? Damit unsere **Motivation** auf festem Grund steht und – wo es nötig ist – neu belebt wird, dürfen wir Gottes Gedanken über die Entstehung neuer Gemeinden auf uns wirken lassen. Es gibt keine bessere Kraftquelle als die Bibel. Zusätzlich setzen wir ganz nüchtern den gesunden Menschenverstand ein und kommen zu dem Schluss: Ohne neue Gemeinden geht es früher oder später bergab – das geistliche Leben im Land generell sowie die Größe von Verbänden. Gemeindegründung ist also keine Modeerscheinung, die in den letzten Jahren auch in Deutschland wieder neu entdeckt wurde, die aber doch von den nächsten Entdeckungen und Methoden auf dem Baumarkt christlicher Akteure in den Schatten gestellt werden wird, als könne man auf sie verzichten. Zunächst frage ich: Was bewegt uns, neue Gemeinden zu gründen? Dann zeige ich einige konkrete Antworten auf die Fragen „Was können wir tun, damit mehr Gemeinden heranwachsen?"

13.1 Was bewegt uns, neue Gemeinden zu gründen?

13.1.1 Gemeindegründung in der Bibel

Hier geht es nicht nur darum, einzelne Bibelstellen zu nennen, sondern darum, ganze Konzepte zu erkennen. Denn obwohl es den Befehl „Gehet hin und gründet Gemeinden" in der Bibel nicht gibt, lässt sich doch Gottes Anliegen, dass Christen Gemeinden gründen, in der Bibel finden.

Wir sehen die Aufforderung Jesu, die für seine Leute ein Sendungsbefehl ist, in Matthäus 28,18-20. Es ist Jesu herzliches Verlangen, dass seine Jünger andere zu Jüngern machen, indem sie hingehen, das Evangelium verkündigen, taufen und anderen beibringen, wie man das befolgt, was er ihnen gesagt hat. Wenn also Menschen zu Jüngern werden, treffen sich diese und es entstehen Gemeinden. Neue Gemeinden sind also eine Folge wirkungsvoller Evangelisations- und Lehrarbeit.

Gemeindegründungen sind die Folge gesegneter Verkündigung des Evangeliums. Neu gegründete Gemeinden werden über kurz oder lang selbst Gemeinden starten. Frisch bekehrte Christen brauchen Gemeinden, in denen sie Gott in besonderer Weise zu sich reden und an sich handeln lassen – auch durch die Handlangerdienste der anderen Christen. Gläubige sollen nicht aufhören, sich zu versammeln, da sonst ihrem Glaubensleben Schaden drohen würde (Hebr 10,24-25). Damit solche Versammlungen in erreichbarer Nähe sind, müssen Gemeinden gegründet werden.

Den Wunsch, das Evangelium in neue **geografische Gebiete** und zu neuen **ethnischen Gruppen** zu bringen, entdecken wir ebenfalls bei dem Apostel Paulus, der u. a. Gemeindegründer war. Er reiste durch Kleinasien und durch Griechenland, wo er evangelisierte und lehrte – und Gemeinden entstanden. Er plante auch, nach Spanien zu reisen. Den Christen in Rom schrieb er von diesen Plänen und kündigte ihnen an, dass sie ihm eventuell dabei behilflich sein könnten (Röm 15,24). So liegt es also im Wesen des Missionsbefehls, dass Gemeinden entstehen. Gemeinden sind wie Brückenköpfe des Reiches Gottes, durch sie wird Gottes Herrschaft in immer weiteren Regionen sichtbar, wird von immer mehr Menschen anerkannt, wodurch wiederum Gott geehrt wird.

13.1.2 Missio Dei – Mission kommt von Herzen

Mission ist keine Erfindung der Menschen, sie kommt aus dem Herzen Gottes. Er möchte, dass Menschen zur Erkenntnis der Wahrheit kommen und gerettet werden (1Tim 2,4). Er geht aus Liebe auf uns Menschen zu und sammelt die, die sich retten lassen, in Familien – die man auch Gemeinden nennt. Also ist es der Wunsch Gottes, dass Gemeinden entstehen. Der Gott der Bibel ist auf der Suche – er suchte Adam, als der sich schwer versündigt hatte (1Mo 3,9). Gott suchte durch den, der von sich Folgendes klarstellte: „Der Menschensohn ist gekommen, um die Verlorenen zu suchen und zu retten" (Lk 19,10). Seitdem sucht und findet er weiterhin überall auf der Welt Menschen. Bei dieser Suche ist die Gemeinde beteiligt und es entstehen auch Gemeinden dadurch. Mission fängt bei Gott an, ist sein Herzensanliegen (*Missio Dei*). Es ist nicht nur Chefsache, als mache Gott sich die Mission zu seiner Sache. Es ist viel mehr Gottes Charakter – Mission gehört zu Gott.

13.1.3 Jesus, das Vorbild

Das Vorbild, das Jesus uns gibt, sollte ebenfalls zur Gründung neuer Gemeinden motivieren. Die Menschwerdung des Sohnes Gottes, die Inkarnation,[1] lehrt uns viel über Gemeindegründung. Jesus Christus hat es uns vorgelebt und er sagte: „Wie der Vater mich gesandt hat, so sende ich nun euch" (Joh 20,21). Er kam persönlich in diese Welt, lebte unter den Menschen – mittendrin, nicht abgeschottet in einer schwer zugänglichen Festung. So dringt auch sein geistlicher Körper – die Gemeinde – in neue Bereiche dieser Welt vor. Die Gemeinde

---

[1] Murray, *Church Planting,* 34 ff. Murray, der dieses Argument bringt, weist auch darauf hin, welche Konsequenzen sich aus dem Vorbild der Inkarnation für eine Gemeinde ergeben, die in dieser Welt ist, aber nicht dieser Welt, die also eine andere Heimat hat, zu einem anderen Reich gehört.

kommt den Menschen ganz nahe, sie geht in diese Welt hinein, wird dabei aber nicht weltlich. Eine Herausforderung für die Gemeindegründer besteht darin, zu unterscheiden, was denn als weltlich bezeichnet werden muss und was auf der anderen Seite aus der jeweiligen Kultur zum Dienste des Evangeliums genutzt werden sollte.

Das Vorbild Jesu in der **Inkarnation** spricht für Gemeindegründung. Auch sein Vorbild in der Art und Weise, wie er die Jünger berief, das Evangelium verkündigte, das Mitarbeiterteam formte und schulte, um sie dann zu senden – auch hier lebte Jesus Gemeindegründung vor.

Außerdem haben wir die **Zusage**, dass Jesus selbst seine Gemeinde bauen will: „[Ich] werde ... meine Gemeinde bauen!" (Mt 16,18). Hier ist die weltweite Gemeinde gemeint, zu der alle Menschen zählen, die zu Jesus Christus gehören. Später ist das Wort *Gemeinde* auch – und das sogar überwiegend – für die lokale Gemeinde, für die Gemeinden vor Ort, gebraucht (z. B. Röm 16,16). Die eine Gemeinde Jesu besteht aus vielen Gemeinden Jesu vor Ort. Von diesen Gemeinden vor Ort müssen immer mehr gegründet werden.

Doch selbst wenn es vor Ort bereits mehrere Gemeinden gibt, sind aus verschiedenen Gründen neue Gemeinden nötig. Hier soll ein solcher Grund genannt werden, der sich aus Jesu Gleichnis vom Wein und den Behältern für diesen Wein ableiten lässt:

> Niemand flickt ein altes Kleid mit einem neuen Stück Stoff, sonst reißt das neue Stück wieder aus und macht das Loch nur noch größer. Auch füllt niemand neuen Wein, der noch gärt, in alte Schläuche; sonst platzen die Schläuche, der Wein fließt aus und auch die Schläuche sind hin. Nein, neuen Wein füllt man in neue Schläuche, dann bleibt beides erhalten (Mt 9,16-17).

Wie ist das mit dem neuen Wein und den neuen Schläuchen? Am Beispiel des Fastens, wie es der Textzusammenhang zeigt, macht Jesus deutlich, dass das neue Leben auch neue Ordnungen, neue Formen braucht. Das Evangelium, das Jesus brachte, war eine völlig neue Botschaft. Damit es nicht verschüttet wird, ruft es nach neuen Verhaltensweisen, denn jüdische Ordnungen können es nicht bewahren. So sind auch viele Gemeinden heute nicht mehr in der Lage, das Evangelium in lebendiger Weise zu verkünden. Die Formen, die Strukturen sind überaltert, sodass die gute Nachricht nicht mehr als frohe Botschaft ankommt. Sie schmeckt alt, wegen der unzweckmäßigen Strukturen, obwohl sie eigentlich eine prickelnde Wohltat ist. Deshalb müssen neue Gemeinden her mit neuen Formen, die den wohltuenden Geschmack des Evangeliums richtig zur Geltung kommen lassen.

13.1.4 Der Heilige Geist sendet und bevollmächtigt die Botschafter Gottes – für die Gründung von Gemeinden

Der Geist Gottes setzt Christen in Bewegung, wie Jesus den Jüngern sagte: „Ihr werdet mit dem Heiligen Geist erfüllt werden, und dieser Geist wird euch die Kraft geben, überall als meine Zeugen aufzutreten" (Apg 1,8a). Der Geist Gottes überzeugt Menschen und macht sie zu Christen, die dann eine lokale Gemeinde brauchen. Er benutzt aber auch die Gemeinde – wo Christen gemeinsam als Zeugen Jesu auftreten. Das geschieht einmal durch das, was sie sagen und wie sie es kommunizieren. Zum andern spricht die Art und Weise des Umgangs unter den Christen ebenfalls eine laute Sprache. So kann der Betrachter eines Hauskreises erkennen, was die versammelten Christen von der Bibel halten und was sie voneinander halten: Andere sollten sehen können, wie Christen die Bibel schätzen und anwenden und wie sie einander achten und fördern. So stellt der Heilige Geist also die Gemeinde in seinen Dienst und gleichzeitig entstehen durch sein Wirken neue Gemeinden und sogar Gemeindebewegungen. So war es z. B. zur Zeit Zinzendorfs[2] in Deutschland und in den Missionsgebieten, zur Zeit Wesleys[3] in England und Nordamerika, zur Zeit Pücklers[4] in Berlin und Umgebung und zur Zeit Krawielitzkis in Deutschland und darüber hinaus.[5] Gemeinden und Gemeindebewegungen entstehen auch in unserem Jahrzehnt.

---

[2] Nikolaus Ludwig Graf von Zinzendorf (1700-1760) war Gründer der Herrnhuter Brüdergemeine. Von dort wurden viele Missionare ausgesandt, u. a. nach Grönland, Westindien, Nordamerika und Südafrika.

[3] John Wesley (1703-1791) wirkte zunächst in der Anglikanischen Kirche in England. Durch seine vollmächtigen Predigten, die auch immer öfter außerhalb der Kirchgebäude gehalten wurden, kamen mehr und mehr Menschen in die Nachfolge Jesu. Wesley organisierte – auch in Nordamerika – die gewonnenen Menschen in Gruppen, wo sie im Glauben wachsen konnten, wo sie konkrete Veränderung im Leben erfuhren und sie zu Mitarbeitern wurden. Was Wesley anfangs nicht einmal geplant hatte, geschah, eine neue Kirche entstand, die Methodistenkirche.

[4] Max Diedrich, *Geschichte der Christlichen Gemeinschaft St. Michael Berlin 1883-1958* (Berlin: Christliche Gemeinschaft „St. Michael", 1958), 94. Eduard Graf von Pückler (1853-1924) war Begründer und Leiter mehrerer kreativer Organisationen, die Diakonie und Evangelisation verknüpften. Eines der großen Wirkungsfelder war die Schar der Arbeiter und ihrer Familien in Berlin. Das Engagement der Christen führte in 1883 zur ersten St. Michaels-Gemeinschaft, der noch viele folgten. Die Arbeit blieb nicht auf Berlin beschränkt. So wurden z. B. Kolporteure und Reiseprediger in die Mark Brandenburg ausgesandt, um evangelistische Schriften zu verteilen, um zu predigen und Interessierte in Bibelstunden zu versammeln.

[5] Theophil Krawielitzki (1866-1942) war Mitbegründer und langjähriger Leiter des Deutschen Gemeinschafts- und Diakonieverbands, einer Bewegung innerhalb der Gemeinschaftsbewegung, in der Diakonie und Wortverkündigung zur Gründung von Hunderten neuer Gemeinschaften führte.

13.1.5 Die kulturellen Veränderungen erfordern neue Gemeinden

Eng mit den gerade genannten Argumenten ist die Aussage Murrays verbunden, dass neue Gemeinden nötig sind, die anders sind als die bisherigen Gemeinden.[6] Er plädiert für Gemeinden, die sich auf die jeweilige Kultur einstellen – die sich ja ständig ändert – und dort das Evangelium wirkungsvoll verkündigen. Es sind Gemeinden nötig, zu denen Menschen gern gehören wollen. Es müssen solche sein, die sich sichtbar bemühen, kreativ und wirkungsvoll zu evangelisieren. Leider sind auch neue Gemeinden sehr schnell dabei, ihre Aufmerksamkeit auf die Betreuung der Gemeinde-Christen zu richten – und dies auf Kosten des evangelistischen Engagements.

13.1.6 Was wir vom Apfelbaum lernen können

Hat nicht Gott alle Pflanzen und Tiere auf Wachstum und Vermehrung angelegt? Die Fortpflanzungsanlagen eines Apfelkerns zielen nicht darauf, einen riesigen Baum sprießen zu lassen, der möglichst auch noch alle Bäume überragt, sondern es sollen mehr Bäume wachsen – ganze Plantagen oder sogar Landstriche kann man mit Apfelbäumen bepflanzen. Es ist in jedem Kern eines Apfels schon festgelegt, dass er sich vermehren will, so sollte eine gesunde Gemeinde bereits im Kern den Wunsch nach Multiplikation enthalten. Christian A. Schwarz weist schon seit Jahren darauf hin, dass nicht Mega-Wachstum, sondern Multiplikation von Gemeinden der Schöpfung Gottes entspricht. Seine weltweiten Umfragen in Gemeinden bringen die Beweise.[7] Dieser Wunsch nach Multiplikation muss wach gehalten werden und darf weder durch Frustration noch durch Erfolg und dem Wunsch nach einer immer größeren Gemeinde vergessen werden.

Zweitens ist jedem Plantagenbesitzer klar, dass ohne das Anpflanzen neuer Bäume keine Plantage über viele Jahre hinweg erhalten werden kann. So belegt Lyle E. Schaller, dass schrumpfende Gemeindeverbände (Denominationen) in den USA sich durch zwei Entwicklungen auszeichnen: Sie reduzieren jedes Jahr die Anzahl der neugegründeten Gemeinden und sie verringern die Anzahl der großen Gemeinden.[8]

Zusammenfassend kann man sagen, dass uns die Bibel überzeugende Argumente für Gemeindegründung liefert, wenn auch der Befehl „gründet Gemeinden" nicht schriftlich erfolgte. Es geht jedoch im Neuen Testament häufig um die Gemeinde, die mit so herrlichen Namen wie „die Braut Christi", der „Tem-

---

[6] Murray, *Church Planting*, 133 ff.
[7] Christian A. Schwarz, *Farbe bekennen mit Natürlicher Gemeindeentwicklung: Wie kann ich mein Christsein kraftvoll leben und entfalten?* (Emmelsbüll: C & P, 2005), 34.
[8] Schaller, *44 Questions*, 180.

13 – Gemeinden gründen, die Gemeindegründung unterstützen

pel Gottes" oder „Familie Gottes" beschrieben wird. Gemeinden sind Gottes Wunsch und sie dienen dazu, Gottes Reich auszuweiten, Heimat und Familie für Gottes Kinder zu sein und Gottes Botschaft der Erlösung zu verkündigen. Kurz gesagt: Gemeinden liegen Gott am Herzen. Jesus Christus hat gezeigt, wie er die Gemeinde baut. Obwohl die Gemeinde erst an Pfingsten also solche beginnt, geben uns die Evangelien einen detaillierten Einblick in Jesu grundlegendes Wirken. Er baut sie auch in unseren Tagen, wie er es schon zu Zeiten der Apostel des Neuen Testaments getan hat. Aber auch ganz praktisch gesehen machen kulturelle Entwicklungen und das Verschwinden alter Gemeinden neue Gemeinden nötig. Es wird deutlich, dass der Missionsauftrag in Matthäus 28 zusammen mit anderen Aussagen der Bibel Menschen zu Gemeinden führt – oder zur Gründung von neuen Gemeinden. Gemeinde aber hat die Verheißung, dass Jesus Christus sie bauen und bewahren will (Mt 16,18).

13.2 Was können wir tun, damit mehr neue Gemeinden aufwachsen?

13.2.1 Wer ist eigentlich zuständig?

Die Frage lautet: Wer ist für die Gründung neuer Gemeinden verantwortlich? Die Gemeinde in Antiochia hat wesentlich zu Gemeindegründungen beigetragen, indem sie Barnabas und Paulus zur Missionsreise aussandte (Apg 13,1-5). So senden auch heute örtliche Gemeinden aus ihrem Mitarbeiterstamm Christen aus. Aber wie Missionsorganisationen gegründet wurden, um Gemeinden bei ihrer Aufgabe zu helfen, das Evangelium im Ausland zu predigen, so können Arbeitsgruppen von Verbänden oder anderen Institutionen die Bemühungen um Gemeindegründungen fördern. Die Gefahr solcher übergemeindlichen Organisationen ist allerdings, dass die Gemeinde unbewusst zu viel Verantwortung an diese Organisationen abgibt oder diese sich in ihren Entscheidungen immer weiter von der Gemeindebasis entfernen. Dennoch, eine kleine Gemeinde ist vielleicht nicht in der Lage, eine Gemeindegründung allein zu beginnen und durchzuhalten.

Fragen sich die Leiter einer Gemeinde, ob sie eine weitere Gründung angehen sollen oder nicht, so ist diese Frage allerdings zu eng gefasst. Es gibt so viele Varianten, wie eine Gründung finanziert werden könnte. Die Gemeinde könnte sich zusammen mit anderen für den Start einer neuen Gemeinde einsetzen. Sie sollte sich überlegen, ihre Kräfte bei diesem Unternehmen mit anderen Gemeinden zu vereinigen.

Wie kann die Gemeinde vor Ort sich an Gemeindegründung beteiligen? Das ist von Gemeinde zu Gemeinde verschieden, aber die folgenden Aktivitäten sind auf jeden Fall nützlich.

13.2.2 Ein offenes Auge für Gemeindegründung

Immer wieder ziehen Menschen aus einer Gemeinde in einen benachbarten Stadtteil oder in einen entfernteren Ort. Wenn diese Mitglieder Schwierigkeiten haben, eine Gemeinde zu finden, in der sie sich gern engagieren würden, vielleicht sogar schon einen Hauskreis aufgebaut haben, kann dies ein Hinweis darauf sein, dass dieser Ort eine weitere Gemeinde braucht. Ein solch engagierter Christ könnte sich über die Möglichkeit einer Gemeindegründung erkundigen und dann angemessene Schritte vorschlagen. Ein Mitarbeiter sollte Kontakt zu dem zuständigen Gebietsbeauftragten des Verbandes, des Missionswerkes oder anderen Christen im Zielgebiet aufnehmen und Auskünfte über den Ort einholen.

Zwei wichtige Gesichtspunkte müssen hier noch erwähnt werden. Erstens muss jemand der sendenden Gemeinde dabei helfen, neue Gemeindegründungen im Blickfeld zu behalten. Das schriftliche Dokument über die Werte der Gemeinde mag sich deutlich für Gemeindegründungen aussprechen, aber jemand muss dafür sorgen, dass die Absichtserklärungen nicht im Gemeindealltag untergehen, sondern wiederholt auf die Tagesordnung kommen. Sonst wird die wichtige Absicht, die neue Gemeinde zu gründen, dem Alltagstrott geopfert.

Zweitens ist der Start einer neuen Gemeinde nur dann sinnvoll, wenn diese neue Gemeinde dabei hilft, Menschen für Christus zu gewinnen und wenn sie eine Ergänzung zu den existierenden Gemeinden des Stadtteils ist. Mit anderen Worten: Wird die neue Gemeinde das Evangelium zu Menschen bringen, die sonst nicht für Christus und seine Gemeinde gewonnen würden?[9]

13.2.3 Bedürfnisse erfragen

Es bedeutet für einen Gemeindegründer oder das Team viel, wenn Christen aus anderen Gemeinden fragen, wie es ihnen ergeht. So wurde ich im Verband von anderen Gemeinden zu Predigtdiensten eingeladen und hatte dabei die Gelegenheit, vom Fortschritt aber auch von den Herausforderungen der neuen Gemeinde zu berichten. Andererseits kann die neue Kerngemeinde auch aus den umherliegenden Gemeinden Besucher empfangen. Durch solche informativen und motivierenden Begegnungen wird mehr für die Christen in der angehenden Gemeinde gebetet und gegeben.

Eine weitere gute Möglichkeit, um zu hören, was Gemeindegründer benötigen, sind die Verbandstreffen, wo die Berichte über die Entwicklung neuer Gemeinden gern gehört werden. Christen hören zu, wenn sie entdecken, wie Gott Wachstum schenkt. Man hört auch zu und fragt sich, wie man helfen kann, wenn über die Nöte des neuen Projekts gesprochen wird. Zu leicht ebben die

---

[9] Schaller, *44 Questions for Church Planters*, 169.

Gebetsunterstützung und der finanzielle Beistand ab, weil ungenügende Kenntnisse über die Fortschritte des Projekts es in Vergessenheit geraten lassen.

Gern notiert ein Gemeindegründer Anschriften derer, die an einem Rundbrief oder einem Gebetsbrief interessiert sind. Man weiß nie, welche Hilfen Gott einer neuen Arbeit dadurch zukommen lässt. Ich erinnere mich noch gut daran, dass in der Anfangsphase unserer Kontaktarbeit ein Christ, der von Schwierigkeiten in unserer Arbeit gehört hatte, nachts noch eine E-Mail an mich verfasste. Er bot uns konkrete Hilfe an, die wir dann auch annahmen. Wer informiert ist, kann gezielter beten oder abwägen, welche konkrete Hilfeleistung er anbieten kann.

13.2.4 Personal senden

Eine Gemeinde kann ein Gründungsprojekt durch Personal unterstützen.

Erstens: Eine Gemeinde könnte einen vollzeitigen Mitarbeiter senden und unterstützen, der die Qualifikation und Leidenschaft für Gemeindegründung hat.

Zweitens: Aus der Gemeinde könnte ein Team zusammengestellt und unterrichtet werden, um einem Gemeindegründer dabei zu helfen, in einem benachbarten Stadtteil eine Gemeinde zu starten.

Drittens: Mitglieder könnten bei evangelistischen Aktionen im Zielgebiet behilflich sein. Andere können ihre Fähigkeiten einbringen; vom Verfassen guter Pressemitteilungen über die Büroarbeit bis hin zum Erstellen einer ansprechenden Homepage können Fachleute wertvolle Beiträge liefern. Manchmal sind Handwerker nötig oder auch Mitarbeiter im Kinder- und Jugendbereich. Außerdem wird so manches junge Gründerpaar dankbar sein, wenn jemand als Babysitter aushilft.

13.2.5 Angebot von finanzieller Unterstützung

Gemeindegründung kostet Geld. Eine Gemeinde sollte sich an die finanzielle Hilfe erinnern, die sie in ihrer eigenen Gründungsphase erhalten hat. Das wird ihre Mitglieder anspornen, für andere zu tun, was sie selbst empfangen haben. Je besser das Projekt den Gemeindegliedern bekannt ist, umso mehr Sinn ergibt es für sie, die neue Gemeinde zu unterstützen.

Gemeinden sind Zentren für Evangelisation und Mission. Durch die Unterstützung von Gemeindegründung trägt eine Gemeinde zum Start eines weiteren Zentrums für Evangelisation und Mission bei. Das sollte zum gezielten Geben motivieren.

14 Der Abschied des Gemeindegründers

14.1 Zwei Modelle

Wann ist es für den Gemeindegründer Zeit, sich seiner nächsten Aufgabe zuzuwenden? Zwei der Grundmodelle sollen hier verglichen werden.

Ein Modell zeigt einen Gründer, der eine Gemeinde beginnt und in dieser Gemeinde seine Aufgabe für unbegrenzte Zeit sieht – zehn, fünfzehn, zwanzig oder mehr Jahre. Er entwickelt seine Fähigkeiten zum Dienst weiter, während die Gemeinde wächst und passt seine Predigten, die Planungen und den Leitungsstil den Bedürfnissen und Zielen der wachsenden Gemeinde an.

Im anderen Fall startet der Gemeindegründer eine Gemeinde und verlässt sie, nachdem sich die Gemeinde selbst trägt und verwaltet. Ein neuer Pastor wird von der Gemeinde berufen und der Gemeindegründer engagiert sich in einem nächsten Projekt, das von der neuen Gemeinde, je nach Möglichkeiten, unterstützt wird.

Wann sollte ein Gemeindegründer gehen? Wie löste Paulus diese Aufgabe? Welche Hinweise gibt die Bibel? Was sind die Vorteile dieser Modelle? Wie kann er die Gemeinde auf einen Wechsel vorbereiten?

14.1.1 Die Strategie des Paulus

Nachdem Paulus eine Gemeinde gegründet hatte, reiste er weiter in andere Städte, aber er sorgte noch für die Gemeinden, die er verlassen hatte. Manchmal musste er ein neues Werk wegen der Opposition von Ungläubigen verlassen (Apg 17,10). Zuweilen verließ er eine Gemeinde, um andere neue Gemeinden zu besuchen und zu stärken (Apg 18,23) oder um noch nicht evangelisierte Regionen zu erreichen (Röm 15,23-24). Sein längster Aufenthalt in einer neuen Gemeinde war in Ephesus, wo er ungefähr drei Jahre blieb (Apg 20,31). In Korinth evangelisierte und lehrte er gut eineinhalb Jahre (Apg 18,11), wogegen er Philippi schon nach einigen Tagen verließ und in Thessalonich wegen der feindlichen Drohungen und Unruhen nur einen Monat blieb (Apg 17,2). Dennoch reichte die Zeit, um lebendige Gemeinden zu gründen. Gottes Macht war unter den Zuhörern wirksam geworden (1Thess 1,5).

Paulus wusste auch nach seinem Wegzug um seine Verantwortung für die neuen Gemeinden, darum sandte er Timotheus nach Ephesus (1Tim 1,3) und ließ Titus in Kreta, um das zu vollenden, was er unfertig zurückgelassen hatte (Tit 1,5). Einige der neuen Gemeinden besuchte er selbst wieder (Apg 14,21-22). Seine vielen Briefe waren ein zusätzliches Mittel, um mit den Gemeinden in

14 – Der Abschied des Gemeindegründers

Kontakt zu bleiben. Paulus trug schwere Sorge für alle Gemeinden (2Kor 11,28) und er betete für sie (Eph 1,16).

Beachtenswert ist der Mut von Paulus, sich mit dem Evangelium in nicht evangelisierte Regionen zu wagen. Er war nicht damit zufrieden, eine Gemeinde gestartet zu haben. Natürlich war er ein Apostel und musste sozusagen eine ganze Gemeindegründungsbewegung in einer heidnischen Welt gestalten und dirigieren. Es gab noch keine anderen Gemeindeverbände, die schon in den Städten arbeiteten, wo er eine Gemeinde gründen wollte, wie es heute in vielen US-amerikanischen und auch deutschen Städten der Fall ist. Ein einzelner Gemeindegründer in der westlichen Welt hat nicht so weit reichende Verpflichtungen, wie sie Paulus hatte. Er muss keine Dogmen und fundamentale Gemeindepraktiken formen, sondern wird dafür auf das Neue Testament zurückgreifen. Dennoch sind selbst die USA ein riesiges Missionsfeld und es werden Christen gebraucht, die dort Gemeindegründung zu ihrer Hauptaufgabe machen. Win Arn schreibt: „Amerika hat ein Missionsfeld von 169 Millionen"[1] und viele dieser Leute werden nur durch Gemeindegründungen mit dem Evangelium erreicht. Dass eine Stadt oder ein Dorf eine Gemeinde hat, heißt ja noch lange nicht, dass damit alle Einwohner mit dem Evangelium erreicht werden. Paulus reiste mit dem Evangelium in Gebiete, in denen die Menschen bis dahin nichts Konkretes über Jesus wussten. In deutschen Städten braucht man noch nicht mal umzuziehen, um ganze Schichten unerreichter Bevölkerung anzutreffen. In seiner Leidenschaft, das Evangelium von ganzem Herzen zu verkündigen, ist Paulus ein großes Vorbild.

Aber auch nachdem er weiter gereist war, mühte Paulus sich um die neuen Christen und ihre Gemeinschaft. Ein Gemeindegründer kann also die Methode von Paulus wählen und zu seiner nächsten Aufgabe weiter gehen, nachdem die Gemeinde eine gewisse Stabilität erreicht hat. Er kann aber auch unbegrenzt in der gegründeten Gemeinde bleiben. Was sind die Vor- und Nachteile dieser beiden Wege?

14.1.2 Modell 1: Gründung weiterer Gemeinden

Wenn die Begabung eines Gemeindegründers für diese Aufgabe offensichtlich ist, sollte er dann nicht versuchen, seine Gaben und Fachkenntnisse in den Start einer weiteren Gemeinde zu investieren? Besser noch, sollte er nicht in einem Team arbeiten, damit auf diese Weise jüngere Gemeindegründer ausgebildet werden? Solch ein Gemeindegründer und sein Verband (wenn er zu einem solchen gehört) wären gute Haushalter der Talente, die Gott ihnen anvertraut hat. Hesselgrave würde gerne missionarische Pioniere, die erfolgreich waren, in neuen Pioniersituationen sehen, anstatt in angeseheneren Predigtstellen oder

---

[1] Win Arn, *America as a Mission Field,* Ministry Advantage 5 (Mai/Juni 1993): 4.

Verwaltungspositionen von Missionen.² Der Mangel an erfahrenen Gemeindegründern wird nicht kleiner, wenn Pastoren ihr spezielles Training nur für *eine* Gemeindegründung nutzen und nicht noch weitere Gemeinden beginnen.

Wenn ein Gemeindegründer in seiner ersten Gemeinde bleibt, kann er zwar andere über Gemeindegründung unterrichten, aber er hat nicht das Vorrecht, seine Erfahrungen beim Start einer neuen Gemeinde in anderer Umgebung direkt anzuwenden. Er könnte vielleicht sogar, dank seiner Erfahrungen und seines Wissens, mit einer zweiten Gemeinde schneller beginnen. Manche Pastoren können bereits neue Gemeinden in benachbarten Stadtteilen starten, während sie noch die erste Gemeinde leiten. Kurz gesagt: für einen erfolgreichen Gemeindegründer ist es sinnvoll, sich weiter in Gemeindegründungen zu engagieren.

14.1.3 Modell 2: Jahrzehntelanges Wachstum erleben

Viele große Gemeinden wurden oder werden über zwei oder drei Jahrzehnte von ihrem Gründungspastor geleitet (z. B. Saddleback Church in Lake Forest, CA, die von Rick Warren 1980 gegründet wurde). Ein Pastor, der mit der zunehmenden Verantwortung und den neuen Herausforderungen einer wachsenden Gemeinde fertig wird, kann mehr Menschen für Christus erreichen, wenn er in der wachsenden Gemeinde bleibt, als wenn er eine weitere Gemeinde zu starten versucht. Schaller ist überzeugt, dass, wenn er der richtige Pastor für die neue Gemeinde ist und diese Jahr für Jahr wächst, der Gründungspastor mindestens fünfundzwanzig Jahre bleiben sollte.³

Wenn ein Pastor weiterhin der neuen Gemeinde dient, muss die Gemeinde keine Übergangszeit durchmachen, die häufig das Wachstum hindert. Kurze Dienstzeiten, d. h. häufiger Wechsel der Pastoren, verhindern in vielen Gemeinden Wachstum, während wachsende Gemeinden meist Pastoren haben, die dort für längere Zeit gewirkt haben.⁴ Zu diesem Ergebnis kam auch Rick Warren, woraufhin er betete: „Vater, ich bin bereit, an jeden Ort in der Welt zu gehen, an den du mich senden willst. Aber ich bitte dich um das Vorrecht, mein ganzes Leben nur in einen Ort zu investieren. ... wo immer es auch ist, dort möchte ich für den Rest meines Lebens bleiben."⁵ Heute, über 25 Jahre später, ist er immer noch in der Gemeinde, die er damals zusammen mit seiner Frau gründete.

---

² Hesselgrave, 388.
³ Schaller, *44 Questions*, 38.
⁴ Lyle E. Schaller, *Assimilating New Members*. Creative Leadership Series (Nashville: Abingdon Press, 1978), 53-55.
⁵ Warren, *Kirche mit Vision*, 33.

14 – Der Abschied des Gemeindegründers

Entscheidet sich ein Gemeindegründer, die Gemeinde auch durch die nächsten Phasen des Wachstums zu leiten, so muss sich sein Leitungsstil auf die sich verändernden Herausforderungen einstellen. Einem meiner Freunde, der selbst ein erfolgreicher Gemeindegründer ist, gelang diese Umstellung. Er schreibt:

> Für eine Gemeindegründung ist es in der ersten Phase hilfreich, wenn die Gründerperson entscheidungsfreudig, aktiv, ideenreich und mit einem unternehmerischen Geist ausgestattet ist. Er muss den Mut haben neue Wege zu gehen und andere Menschen dabei mitzuziehen. Wichtig scheint mir, dass andere von ihm wissen: *Er steht zu dem, was er sagt, er hat ein mutiges und unerschrockenes Herz.*
>
> Solche Menschen werden sich nicht lange mit Zögern und Zaudern aufhalten. Arbeitet solch eine Persönlichkeit in einem Team, dann besitzt sie den Mut zu klarer Führung, sie sind ausgestattet mit einem Kämpferherz. Diese Eigenschaften sehe ich durchaus positiv, denn durch solche Persönlichkeiten fassen andere Menschen den Mut, selbst im „unwegsamen Gelände" Wege mitzugehen.
>
> Für die spätere Phase der Gemeindeentwicklung stehen oft genau diese Charakterzüge einer gesunden Gemeindeentwicklung im Weg. Solche Leiter haben meist einen eher dirigierenden Leitungsstil. Selbst wenn sie in Teams leiten, sind sie doch so klar erkennbar der Kopf des Teams, dass andere Leiter in der Gemeinde ihr Leiterschaftspotenzial wenig entfalten können. Dies führt dazu, dass andere begabte Leiter sich „beugen" und verkümmern, in andere Gemeinden abwandern oder es kommt zum Streit in der Gemeinde mit offenem Ende.
>
> Hier sehe ich nur zwei Möglichkeiten. Entweder solche Persönlichkeiten arbeiten tatsächlich nur in der ersten Pionierphase in einer Gemeinde und übergeben die Gemeinde dann einem teamorientierten Gemeindebauer oder sie sind sich ihrer Persönlichkeit bewusst und lernen damit umzugehen.
>
> Ich selbst gehöre zu dem gerade beschriebenen Typ von Leitern. Schon im Studium wurde mir bewusst, dass ich wohl relativ belastbar bin. Während manche meiner Mitstudenten unter der Arbeit, dem Druck und den Spannungen des engen Wohnheims litten, gehörte ich zu denen, die mit diesen Belastungen gut umgehen konnten. Zudem entwickelte ich früh Gedanken, wie in unserem Werk ein neuer Aufbruch zu Pionierprojekten entstehen könnte. Schon in den ersten Dienstjahren hatte ich die Gelegen-

heit, ein solches Projekt anzustoßen, das aber auch von Anfang an mit vielen Auseinandersetzungen und Schwierigkeiten „beschenkt" war. Doch trotz aller widrigen Umstände konnte ich bei den Mitarbeitern Hoffnung und Zuversicht vermitteln und die Arbeit wuchs. In der Pionierphase lebte ich eindeutig nach dem oben beschriebenen, dirigierenden Leitungsstil. Obwohl es verschiedene Teams in der Gemeinde gab, war ich der „Kopf der Gemeinde" und auch von allen Mitarbeitern in der Gemeinde anerkannt. Dann aber wirkte Gott auf eine Weise in mein Leben, mit der ich so nicht gerechnet hatte. Gott führte mich durch ein Ereignis, das ich nicht beeinflussen konnte, in eine tiefe Lebenskrise, in der er mir meine innere Stabilität nahm. Zum ersten Mal erlebte ich, was es bedeutet, existenziell von Gott abhängig zu sein. Was äußere Schwierigkeiten, Finanzprobleme, Anfeindungen usw. nicht schaffen konnten, bewirkte nun ein seelischer Konflikt, den ich verloren hatte, noch bevor ich anfangen konnte zu kämpfen.

In dieser Zeit erlebte ich etwas Zweites, für mich sehr Wichtiges. Ich wurde in unserem Verband in ein Leitungsgremium berufen, in dem es neben mir noch andere, starke und fähige Leiter gab. Nun erlebte ich, wie gut es mir tat und wie effektiv es sein kann, in einem Team zu arbeiten, in dem ich nicht der „Kopf" sein musste und doch meine strategischen Fähigkeiten einbringen konnte. Diese Erfahrung führte mich dazu, mich für die Zukunft der Gemeinde viel stärker auf einen teamorientierten Leitungsstil einzulassen.

Heute lebt unsere Gemeinde mit vielen Leitungsteams und Leitung wird auf allen Ebenen geteilt. Nach wie vor bin ich in einigen Gremien der Teamleiter, kann aber ebenso als Mitarbeiter in Teams beteiligt sein. Nach wie vor gibt es Bereiche, in denen mein Kämpferherz zum Tragen kommt und ich als Pionier Wege anstoße und versuche, mit mutigem Herzen voranzugehen; in manchen Bereichen kann das sinnvoll und gesegnet sein. Doch die Rolle des „einsamen Helden", der als einsamer Kopf seine Mitarbeiter führt, habe ich aufgegeben. So früh es geht, versuche ich Teams aufzubauen, in denen nicht nur die Arbeit, sondern auch die Last der Verantwortung geteilt wird. Zudem versuche ich den Leitern dabei zu helfen, ihre Verantwortung nicht zu hoch einzuschätzen, sondern die letzte Verantwortung an das Haupt der Gemeinde, Jesus Christus, abzugeben.

Die eigentliche Veränderung, die Gott bewirken möchte, zielt nach meiner Sicht letztendlich darauf ab, dass solche Leiter zu transformierenden Leitern werden: Leiter mit der Fähigkeit, andere Leiter in ihrer Leiterschaft weiter zu bringen als sie es selbst sind.[6]

Ein Pastor, der sich entscheidet, in seiner ersten Gemeinde zu bleiben, muss sich also auf die neuen Aufgaben einstellen. Obwohl er nicht länger an direkter Gemeindegründung beteiligt ist, kann er dennoch viele andere motivieren und ausrüsten, um neue Gemeinden zu starten. Welche Faktoren helfen dem Gemeindegründer bei der Entscheidung, ob er sich vorwiegend als der Gründungspastor sieht oder als Pastor für viele zukünftige Jahre?

14.2 Gründe zum Bleiben oder Gehen

14.2.1 Besondere Befähigungen

Wenn die Gaben und die Ausbildung des Gründungspastors besser für den Start neuer Gemeinden geeignet sind, als für die Aufgaben einer gefestigten Gemeinde, dann ist es besser, wenn er sich einem neuen Gründungsprojekt zuwendet. Wer eine neue Gemeinde startet, ist nicht immer der Geeignetste, sie durch die nachfolgenden Wachstumsschmerzen zu führen.

Wie es in anderen Bereichen der Gemeindearbeit oder auch der Geschäftswelt der Fall ist, so gibt es unter den Gemeindegründern solche, die mit Begeisterung für einen guten Start sorgen. Ist dann die Gemeinde erst gegründet und kehrt eine gewisse Routine ein, fühlen sie sich nicht mehr genug gefordert. Manche Aufgaben müssen doch immer wieder erledigt werden, doch nicht jedem liegt diese Routine. Da fehlt manchem die nötige Herausforderung – die natürlich vorhanden ist, aber oft nicht gesehen wird, weil versäumt wurde, rechtzeitig neue Ziele anzusteuern. Eigentlich wäre, wie beim Start einer Rakete, die Zündung der zweiten Stufe des Gemeindeaufbaus dran. Wenn dies nicht geschieht, wird der Gründungspastor unzufrieden – und bald werden es auch die Gemeindeglieder. Wer dann trotzdem bleibt, muss aufpassen, dass das Begonnene nicht wieder zerstört wird.

Andere, die gute Starter sind, fühlen sich nicht unterfordert, sondern fürchten, mit den neuen umfangreicheren Herausforderungen einer wachsenden Gemeinde nicht mithalten zu können. Hier ist Weisheit nötig, zu entscheiden, wann ein Wechsel dran ist. Wie sich nämlich Teenager in Familien manchmal verhalten, als wüssten sie nun mehr vom Leben als ihre Eltern, so kann es auch in neuen Gemeinden vorkommen, dass Mitarbeiter, die Leitungsaufgaben übertragen bekommen haben, nun meinen, sie wüssten jetzt besser Bescheid, als der Grün-

---

[6] V.U., *Leitungsstil* (persönl. E-Mail 7. August 2007). Mit freundlicher Genehmigung.

dungspastor.[7] Ein solcher Irrtum sollte einen Gemeindegründer nicht dazu verleiten, die Aufgabe zu früh anderen zu übergeben. Wohl denen, die die ersten Krisen zusammen mit dem Gründungspastor durchstehen.

Neben den Startern gibt es Pastoren, die eine neue Gemeinde übernehmen und zu größerem Wachstum führen. Sie eignen sich vielleicht nicht als Starter, können aber durchstarten und die Gemeinde zu neuen Horizonten führen. Solche Leiter möchten ebenfalls Fortschritte sehen. Es muss vorangehen, sonst werden sie schnell frustriert. George schreibt, dass diese Organisatoren eine effektiv arbeitende und gut strukturierte Gemeinde aufbauen können. Sie fühlen sich aber nicht mehr ausreichend gefordert und verlieren so die Motivation.[8]

Andere Pastoren eignen sich wiederum eher dazu, das zu verwalten und zu bewahren, was schon vor ihnen aufgebaut wurde. Diejenigen, die ihre Aufgabe mehr im Predigen oder im pastoralen Dienst sehen, neigen dazu, länger in einer Gemeinde zu bleiben als die, deren Dienst mehr evangelistisch ist.[9]

Ein Pastor muss seine Stärken erkennen. Natürlich kann er auf mehreren Gebieten talentiert sein und auch immer für die nächste Phase der Gemeinde dazu lernen. Auf jeden Fall beeinflussen seine Qualifikationen und speziellen Interessen die Entscheidung für die Wahl seiner Arbeit. Doch wirken sich noch wesentlich mehr Faktoren auf die Entscheidung des Pastors und seiner Familie aus, die mitbestimmen, wie lange er in der neuen Gemeinde arbeitet.

14.2.2 Der ursprüngliche Plan

Der Pastor muss abwägen, ob seine Arbeit beendet ist oder nicht. Ratz erwähnt Fragen, die er im Gebet bewegte: „War meine Arbeit getan? Wollte Gott, dass ich hier noch mehr erreichen (oder lernen) sollte? Was ist mit meinen unerfüllten Träumen und Plänen für diese Gemeinde?"[10] Zu wissen, ob die Aufgabe erfüllt ist, hat mit den ursprünglichen Plänen des Pastors zu tun. Aber Pläne ändern sich manchmal. Ein Pastor ist vielleicht nur gekommen, um eine Gemeinde zu starten, aber während er das Wachstumspotenzial der Gemeinde erahnt,

---

[7] Bill Donahue, *Authentische Kleingruppen leiten: das Handbuch für eine lebensverändernde Kleingruppenarbeit* (Wiesbaden: Projektion J, 1997), 83. Den Gedanken der verschiedenen Reifephasen fand ich zuerst bei Bill Donahue, der die Entwicklungsphasen eines auszubildenden Leiters für Kleingruppen beschreibt. Ich habe beobachtet, dass dieses Verhalten auch in Gemeindegründungen ein Anlass für interne Rangeleien sein kann.

[8] Carl George, *Selecting Leaders*, in *How to Plant a Church Seminar*, sponsored by Charles E. Fuller Institute of Evangelism and Church Growth, P.O.Box 91990, Pasadena, CA 91109.

[9] Calvin C. Ratz, *The Lonliest Choice of All*, in *When it's Time to Move*, ed. Paul D. Robbins (Carol Stream, IL: Christianity Today, Inc., 1985; Waco: Word Books Publisher, 1985), 18; im Folgenden zitiert als: Ratz, *The Lonliest Choice*.

[10] Ratz, *The Lonliest Choice*, 16.

entscheidet er sich, weiter mit ihr zu arbeiten. Wenn er annimmt, dass seine Aufgabe beendet ist, muss der Pastor sich und die Gemeinde auf den Wechsel vorbereiten.

14.2.3 Schwere Verantwortungen

Es gibt Anzeichen dafür, dass der Gründungspastor die Leitung der Gemeinde an einen Nachfolger übergeben sollte. Dem einen werden die Verpflichtungen zu schwer. Ein anderer ist von den Problemen einer wachsenden Gemeinde überwältigt oder er kämpft vergeblich gegen Wachstumsgrenzen an. Vielleicht kommen noch Konflikte mit Schlüsselpersonen oder Gemeindegliedern hinzu, die unzufrieden mit der Leitung oder dem Predigtstil des Pastors geworden sind.[11] Die zunehmende Arbeit – die Organisation einer wachsenden Gemeinde oder der Umgang mit schwierigen Seelsorgefällen – kann ihn auslaugen. Der Pastor bedauert vielleicht, dass er nun weniger Zeit für die Aktivitäten findet, die beim Aufbau der Gemeinde hilfreich waren.

In jedem Dienst gibt es schwere Zeiten, aber wenn die Belastungen die Kraft des Pastors verbrauchen, wird er bald keine Freude mehr an seiner Arbeit haben. Das erfordert einen Wechsel – einen Wechsel in seinem Arbeitsstil und seiner Leiterschaft oder einen Wechsel zu einer anderen Dienststelle. Hier wird es sich auszahlen, wenn der Gründungspastor von Anfang an darauf hingewiesen hat, welche Ziele er hat. Gerade in Deutschland – das habe ich selbst erfahren – muss man gegen das Kleine-Gemeinde-Denken angehen, wenn das Ziel eine größere Gemeinde ist. Der Pastor muss lernen, sich auf wesentliche Aufgaben zu konzentrieren. Dazu gehört, dass er darauf achtet, wie sich die Gemeinde entwickelt. Zusammen mit anderen Leitern lässt er sich Ziele zeigen und steuert sie an. Er verkündigt das Wort und sorgt für die Leiter in der Gemeinde, sodass die Christen im Glauben wachsen. Er muss diese Verlagerung seiner Arbeitsschwerpunkte wollen und die Gemeinde – besonders die Gemeindeleitung – muss dies ebenfalls mittragen und vor der restlichen Gemeinde vertreten. Klappt dies nicht, könnte ein Wechsel angesagt sein.

14.2.4 Finanzieller Druck und andere Gründe

Die Entscheidung zum Umzug wird nicht nur vom Gemeindegründer, seiner Familie und der Gemeinde beeinflusst, sondern auch von einem Bund oder Verband, wenn dieser den Gemeindegründer an eine andere Stelle beruft.

Manchmal zieht ein Pastor aufgrund finanziellen Drucks oder der Familienumstände fort oder weil er sich einen größeren Wirkungsbereich erhofft.[12] Wenn er zu einer anderen Pionieraufgabe umzieht, wird der Pastor wahrschein-

---

[11] Ratz, *The Lonliest Choice*, 19.
[12] Ratz, *The Lonliest Choice*, 21.

lich sein finanzielles Einkommen nicht verbessern, es sei denn, er arbeitet für eine Organisation, die die Arbeit eines Gemeindegründers wirklich schätzt und entsprechend entlohnt.

Kurz gesagt, ein Gemeindegründer muss die Gesamtsituation einschließlich der hier diskutierten Gegebenheiten bewerten und mit seinem Ehepartner und einigen Freunden besprechen, die die Situation kennen. Während er die Pros und Kontras abwägt, wird er Gottes Führung im Gebet suchen. Er ist Diener Gottes; seine Familie ist Gottes Angelegenheit und die Gemeinde ist Gottes Herde. Gott will das Beste für alle Beteiligten.

14.3 Vorbereitung der Gemeinde

Ein Wechsel des Pastors und seiner Familie löst meist starke emotionale Reaktionen aus. Manche Gemeindemitglieder fühlen sich vom Pastor und seiner Familie im Stich gelassen; andere beschuldigen vielleicht seine Vorgesetzten, dass ihr Pastor zu früh abberufen wurde. Einige Mitglieder wiederum schätzen die Änderung in der Leiterschaft, während wieder andere die Gemeinde verlassen, nachdem der Gründungspastor nicht mehr da ist. Darum müssen der Pastor und die Gemeindeleitung einen Übergang sehr sorgfältig handhaben.

Wenn die unterstützende Organisation keinen Nachfolger sendet, der die Aufgaben in der neu gegründeten Gemeinde übernimmt, muss der Gründungspastor rechtzeitig dafür sorgen, dass die Gemeinde Älteste und eine Satzung hat, finanziell unabhängig ist und gute Beziehungen zur Leitung des Bundes oder des Verbandes unterhält. Zusammen mit den Ältesten der jungen Gemeinde muss er herausfinden, welches Profil der Nachfolger haben müsste, was man von ihm erwartet.

In einer etablierten Gemeinde sollte ein Pastor die Suche des Nachfolgers der Gemeindeleitung überlassen. Das ist in einer noch sehr jungen Gemeinde anders. Der Gründungspastor muss, je nach Reife und Größe des Leitungsteams, mithelfen, damit die Arbeit gut weitergeführt wird. Er sollte auch vorschlagen, wie er den Kontakt zur Gemeinde nach seinem Weggang erhalten will. Zum Beispiel muss er sich davor hüten, seinem Nachfolger reinzureden und ihm dadurch seinen Dienst zu erschweren.

14.3.1 Eine Satzung und Älteste

Um die Kontinuität des Dienstes zu gewährleisten, sollte der Gemeindegründer die ersten Ältesten sorgfältig aussuchen und eine Satzung einführen, die den Absichten und dem Wachstum der Gemeinde dient. In Hannover haben wir zu diesem Zweck zwei Dokumente verfasst. Zunächst erarbeiteten wir eine Satzung, in der alle rechtlichen Belange festgehalten sind, wie sie vom Gesetzgeber z. B. für einen eingetragenen Verein (e.V.) verlangt werden. Die notwendigen Ausführungen sind in diesem Dokument kurz und prägnant gefasst. Die Satzung sollte gut durchdacht und aufs Wesentliche beschränkt sein, da jede zukünftige Änderung von den Mitgliedern bestätigt und beim Amtsgericht eingetragen werden muss. Des weiteren haben wir eine Gemeindeordnung, in der die Einzelheiten über Mitgliedschaft und die Leitung der Gemeinde geregelt sind. Natürlich dürfen sich die beiden Dokumente nicht widersprechen.

Während sie diese Dokumente erstellt, gelangt die Gemeinde in eine Phase, wo der Gemeindegründer darauf achten muss, dass sich die Gemeinde nicht um sich selbst dreht. Mit anderen Worten, dass sie sich nicht von einer nach außen gerichteten Gemeinde zu einer zu stark nach innen gerichteten Gemeinde verlagert. Die Beschäftigung mit Satzungen, Mehrheiten, Machtfragen, die in einer Satzung geklärt werden müssen, birgt Gefahren in sich. Die an der Formulierung beteiligten Personen könnten sich in Machtkämpfe verwickeln, die einer neuen Gemeinde schaden würden. Erst wenn die Gemeinde eine gewisse Stabilität erreicht hat, können diese Prozesse erfolgreich gemeistert werden.

Die **Satzung** muss zu einer Gemeinde passen, die wachsen will; sie kann nicht nur für die gegenwärtige Größe der Gemeinde geschrieben werden. Mit Blick auf das angestrebte zukünftige Wachstum der Gemeinde sollte den Ältesten und Mitarbeitern ausreichend Autorität übertragen werden, besonders dem leitenden Pastor.[13] Das Ziel der Gemeinde, ihre Glaubensinhalte, die Voraussetzungen für Älteste und Leiter müssen in der Satzung festgehalten sein, und ebenso die Art und Weise der Gemeindeverwaltung. Das Dokument kann dazu genutzt werden, neue Mitglieder und Leiter mit den wesentlichen Vorgängen der Entscheidungsfindung in der Gemeinde vertraut zu machen. Ebenso wird die Satzung wie auch die Gemeindeordnung in Krisenzeiten hilfreich sein, da sie zur Anleitung beim Umgang mit zwischenmenschlichen Konflikten dient.

Da die Gemeinde von den **Ältesten**[14] geleitet wird – bei uns ist der leitende Pastor einer von ihnen –, kommt der Auswahl dieses Personenkreises große Bedeutung zu. Der Gemeindegründer sollte dem Beispiel aus dem Neuen Testament folgen und die ersten Ältesten selbst berufen. Paulus handelte so und Titus trug er auf, es ebenso zu tun (Apg 14,23; Tit 1,5). Die nächsten Ältesten

---

[13] Ich bin mir bewusst, dass es viele verschiedene Formen der Leitung und Verwaltung einer Gemeinde gibt. Bei dem hier beschriebenen Modell haben die Ältesten mit dem leitenden Pastor große Freiheit und auch die Verpflichtung zu leiten und den Kurs der Gemeinde zu bestimmen. Sie sind Jesus gegenüber verantwortlich und dann auch der Mitgliederversammlung der Gemeinde.

[14] „Älteste" ist ein biblischer Begriff. Es kommt mir aber nicht auf den Begriff an, sondern auf ihren Dienst. In der Vereinssprache ist dies der Vorstand, der sich auch um die geistlichen Belange kümmert.

können dann von Mitgliedern der Gemeinde vorgeschlagen und gewählt werden, wie es in Satzung und Gemeindeordnung beschrieben wird.

Während der Pastor sich mit den ersten Ältesten trifft und möglicherweise auch mit einer Kerngruppe aktiver Gemeindebesucher, müssen die Bedingungen für die Mitgliedschaft formuliert werden. Des weiteren ist es wichtig, Einigung über den Satzungstext zu erreichen.

In der Christus-Gemeinde Hannover haben zunächst der Gemeindegründer und die Ältesten an seinem Vorschlag der Satzung und Gemeindeordnung gefeilt. Danach wurden die Entwürfe den Mitarbeitern im VGS-Leitertreffen, den Gruppenleitern vorgestellt, wo nochmals Änderungsvorschläge diskutiert wurden. Die Satzung musste, da es sich in diesem Fall um einen eingetragenen Verein handelt, den Anforderungen des Amtsgerichts und des Finanzamts genügen. Satzung und Gemeindeordnung durften auch nicht im krassen Widerspruch zu den Ordnungen des Verbandes stehen, was ebenfalls ein Gespräch erforderte (obwohl das Neuer-Wein-in-neue-Schläuche-Prinzip es mitunter erforderlich macht, auch Neues in den Dokumenten zu formulieren). Bei der Gründungsveranstaltung wurden die Dokumente dann von den Mitgliedern angenommen, nachdem jeder sie einige Wochen lang prüfen konnte. Diese Vorgehensweise hat sich in Hannover bewährt, wie auch bereits in Elburn, Illinois. Natürlich kommt es immer darauf an, welche Vorgaben von einem Verband oder Bund gemacht werden und wie viel Freiheit möglich ist.

14.3.2 Finanzielle Unabhängigkeit

Es ist von großem Vorteil, wenn die gegründete Gemeinde finanziell unabhängig wird, bevor der Gründungspastor geht. Obwohl Beihilfe durch eine unterstützende Gemeinde oder einen Verband in den ersten Jahren oft notwendig und sehr geschätzt ist, bleibt es das Ziel, so früh wie möglich finanziell selbstständig zu werden.

Es geht hier um die regelmäßigen Verpflichtungen, nicht um Darlehen, die möglicherweise für ein Bauprojekt aufgenommen wurden. Wie dem auch sei, es wäre auch ein sehr schlechter Zeitpunkt für einen Weggang des Pastors, wenn er kurz zuvor die Gemeinde ermutigt hat, eine große finanzielle Belastung auf sich zu nehmen. Einige Möglichkeiten zur Verbesserung der finanziellen Basis einer Gemeinde wurden schon in einem früheren Kapitel besprochen.

14.4 Gute Beziehungen zum Verband

Der Gründer sollte der Gemeinde helfen, gute Beziehungen zu einem Bund oder Verband zu pflegen. Solche Beziehungen helfen der Gemeinde beim Überwinden von Schwierigkeiten, die der Weggang des Gründers bewirken könnte.[15] Die Leiter des Verbandes können – in manchen Fällen müssen sie – um Rat gefragt werden, um bei der Berufung des nächsten Pastors zu helfen.

Wie können gute Beziehungen aufgebaut werden? Leiter des Verbandes sollten gelegentlich eingeladen werden, an Gottesdiensten teilzunehmen oder zu predigen. Der Austausch von Informationen und Rundbriefen zwischen der Gemeinde und dem Verband bildet ein Gefühl der Partnerschaft.

Gemeinden werden auch Mitglieder zu Veranstaltungen des Verbandes delegieren. Bei solchen Gelegenheiten lernen Mitglieder gleich Christen aus anderen Gemeinden kennen sowie das größere Netzwerk von Gemeinden und Organisationen.

Gleichermaßen wichtig ist, wie der Gründungspastor von dem unterstützenden Bund oder Verband spricht. Wenn er konstruktive Beziehungen zur Zentrale unterhält, werden die Leiter der örtlichen Gemeinde mit höchster Wahrscheinlichkeit die gleiche Haltung einnehmen. Allgemein gesagt, gute Kontakte helfen der Gemeinde vor Ort, die größere Familie der Gemeinden, zu der sie gehören, im Blick zu behalten und ermöglichen den Leitern des Verbandes einzuspringen, wenn Hilfe nötig ist.

Beziehungsfördernd zwischen den Gemeinden eines Verbandes ist auch, wenn die verschiedenen Gemeinden eine gemeinsame Missionsgesellschaft unterstützen. Sie spenden nicht ausschließlich an die eine Mission, aber eben doch auch an die, von deren Missionaren die anderen Gemeinden im Verband ebenfalls Informationen erhalten. So hält es beispielsweise die Christus-Gemeinde Hannover im Ohofer Gemeinschaftsverband.

14.5 Arbeitsbeschreibung des neuen Pastors

Die Gemeinde sollte einen Entwurf erarbeiten – ein Anforderungsprofil für den gesuchten Pastor, das die Kontinuität des Dienstes absichert und zugleich Flexibilität bietet, damit der neue Pastor seine Gaben einbringen kann. Die Mitglieder und besonders die Ältesten müssen bei ihrer Suche nach einem neuen Pastor wissen, welches Anforderungsprofil sinnvoll ist. Welche Art von Leiterschaft ist jetzt nötig? Welcher Schwerpunkt im Dienst ist für die nächste Phase des Gemeindeaufbaus notwendig? Inwieweit sollte sich der neue Pastor in Bezug auf Talente, geistliche Gaben und Persönlichkeit von dem Gründungspastor unterscheiden oder auch nicht unterscheiden?

Eine Arbeitsbeschreibung ist ein gutes Werkzeug für den Prozess des Suchens nach einem neuen Pastor. Gleichzeitig gibt sie den Gemeindemitgliedern ein

---

[15] Hesselgrave, 403.

realistischeres Verständnis von dem, was sie von dem neuen Pastor erwarten können, und zeigt dem Pastor, was die Gemeinde von ihm erwartet.

Natürlich muss die Gemeinde, wenn sie einen geeigneten Pastor gefunden hat, um seine Mitarbeit bei der endgültigen Arbeitsbeschreibung bitten. Wenn die Gemeindeleitung einen Pastor sucht, dem Gemeindewachstum und Wachstum im Glauben am Herzen liegen, wird solch ein Pastor kein Angestellter sein, der nur Anweisungen ausführt. Eine solche Haltung würde seine Initiative lähmen. Darum braucht er ein Dokument, an dem er selbst mitgewirkt hat und das ihm dabei hilft, seine Arbeit auf die bestmögliche Weise zu verrichten.

Noch reibungsloser wird der Übergang zu einem neuen leitenden Pastor laufen, wenn dieser bereits im Mitarbeiterteam der Gemeinde gearbeitet hat und somit die Ausrichtung und Arbeitsweisen der Gemeinde kennt. Obwohl er sich in der neuen Rolle bewähren muss, ist er der Gemeinde doch schon vertraut.

14.6 Beziehungen nach dem Abschied

Wird der Gemeindegründer mit den Mitgliedern der Gemeinde in Kontakt bleiben, nachdem er gegangen ist? Zwei Extreme müssen vermieden werden.[16]

Erstens: Wenn der Gemeindegründer zu enge Beziehungen zu den Mitgliedern seiner früheren Gemeinde beibehält und womöglich noch die Vorgehensweise seines Nachfolgers kritisiert, behindert er den Dienst des neuen Pastors. Dementsprechend könnte die Gemeinde die guten alten Zeiten mit dem Gründungspastor verherrlichen und so gute Arbeitsbeziehungen zu dem neuen Leiter blockieren.

Zweitens: Es ist ebenfalls ungesund, wenn der Pastor und die Gemeinde nach nur wenigen Wochen alle Kontakte abbrechen. Die Gemeinde und ihr Pastor haben zu viel Segen zusammen erlebt, um sich so schnell zu vergessen. Es sollte wechselseitiges Interesse und Gebet geben. Hesselgrave schlägt vor: „Vor dem Auseinandergehen sollten der Pionierarbeiter und die örtlichen Leiter kurz ihre zukünftige Beziehung erörtern."[17]

Dieses Gespräch sollte nicht endgültig festlegen, wie die Gemeindemitglieder und der scheidende Pastor ihre Beziehung gestalten. Es sollte jedoch helfen, Extreme zu vermeiden und Freiheit für Spontanität garantieren. Wenn der frühere Pastor z. B. gerade in der Stadt ist, kann er ein Gemeindemitglied besuchen. Wenn er bei einer neuen Gemeindegründung mitarbeitet, kann er dem neuen Pastor und der Gemeinde Rundschreiben schicken und um Gebets- und

---

[16] Hesselgrave, *Planting Churches*, 406.
[17] Hesselgrave, *Planting Churches*, 406.

Finanzunterstützung bitten. Da er an dem Wohlergehen der Gemeinde interessiert ist, wird er ihren Mitgliedern helfen, den neuen Pastor zu unterstützen und wird sich nicht in ihre Angelegenheiten einmischen, es sei denn, der neue Pastor bittet um seine Hilfe.

Kurz zusammengefasst: Spätestens wenn ein Pastor sich für den Umzug entscheidet, muss er die Gemeinde auf eine Veränderung in der pastoralen Leiterschaft vorbereiten. Der Entwurf einer Arbeitsbeschreibung hilft der Gemeinde, den richtigen Leiter für die nächste Gemeindephase zu finden. Der Gründer führt die Gemeinde in die finanzielle Selbstständigkeit und hilft Beziehungen zu knüpfen zwischen der Gemeinde und den Leitern des Verbandes. Außerdem bespricht er seine zukünftigen Beziehungen zu den Gemeindegliedern.

15 Vom Umgang mit Gegenwind

Trotz aller guten Absichten des Gründungsteams reagieren Menschen auf die Versuche der Kontaktaufnahmen abweisend. Wenn ein Team in die Öffentlichkeit tritt und Menschen anspricht, um bekannt zu werden, wenn es interessierte Mitbürger auf die neue Chance hinweist, die mit der Gründung gegeben ist, dann wird sich auch Widerstand rühren.

Dem kann man im begrenzten Maße versuchen vorzubeugen, indem der Gründer rechtzeitig das Gespräch mit Leitern verschiedener Gemeinden sucht. Hier kann er sich vorstellen, seine Absicht kundtun, um Vertrauen werben und sogar fragen, ob der Gesprächspartner ihm Informationen über den Ort geben könnte, die für das Projekt hilfreich wären.

Es gibt jedoch keine Garantie dafür, dass sich nicht doch Menschen öffentlich gegen die entstehende Gemeinde wenden. Nach meiner Erfahrung sind es meistens leitende Personen aus anderen Kirchen oder Gemeinden, die eine neue Gemeinde als überflüssig erachten. Oft werden die Leiter von Gründungsprojekten persönlich angegriffen. Es werden Lügen über sie verbreitet, Wahrheiten verschwiegen und falsche Motive unterstellt. Ein weiterer Abwehrversuch besteht darin, die junge evangelikale Gemeinde mit dem Sektenbegriff zu diffamieren.

Es muss nicht an jedem Ort massive Opposition geben; mancherorts wird ein Gemeindegründer herzlich willkommen geheißen. In Elburn erfuhren wir damals nichts von dem Beschriebenen. Im Gegenteil, der Pastor einer Bibel-Gemeinde empfahl einem jungen Ehepaar aus seiner Gemeinde, das näher an unserem Standort wohnte, bei uns mitzuarbeiten. „Die beiden brauchen einen Dienst, wo sie sich einbringen können", war seine Aussage. So sandte Pastor Jim Harper zwei seiner Mitglieder, Joe und Mark V., die auch heute noch in der Gemeinde in Elburn mitarbeiten.

In Hannover lernten wir allerdings ein raueres Klima kennen. Meine Frau und ich sind heute noch dankbar dafür, dass unsere Kinder damals in die Freie Evangelische Schule Hannover gingen und die Zeit der schlechten Presse nicht in der Schule in unserem Bezirk durchmachen mussten. Man wünscht sich als engagierter Gemeindegründer andere Schlagzeilen als diese: „Pastor sagt Sektierern den Kampf an" (wir waren demnach die Sektierer). Aber in derselben Woche erschien auch ein positiver Artikel über uns in einer anderen Publikation. Interessanterweise hatte uns Gott nämlich durch einen Mitarbeiter mit der Besitzerin einer Druckerei in Kontakt gebracht, die in einer Pressemitteilung unsere Vorstellung druckte.

Wie aber soll sich ein Gemeindegründer verhalten, falls er und sein Team öffentlich angegriffen werden?

15.1 In guter Gesellschaft

Es hilft in solchen Situationen daran zu denken, dass es anderen ebenso, ja noch erheblich schlechter erging. Auch in unserem Jahrzehnt sterben täglich Christen wegen ihres Glaubens. Liest man über diese Verfolgungen, kommt der Gedanke auf: Im Vergleich dazu war das, was uns an Wind entgegen blies, nichts. Ich denke an Paulus und den sogar handgreiflichen Widerstand, den er erdulden musste (2Kor 11). Jesus hatte seine Jünger auf massiven Widerstand vorbereitet (Joh 15,18 - 16,5) und Petrus half seinen Lesern ebenfalls beim Einordnen solchen Widerstandes (1Petr 5,7-11).

15.2 Nicht mit gleichen Mitteln verteidigen

Die Versuchung, bitter zu werden und mit gleicher Münze heimzuzahlen ist groß. Zwei Verhaltensregeln, die in dieser Situation sehr wichtig sind, sollen hier genannt sein:

Erstens muss ein Christ immer bei der Wahrheit bleiben.

Zweitens muss jeder Mitarbeiter, der verbal angegriffen wird, sich davor hüten, sich selbst im Ton oder in der Wortwahl zu vergreifen. Ein Blick auf Psalm 37, 5-7 gibt uns die Richtung an:

> Überlass dem Herrn die Führung in deinem Leben; vertrau doch auf ihn, er macht es richtig! Deine guten Taten macht er sichtbar wie das Licht des Tages und deine Treue lässt er strahlen wie die Mittagssonne. Werde ruhig vor dem Herrn und warte gelassen auf sein Tun! Wenn Menschen, die Böses im Schilde führen, auch noch ständig Erfolg haben, reg dich nicht auf!

Welche Reaktion ist angemessen, wenn die Presse anruft? Es macht sich immer schlecht, wenn geschrieben wird: „Herr soundso stand zu einer Stellungnahme nicht zur Verfügung". Stattdessen sollte ein Termin für ein Gespräch mit dem Reporter ausgemacht werden. Wichtig ist, den Reporter darum zu bitten, seinen Text vorab lesen zu dürfen (ob er darauf eingeht oder nicht). Hat die Gemeinde oder ihr Verband einen Pressesprecher, so kann man unter Umständen auf ihn verweisen.

Andere Fragen, die zu bedenken sind, lauten: Wie wirken Gegendarstellungen in derselben Zeitung? Korrigieren sie wirklich die öffentliche Meinung oder vertiefen sie die falsche Information eher noch, weil man uns vielleicht doch nicht glaubt? Gibt es die Möglichkeit, den Vorgesetzten des für die Falschdarstellung Verantwortlichen zu kontaktieren? Welche Mitarbeiter sollten die Gespräche führen? Ist es notwendig Mitglieder der Kerngemeinde zu bremsen, damit sie nicht voreilig reagieren?

15.3 Positiv bleiben

Wir haben uns damals dazu entschlossen, in derselben Zeitung keine Gegendarstellung veröffentlichen zu lassen. Stattdessen haben wir uns bemüht, unser Anliegen und das Gemeindegründungsprojekt positiv vorzustellen. Wir haben in Gesprächen mit Mitbürgern nicht betont, wer wir nicht sind – um den Sektenbegriff erst gar nicht in den Mund zu nehmen, sondern haben erklärt, wer wir sind. Dazu gehört, den Namen der neuen Gemeinde zu nennen. Es ist hilfreich, den Mitgliedern der Kerngemeinde einige Formulierungen mitzugeben, auf die sie selbst in Gesprächen zurückgreifen können. Ein Beispiel dafür sind die folgenden knappen Standpunkte, die gekürzt oder auch ausführlicher weitergegeben werden können und einen positiven Inhalt haben:

> Wir sind evangelisch, d. h., wir halten uns an die folgenden vier Grundsätze der Reformation.
>
> 1. Allein Jesus Christus (Er allein ist der Mittler zwischen Gott und den Menschen. 1Tim 2,4-6).
>
> 2. Allein die Schrift (Die Bibel allein ist die Grundlage für unseren Glauben. Keine menschliche Schrift oder Instanz nimmt die gleiche Stellung wie die Bibel ein. 2Tim 3,14-17).
>
> 3. Allein die Gnade (d. h. das Handeln Gottes allein rettet. Röm 3,24).
>
> 4. Allein der Glaube (d. h. Vertrauen in Gottes Handeln durch Jesus Christus rettet, nichts tun eigene Werke hinzu. Eph 2,8-9).

15.4 Zusammenhalten

Die verbalen Angriffe haben ja das Ziel, Menschen von der neuen Gemeinde fernzuhalten und die schon beteiligten Personen auseinander zu bringen. Deshalb ist es in solchen Zeiten besonders wichtig, sich mit der Kerngemeinde zu treffen, um zu erklären, was vorgefallen ist, um zu beten und zu beraten, wie das Leitungsteam und die einzelnen Glieder der Kerngemeinde vorgehen sollten. An offiziellen Gesprächen z. B. sollten sich immer mindestens zwei aus dem Team beteiligen.

15.5 Nicht vom Kurs abbringen lassen

Der Umgang mit Widerständen kostet viel Kraft und Zeit. Doch darf man sich nicht vom eigentlichen Auftrag abbringen lassen. Weitermachen! Kontakte knüpfen, Menschen aufsuchen, Hauskreise durchführen, Ziele vermitteln, Menschen gewinnen und so weiter. Der Gegenwind wird sich legen. Menschen werden die für uns verletzenden Artikel vergessen (wenn sich auch gezeigt hat, dass manches Schlagwort hartnäckig festsitzt), Mitbürger werden uns persönlich kennenlernen, neue Bewohner werden zuziehen – und manchmal ändern Menschen ihre Ansichten, sodass sie nun denen angehören, über die sie einst schlecht redeten.

Abschließend sei gesagt, dass man in turbulenten Zeiten einen neuen Zugang zu manchen Bibelstellen bekommt. Es stimmt, „Anfechtung lehrt aufs Wort merken".[1] Außerdem wird offenbar, auf wen Verlass ist. Mitarbeiter innerhalb der entstehenden Gemeinde sowie Christen von außerhalb melden sich, um zu ermutigen. Es sei erwähnt, dass es u. a. Christen in der Evangelischen Allianz Hannovers gab, die uns schon damals willkommen hießen und sich später durch Telefonate und Briefe für uns einsetzten.

---

[1] Ein Ausspruch, den Pfarrer Theo Wendel beim Unterricht im Seminar für Innere und Äußere Mission Tabor gelegentlich betonte.

Anhang

16 Eine besondere Situation: Gemeindegründung durch Gemeinschaftsverbände in Deutschland

Alle Kapitel dieses Buches können für die Gemeinschaftsverbände in Deutschland von Bedeutung sein, obwohl die Zielgruppe wesentlich weiter gefasst ist. Aber folgende Aspekte müssen besonders bei einer Gemeindegründung innerhalb eines Gemeinschaftsverbandes bedacht werden. Bei den meisten anderen Gründungen, wie z. B. im Bund Freier evangelischer Gemeinden, stellen sich diese Fragen kaum.

16.1 Eine neue Gemeinde muss Vollversorgung anbieten

Früher oder später kommen Menschen zum Glauben und fragen: „Wer tauft mich?" Die neue Gemeinde muss alle wesentlichen Dienste anbieten, die Christen fürs Christsein brauchen. Das heißt nicht, dass Christen nicht auch zu anderen Organisationen vermittelt werden können, die sich auf einen Dienst spezialisiert haben, wie z. B. auf therapeutische Seelsorge. Aber die Bibel muss gelehrt werden, das Abendmahl gefeiert werden; Menschen müssen getauft und Paare in der Gemeinde getraut werden. Es muss eine Gemeinde sein und nicht nur eine gemeindeähnliche Organisation, wo Christen dann erst wieder zur Landeskirche gehen müssen, um getauft zu werden oder wo sie sich von dort noch eine Genehmigung zu solchen Handlungen holen müssen.

Bevor wir nach Deutschland zurückkamen, machte ein von mir geschriebener Satz manchem Sorgen. Ich hatte geschrieben: „Um nur eine Landeskirchliche Gemeinschaft zu gründen, brauche ich nicht nach Deutschland zu kommen." Die zu gründenden neuen Gemeinden der Gemeinschaftsverbände in Deutschland sollten eine andere Ekklesiologie entfalten als ihre gegenwärtigen Gemeinschaften, auch wenn das christliche Element der Gemeinschaft weiterhin hochgehalten werden muss.

16.2 Die Zeiten haben sich geändert

Die ganze Situation der Gemeinschaftsbewegung in Deutschland kann hier nicht diskutiert werden. Aber, wie bekannt ist, plante man in der Bewegung ursprünglich, innerhalb der protestantischen Landeskirchen zu bleiben. Die Zeiten haben sich geändert – die Landeskirchen haben sich geändert und so auch die Bewegung der Gemeinschaftsverbände. Wie manche Pfarrer in den Anfängen der Gemeinschaftsbewegung den Mut hatten und neue Diakonissen-Mutterhäuser einrichteten, obwohl andere Mutterhäuser bereits lange existierten, so sollten die Gemeinschaftsverbände sich nicht hindern lassen, Gemeinden zu gründen, die ihren Mitgliedern alles bieten – auch ohne Anschluss an eine Landeskirche.

Wie die ersten Diakonissen der Fellowship Deaconry in den Vereinigten Staaten sich um ein geistliches Zuhause derjenigen sorgten, die mit dem Evangelium erreicht worden waren, indem sie neue Gemeinden gründeten, so sollte Evangelisation und Gemeinschaftspflege auch in Deutschland zu neuen Gemeinden führen, sonst wird etwas Wesentliches verpasst. Wer Dienste wie Trauungen oder Taufen an andere Gemeinden abgibt, der sagt damit unausgesprochen, aber doch sehr deutlich: „So ganz vollwertige Gemeinde sind wir eben doch nicht." Andererseits: Wie sehr stärken doch solche Dienste wie Trauungen das Zugehörigkeitsgefühl der Christen zur Gemeinde, in der diese Kasualien durchgeführt werden.

Menschen brauchen ein geistliches Zuhause, egal ob sie schon einmal zu einer anderen Gemeinde gehörten oder nicht. Gerade neue Gemeinden in den Gemeinschaftsverbänden sollten die Chance nutzen und von Beginn an als selbstständige Gemeinden auftreten, die mit dem Verband verbunden bleiben, aber von der Landeskirche unabhängig sind.

Als wir in Hannover begannen, waren diese Fragen noch nicht geklärt. Wir versuchten deshalb, auf Wunsch unserer sendenden Organisationen hin, mit der Landeskirche bezüglich einer Zusammenarbeit Gespräche zu führen – auf lokaler Ebene und auf Verbandsebene. Kurz gesagt, wir gingen durch turbulente Zeiten.

Diesen Kummer, diese Last, kann sich heute ein Gemeindegründer ersparen, wenn er von vornherein sagt, dass er eine selbstständige Gemeinde gründen wird, die sich ganz bewusst zum Gemeinschaftsverband hält, die aber nicht zu einer Landeskirche gehört. Wir haben uns im ersten Jahr der Gründungsarbeit diese Freiheit zum Gemeindebau erkämpft. Als freikirchliche Gemeinde im Gemeinschaftsverband bieten wir alle Kasualien an, führen unsere eigenen Bücher für diese Amtshandlungen, geben eine Kopie an das Verbandsbüro weiter und brauchen keine Genehmigung von irgendeiner Kirche.

Klarheit am Anfang erspart schmerzhafte Verwirrung. Dann wissen die Pastoren der Landeskirchen, woran sie sind und genauso wissen die Menschen, die man erreicht, was sie von ihrer zukünftigen Gemeinde erwarten können. Solche selbstständigen Gemeinden (auch als Modell 4 bezeichnet) wie die Christus-Gemeinde Hannover haben noch weit mehr Vorteile, aber den eben beschriebenen Vorzug sollten sich Gemeindegründer aus den Gemeinschaftsverbänden zunutze machen. Ich bin Gott dankbar, dass es diese Gemeindeform nun gibt.

17 Fragen zur Diskussion und zur Vertiefung

Arbeitsblatt für Einzel- und Gruppenstudium: Es geht bei diesen Arbeitsblättern darum, die einzelnen Aktionen zu verstehen, zu verinnerlichen und dann nach Wegen zu suchen, wie sie in der Praxis angewandt werden können. Diese Arbeitsblätter dürfen kopiert werden.

Die Lektionen eignen sich für einzelne Leser. Aber noch besser sind sie für Gruppen geeignet, die sich für Gemeindegründung interessieren, die z. B. als Hauskreis zusammenkommen und überlegen, ob der Kreis die Zelle einer neuen Gemeinde werden sollte. Die Kapitel können ebenso von Ehepaaren oder kleinen Teams durchgearbeitet werden, die überprüfen, ob Gott sie zur Gründung einer neuen Gemeinde berufen hat. Genauso könnte ein Gemeindevorstand oder Ältestenkreis die Arbeitsblätter nutzen, um die Gründung einer Tochtergemeinde oder die Unterstützung einer anderen Gemeindegründung zu planen. Es gibt viele Möglichkeiten, die folgenden Arbeitsblätter im Zusammenhang mit dem Buch zum Einsatz zu bringen.

Außerdem: Für den Fall, dass eine Gründungsarbeit ins Stocken gekommen ist, kann die Beschäftigung mit den Themen der Arbeitsblätter neue Hoffnung vermitteln und womöglich von Gott gebraucht werden, die Blockaden zu entdecken und zu überwinden.

Es werden u. a. Fragen gestellt, mit deren Hilfe man im Gespräch ein tieferes Verständnis des jeweiligen Themas erhalten soll. Außerdem werden Fragen gestellt, deren Lösung die Bibel geben kann. Andere Fragen regen Überlegungen für die konkrete Lage vor Ort an, z. B. wie die Erkenntnisse angewandt werden und welche Schritte als Nächstes dran sind.

Zu Kapitel 1:
Für wen dieses Buch geschrieben wurde

1. Haben Sie bereits eine Gemeindegründung miterlebt oder Vorträge darüber gehört bzw. Bücher gelesen? Erzählen Sie kurz davon und sagen Sie auch, wie Sie darauf reagiert haben.
2. Was hat Sie veranlasst, sich mit dem Thema des vorliegenden Buches zu befassen?
3. Lesen Sie bitte 1. Korinther 3,6 und 1. Petrus 2,5:

Im ersten Kapitel des Buches werden die Begriffe „Gemeindegründung" und „Gemeindepflanzung" erklärt. Worauf liegt die jeweilige Betonung bei diesen Begriffen?

4. Was verspricht Gott in diesen Versen für den Gemeindebau?
5. Was ist die Aufgabe der Christen?
6. Wie wird die Bedeutung der Botschaft beschrieben?
7. Was lässt sich anhand dieser Verse über die Strategie sagen?
8. Wie wurde Ihre Gemeinde oder Ihr Hauskreis gegründet? Unterhalten Sie sich (kurz) darüber und danken Sie Gott dafür.

Zu Kapitel 2:
Was zeichnet die Strategie der zukünftigen Gemeinde aus?

Alle Teilnehmer malen ein Bild von der Gemeinde Jesu. Dann erklärt jeder, der möchte, seine Zeichnung. Es geht darum zu zeigen, dass jeder Christ ein etwas anderes Bild von Gemeinde hat. Wenn die Gruppe, in der Sie gerade sind, Gemeindegründer wären und in einem Team zusammenarbeiten sollten, kann dies nur geschehen, wenn sie ihre Bilder zusammenbringen und ein gemeinsames Bild entstehen lassen.

1. Weshalb ist die Fragestellung „Was verstehen Sie unter Gemeinde?" so wichtig?
2. Welche Schwierigkeiten können durch rechtzeitiges Besprechen dieser Fragen verhindert werden?
3. Versuchen Sie mit wenigen Sätzen zu beschreiben, was Sie unter Gemeinde verstehen:

    Die Gemeinde ist ...

    Gott will, dass die Gemeinde ...

4. Wie würden Sie mit eigenen Worten die biblische Berufung der angestrebten Gemeinde beschreiben?
5. Stellen sich vor, ein Freund fragt Sie: „Ich habe gehört, du willst eine neue Gemeinde anfangen. Was wird das Besondere an ihr sein?"

Die Klärung dieser Fragen soll für eine entstehende Gemeinde möglichst früh geschehen.

Zu Kapitel 3:
Wie soll die zukünftige Gemeinde aussehen?

1. Was die Strategie der Gemeindearbeit angeht, so spielen Gottesdienst, Kleingruppen (auch Hauskreise) und Kurse eine wesentliche Rolle. Welches sind die schwerpunktmäßigen Aufgaben von Gottesdiensten, von Kleingruppen und von Kursen?
2. Wie groß soll diese neue Gemeinde werden, wenn Gott Gelingen schenkt? Welche Erwartungen sind da?
3. Sind Kleingruppen als Teile einer großen Gemeinde gedacht oder wird eine Kleingruppe bereits als Gemeinde betrachtet?
4. Haben Sie den Wunsch, schnell eine weitere Gemeinde als Frucht der Gemeindepflanzung zu gründen oder wollen Sie zunächst eine gewisse Größe erreichen, bevor Sie sich in einer neuen Gründung engagieren?
5. Wird die Gemeinde zu einem Bund von Gemeinden oder einem Verband gehören? Wenn ja, zu welchem?

Zu Kapitel 4:
Analyse und Auswahl des Standorts
für die neue Gemeinde

Für dieses Kapitel sollten zwei Gesprächsrunden eingeplant werden.

1. Steht der Ort bereits fest oder suchen Sie noch danach? Wenn Sie schon ein Gebiet für die Gemeindegründung ausgesucht haben, reden Sie noch einmal darüber, wie es zu dieser Entscheidung gekommen ist. Beim Erzählen der bisherigen Führung Gottes kann die Gewissheit für den Ort verstärkt werden oder Irrtümer entdeckt werden.
2. Bitte lesen Sie Apostelgeschichte, Kapitel 16, mit der Frage: Wie erlebte Paulus die Führung Gottes? Paulus hatte einen Auftrag von Gott, hatte Pläne und bekam Gelegenheiten vor die Füße gelegt, die er sich nicht gesucht hatte, die er aber für die Verkündigung der guten Nachricht von Jesus nutzte. Was entdecken wir über den Ruf Gottes (z. B. über die Vision), den Plan und die Gelegenheiten in Apostelgeschichte 16?
3. Welche Rolle fiel der Gemeindeversammlung bei der Sendung von Paulus und Barnabas zu (Apg 13)? Wie wurden weitere Mitarbeiter für die Teams des Paulus berufen? Wie zeigte sich dabei das Wirken des Heiligen Geistes? Welche Rolle spielte das Gebet dabei?

17 – Fragen zur Diskussion und Vertiefung (Anhang)

4. Der Kerngedanke dieses Kapitels im Buch besteht darin, „die Beschaffenheit des Bodens" – also die Bereitschaft, das Evangelium aufzunehmen – zu prüfen, bevor Christen dort eine Gemeindegründung beginnen. Ist es immer richtig, nach der Beschaffenheit des Bodens zu urteilen, d. h. zu überlegen, ob Gott eine Gemeindegründung möchte oder nicht? Es gibt immer wieder auch Missionare, die sich unter großen Strapazen um Menschen mühten, ohne bemerkenswerte Ergebnisse ihrer Arbeit zu sehen.

5. Wenn es um den Standort der neuen Gemeinde geht – wie sieht es dort mit der Bevölkerungsbewegung aus? Ziehen Menschen weg oder ziehen sie hinzu?

6. Wird eine Tendenz der Bewohner bezüglich ihrer gesellschaftlichen Herkunft erkennbar?

7. Sind in den letzten fünf Jahren Versuche unternommen worden, dort neue Gemeinden zu beginnen? Von wem und mit welchem Ergebnis?

8. Welche Quellen möchten Sie zurate ziehen, um solche Informationen zu sammeln?

9. Was sagen Sie zu dem Einwand, es gäbe doch bereits zwei evangelische Gemeinden im Ort, weshalb sollte eine dritte Gemeinde anfangen? Welche Antworten gibt der Autor im Buch?

10. Mögliche praktische Übungen für die neue Woche – wählen Sie eine Aufgabe aus:

a. Wir sind berufen zur Gemeinschaft mit Jesus Christus. Er sendet uns, er gibt uns Aufträge. Danken Sie Gott in dieser Woche täglich für Ihre Berufung und bitten Sie ihn um Führung beim Übernehmen von Aufgaben.

b. Planen Sie konkret: Holen Sie sich Informationen über die Stadt oder die Ortschaften, in denen Sie Menschen für Jesus Christus gewinnen wollen. Nutzen Sie das Internet und Behörden; sprechen Sie aber auch mindestens eine Person persönlich an, die Ihnen Informationen zur Planung geben kann.

c. Nehmen Sie sich jeden Tag vor, Situationen zu erkennen, in die der Heilige Geist Sie führt, wo Sie von Jesus Christus reden können. Halten Sie schriftlich fest, wie Gott Sie mit Gelegenheiten überrascht.

d. Kennen Sie ein Gründungsteam in Ihrer Nähe, das neue Bestätigung braucht, am richtigen Platz zu sein? Nehmen Sie sich Zeit, für die Mitarbeiter des Teams zu beten.

e. Welche Zeichen würden Sie als von Gott gegeben ansehen, wenn Sie nach einer Bestätigung für ihr Zielgebiet oder Ihre Aufgabe suchen? Im Bild gesprochen: An welchen Türen möchten Sie klopfen, um zu sehen, ob sie sich öffnen?

f. Listen Sie Gründe auf, die gegen eine Gründungsarbeit zum augenblicklichen Zeitpunkt an diesem Ort sprechen. Danach listen Sie die doppelte Anzahl von Gründen auf, die für eine neue Gemeinde an diesem Ort sprechen. Wägen Sie diese beiden Listen gegeneinander ab.

Zu Kapitel 5:
Die Auslöser zum Start neuer Gemeinden

1. Sprechen Sie kurz darüber, wer den Anstoß zur Gemeindegründung in Ihrer Situation gegeben hat.
2. Im Buch sind einige Modelle von Initiatoren und Unterstützern genannt. Trifft eines der genannten Modelle auf Ihre Situation zu? Inwiefern? Falls nicht, wie würden Sie Ihres beschreiben?
3. Falls Sie noch in der Phase des Überlegens sind, welches Modell könnten Sie sich vorstellen? Wo sehen Sie Chancen?
4. Wer hat in Antiochia dazu beigetragen, dass sich Barnabas und Paulus auf die Missionsreise begaben (Apg 13,2-3)? Auf welche Weise trugen sie dazu bei?
5. Danken Sie Gott im Gebet, dass er Ihnen eine Sicht für neue Gemeinden gegeben hat. Bitten Sie ihn, die Chancen zu sehen und auch Hindernisse richtig einzuordnen. Beten Sie, dass alle Beteiligten letztlich mit ihrem Engagement Gott ehren wollen.

Zu Kapitel 6:
Das Team

Wer auch immer den Anstoß für die Gründung gibt, es muss zu einer gesunden Teambildung vor Ort kommen. Ausschlaggebend für den Erfolg könnte die konzentrierte Arbeit eines Gemeindegründers sein, der das Team voranbringt.

1. Gehen Sie gedanklich durch das Neue Testament und beschreiben Sie einige Teams, die dort genannt werden. Wo sind Stärken zu erkennen? Welche Hindernisse innerhalb des Teams mussten überwunden werden?
2. Der Autor sagt, dass auch in einem Team klar sein muss, wer der Leiter ist und wie Entscheidungen getroffen werden. Jeder Einzelne muss seinen Beitrag zu guten Beziehungen innerhalb des Teams erkennen. Geschieht das nicht, könnten interne Nöte die Zeit und Aufmerksamkeit der Mitglieder zu sehr belegen und Teammitglieder gehindert werden, Kontakte mit Men-

schen zu knüpfen, die noch nicht dazugehören. Wenn Sie diese Fragen als Gruppe bearbeiten: Wer ist bei Ihnen der Mahner, der die Probleme beim Namen nennt und frontal angeht? Wer ist der Verbindende, der die Probleme sieht und sie taktvoll angehen will? Wer ist Ihr Teamleiter?

3. Wenn Sie sich ein weiteres Teammitglied wünschen könnten, wie würden Sie ihn oder sie beschreiben (Alter, Reife, Begabung, Überzeugung usw.)?
4. Nachdem Sie das Kapitel über die Notwendigkeit eines Teamaufbaus gelesen haben, überlegen Sie, wer Ihnen noch fehlt, bevor Sie den nächsten Schritt gehen können. Besteht bereits ein Kernteam? Oder müssen Sie dieses noch aufbauen? Mit wem möchten Sie über Ihre Pläne reden, um ihn für Ihr Vorhaben zu gewinnen?

Zu Kapitel 7:
Der Gemeindegründer

1. Unabhängig davon, ob der Gemeindegründer ein Pionier ist, der unabhängig von jeglicher Organisation arbeitet oder nicht, er hat die Vision für die Gemeinde, er ist der Leiter, er setzt seine Zeit dafür ein. Wenn es eine solche Schlüsselperson gibt, ist das ein großes Plus für die neue Gemeinde.
2. In diesem Kapitel werden einige Qualitäten von Gemeindegründern beschrieben. Wenn Sie diesen Abschnitt als Gruppe durcharbeiten, sprechen Sie darüber, welcher Punkt jedem Einzelnen am wichtigsten erscheint.
3. Was würden Sie zusätzlich als wichtig erachten?
4. Für Ihre persönliche Auswertung: Gehen Sie die aufgezeigten Merkmale eines Leiters auf diesen Seiten noch einmal durch. Schreiben Sie ein Plus neben den Textabschnitt, in dem Sie sich entdecken. Machen Sie ein Fragezeichen, wo Sie entdecken, dass diese Eigenschaft noch fehlt.
5. Was könnte der nächste Schritt sein, um einen der mit Fragezeichen versehenen Bereiche anzugehen?

Zu Kapitel 8:
Kontaktaufnahme und Evangelisation

Für dieses Kapitel sollten mindestens zwei Gesprächsrunden eingeplant werden.

1. Lesen Sie bitte Johannes 1,35-51 mit der Frage, wie in dem Abschnitt Menschen zu Jesus finden und wer ihnen dabei hilft.

2. Es geht in diesem Kapitel des Buches auch um die Brücke des Vertrauens, über die das Evangelium getragen wird. Welche „Brücke" haben Sie darin neu entdeckt?

3. Wo sehen Sie in Ihrem Umfeld Menschen, zu denen bereits Brücken des Vertrauens bestehen?

4. Wie kann man verhindern, dass bei dem Versuch, eine Vertrauensbeziehung zu einer Person oder Familie aufzubauen, das Gespräch über Jesus immer weiter hinausgeschoben wird? Vielleicht weil man denkt, der andere sei noch nicht bereit, über Jesus zu reden oder weil man die gewachsene Beziehung nicht verlieren möchte, falls er ablehnend reagiert.

5. Obwohl es im Kapitel darum geht, diese Brücken zu nutzen, ist es dennoch wichtig, auch Menschen anzusprechen und einzuladen, die Sie noch nicht kennen. Deshalb ist es begrüßenswert, mit manchen Menschen über Jesus und die Gemeinde zu sprechen, ohne sich zunächst um eine Beziehung zu mühen. Welche Beispiele in der Bibel sprechen dafür?

6. Gemeindegründer müssen eine klare Vorstellung von dem haben, wie sie Kontakte knüpfen und vertiefen wollen. Im Prozess der Kontaktaufnahmen kann Gott dann natürlich noch weit bessere Gelegenheiten geben oder Vorgehensweisen zeigen. Reden Sie in der Gruppe über Ihre Strategie – wie sie aussieht und weshalb Sie so vorgehen wollen.

7. Ein wichtiges Werkzeug, um Jesus Christus durch Kontakte bekannt zu machen, ist die persönliche Geschichte eines jeden Christen im Team. Überlegen Sie sich bis zum nächsten Treffen, wie Sie Jesu Geschichte mit Ihnen kurz erzählen können. Sammeln Sie dann in der Gruppe Gesprächsthemen, bei denen Sie ganz natürlich auf Jesus und Ihre Beziehung zu ihm zu sprechen kommen.

8. Wenn ein Mensch über etwas redet, das sein Gegenüber interessiert oder wo er eine Not erkennt, dann treffen die Worte auf ein offenes Ohr. So geht es allen. Deshalb ist die folgende Übung zum Vorbereiten des Gesprächs mit neuen Freunden gedacht: Denken Sie darüber nach, was die konkrete Botschaft für die Menschen ist, die Sie erreichen wollen. Worauf warten sie? Wo drückt bei ihnen der Schuh? Wo hören sie zu? Und was müssen sie außerdem hören? So kann es ein Ziel sein, Menschen zu helfen, alte Entscheidungen neu zu überdenken, z. B. die Entscheidung, die viele getroffen haben, sich um Gott und Gemeinde keine Gedanken mehr zu machen. Eine Frage, mit der man im Gespräch auf Jesus zu sprechen kommen kann, ist diese: „Wenn es nun doch einen Gott gäbe, was würdest du dir von ihm wünschen?"

9. Ein Vorschlag: Beten Sie, dass Gott Ihnen in der kommenden Woche einen Menschen zeigt, der Schwierigkeiten hat und Ihnen davon erzählt. Fragen Sie dann, ob Sie mit ihm beten dürfen.

Sollten Sie dieses Buch in einer Gruppe durcharbeiten, fragen Sie sich gegenseitig Folgendes: Wo ist es uns gelungen, Kontakte zu knüpfen oder zu vertiefen? Wo gelang es uns, dabei auf Jesus hinzuweisen oder mit einem Menschen zu beten? Welche Versuche haben wir unternommen? Wie ist es uns dabei ergangen? Wo ist das nicht gelungen und wo lagen mögliche Ursachen? Wie geht es uns damit? Welche Anregungen gibt es für die Zukunft? Diese Fragen sollten in den kommenden Gruppentreffen öfter gestellt werden.

Man wirft Gemeindegründern manchmal vor, dass sie Christen aus anderen Gemeinden „abwerben". Das ist manchmal der Fall, wofür es auch Gründe gibt. Aber die gerade beschriebene Gewohnheit wird dabei helfen, Menschen zu gewinnen, die noch keine Christen sind oder in keiner Gemeinde aktiv sind.

10. Es ist klar, dass es Menschen gibt, denen es leichter fällt, Kontakte zu knüpfen als andere. Manche knüpfen eher oberflächliche Kontakte, anderen gelingt es, langfristige Beziehungen aufzubauen. Reden Sie in der Gruppe darüber, wie sich auch zurückhaltende Christen bei der Kontakt- und Beziehungsarbeit beteiligen können.

11. Passt die Methode, die Sie zur Kontaktaufnahme mit der Bevölkerung wählten, zu Ihrer Persönlichkeit? Wenn Sie bereits im Team arbeiten, wie kann es gelingen, dass die Erfolge einiger Mitglieder auch andere Mitarbeiter veranlassen, sich von Herzen mitzufreuen?

12. Welche Gelegenheiten wollen Sie schaffen, bei denen sich Ihre Bekannten untereinander kennenlernen können? Wo werden Ihre neuen Freunde nicht nur Sie, sondern noch andere Christen kennenlernen?

13. Wenn Sie bereits Beziehungen an Ihrem (neuen) Wohnort haben, beten Sie für die Menschen, die Sie bereits kennen.

14. Ein nächster Schritt ist das Gründen von Kleingruppen. Damit diese sich gesund entwickeln, gibt der Autor einige Vorschläge weiter, die er mit „Lieben", „Lehren" und „Liefern" benennt. Wofür stehen diese drei Begriffe? Wo finden Sie die Inhalte in Ihrem Team oder Hauskreis wieder? Gehen Sie den Ablauf Ihres Hauskreises durch und ordnen Sie jedes Geschehen einem der Begriffe zu. In welchem Bereich liegt zurzeit Ihr Schwerpunkt?

Zu Kapitel 9:
Der gezielte Aufbau einer Kerngruppe

Vorweg: Berichten Sie gegenseitig, wie es Ihnen bei der Kontaktaufnahme und dem Versuch, auf Jesus hinzuweisen seit dem letzten Treffen ergangen ist.

Eine Gemeinde zu beginnen darf nicht nur die Vision des Gemeindegründers bleiben. Er braucht Christen, die seine Vision teilen und an dem Projekt teilnehmen wollen. Er muss sich deshalb mit Christen umgeben, die Verantwortung und den Dienst mit ihm übernehmen. Alle zusammen müssen im Glauben reifen, ein gutes und wachsendes Team werden.

Beim Aufbau hat ein Gemeindegründer Vorstellungen über zukünftige Mitarbeiter. Doch es darf nicht dabei bleiben, dass er wartet, bis Christen kommen, die diese Kriterien erfüllen, sondern er muss suchen und arbeiten, um Christen zuzurüsten, damit sie zu konstruktiven Mitarbeitern werden.

1. Welches der genannten Kriterien ist Ihnen wichtig?

2. In Anbetracht der augenblicklichen Situation im Team: Welche der Vorgehensweisen Jesu würde Ihnen beim nächsten Schritt helfen? Weshalb?

3. Nehmen Sie sich zwischendurch Zeit, für das bisherige Team zu danken. Beten Sie gemeinsam, dass Gott Arbeiter in die Ernte sendet. Beten Sie, dass Menschen zu Christen werden und zur rechten Zeit dem Team beitreten. Beten Sie, dass sich neue Mitarbeiter gut integrieren.

4. In diesem Zusammenhang sind folgende Fragen wichtig: Haben Sie die Ziele für Ihre Arbeit formuliert? Liegen die Grundwerte fest? Könnten Sie jemandem, der möglicherweise ins Team kommen soll, schriftliche Dokumente vorlegen und sehen, ob er sich dafür begeistern kann? Wenn nicht, wird es Zeit, daran zu arbeiten. Auch das ist ein guter Prozess für die Teambildung.

5. Gemeinsames Feiern wird in dem Abschnitt als eine der Aktivitäten zum Aufbau eines stabilen Teams genannt. Wann haben Sie in Ihrem Hauskreis oder in Ihrem Team das letzte Mal gefeiert? Erzählen Sie von dieser Feier und was Ihnen gutgetan hat. Wann wollen Sie das nächste Mal feiern – und was könnte dafür den Anlass geben? Wäre das eine Möglichkeit, ein Teammitglied erzählen zu lassen, wie Jesus ihn gefunden hat oder wie er zu Ihrem Kreis kam?

6. Ein weiterer Bereich, der im Kapitel beschrieben wird, ist das Vermitteln der finanziellen Verantwortung für das Projekt. Wie wollen Sie vermitteln, dass Gemeindearbeit Geld kostet und dass Geben zu einer wertvollen Gewohnheit werden soll? Welche Tipps entdecken Sie im Buch dafür?

7. Der Autor beschreibt das VGS-Leitertreffen. Es ist eine regelmäßige Veranstaltung, um Mitarbeitern besondere Zuwendung zu gewährleisten. Wofür steht VGS? Welche Voraussetzungen legen Sie fest, um daran teilzunehmen? Wen laden Sie dazu ein?

Zu Kapitel 10:
Der Gottesdienst

Erste Einheit

Weil der Gottesdienst ein wichtiger Zugangsweg zu einer Gemeinde ist, sollte er gut geplant sein, um das Beste mit dieser großartigen Gelegenheit zu bewirken. In dem Kapitel wird über den Zeitpunkt und die Gestaltung des öffentlichen Gottesdienstes nachgedacht.

1. Wie stellen Sie sich Ihre Gottesdienste vor? Beschreiben Sie, was Sie gerne sehen und hören möchten, wenn Sie in Ihren Gottesdienst kommen. Welche Musik kommt Ihnen entgegen? Wer begrüßt Sie? Welche Atmosphäre herrscht? Wo kommt die Bibel vor? Welche Farben bestimmen den Raum? Ist es still und andächtig? Hören Sie Musik oder unterhalten sich die Gottesdienstbesucher oder beides?

2. Wollen Sie mit einer kleinen Besucherzahl beginnen und dann wachsen oder planen Sie einen großen Start? Möchten Sie wöchentliche Gottesdienste feiern oder zunächst alle zwei Wochen? Manche im Team würden lieber heute als morgen mit Gottesdiensten beginnen, andere halten es noch längst nicht für soweit. Hier spielt der Gemeindegründer eine große Rolle. Nennen Sie zehn Merkmale, die erfüllt sein müssen, bevor Sie mit dem ersten öffentlichen Gottesdienst beginnen wollen.

3. Was verändert sich mit dem Beginn des ersten Gottesdienstes?

4. Weshalb ist es so wichtig, den zweiten Gottesdienst gleich mit dem ersten Gottesdienst zusammen vorzubereiten?

5. Schreiben Sie zehn mögliche Gebäude in Ihrem Ort auf, die sich für Gottesdienste eignen (vom Kino bis zu den Räumen einer anderer Gemeinde). Was spricht für diese Räume? Welche Defizite haben sie? Ist das Gebäude gut zu sehen? Ist es bequem zu erreichen? Sind die Räume flexibel? Können sie für unterschiedliche Veranstaltungen genutzt werden?

Wenn eine Gruppe Räume sucht, muss auch über die Finanzen geredet werden. Darin liegt eine Chance. Wie wollen Sie diese nutzen?

Zweite Einheit

Über die Inhalte der Gottesdienste und ihren Zweck steht vieles in der Bibel, wohingegen die Form nach den Absichten der lokalen Gemeinde ausgerichtet werden muss. Welchen Gottesdienststil eine Gemeinde auch anbietet, sie wird, was die Menschen angeht, wirksamer sein, wenn die Gottesdienste durch echte

Freundlichkeit gekennzeichnet sind und wenn sie mit dem Leben der Besucher zu tun haben – wenn sie interessant sind und nicht eintönig und langweilig.

6. Die Zielsetzung des Gottesdienstes muss mit der Gesamtschau der Gemeinde, mit der grundsätzlichen Zielsetzung übereinstimmen. So ist z. B. die Frage wichtig, ob der Musikstil für die Zielgruppe der Gemeinde passend ist. Welche Aussagen sind Ihnen bei der Beschreibung der Gottesdienste in diesem Kapitel aufgefallen, die Sie gerne umsetzen würden?

7. Das Neue Testament bezeugt, dass Gottes Wort gelesen (Lk 4,16), gelehrt und verkündigt (Apg 5,42), ausgelegt (Apg 2,14), gepredigt (1Kor 1,17), prophezeit (1Kor 14,3), gebracht (1Kor 14,6) und gesungen (1Kor 14,26; Kol 3,16) wurde. Diese Hinweise zeigten, wie zentral das Wort – das Evangelium – für die Gemeinde ist. Christen können eine Vielfalt von Methoden anwenden, um Gottes Wort verständlich zu machen und eine Reaktion zu bewirken. Was wollen Sie tun, um Gott selbst zu Wort kommen zu lassen und Reaktion zu bewirken? Was haben Sie vor, um Gott, der die wichtigste Person im Gottesdienst ist, zu ehren und auf ihn zu hören?

8. Worauf möchten Sie hinweisen, um zu zeigen, dass Ihre Gottesdienste etwas Besonderes sind?

9. Wo kommen die Kinder im Gottesdienst vor? Welches Programm wollen Sie im oder parallel zum Gottesdienst für Kinder anbieten?

10. Wer bereitet den Gottesdienst vor? Sind bereits so viele Mitarbeiter dabei, dass Sie dafür ein Team bilden können?

11. Wie wollen Sie in den bestehenden Kleingruppen den Gedanken wachhalten, dass es um Gemeindegründung geht, nicht nur um Hauskreise?

12. Wie wollen Sie sicher stellen, dass von Beginn an klar ist, dass bei der Gestaltung der Gottesdienste auch die Bedürfnisse der Menschen berücksichtigt werden müssen, die erst noch erreicht werden sollen? Allzuleicht denken Christen nur an sich und ihre Bedürfnisse und vergessen dabei diejenigen, denen Gottesdienste noch fremd sind, die Gott aber auch liebt.

Zu Kapitel 11:
Das Gemeindegebäude und sein Einfluss auf das Gemeindewachstum

Der Autor geht davon aus, dass Gebäude zweitrangig sind im Vergleich zu Lehre der Gemeinde, Botschaft und Gemeinschaft unter ihren Gläubigen. Die meisten neuen Gemeinden heutzutage brauchen vorläufige Einrichtungen, bevor sie ihr dauerhaftes Gebäude beziehen. Die Erfordernisse des Dienstes sollten die Gestaltung des Gebäudes vorschreiben und nicht umgekehrt.

1. Was bedeutet die Aussage Jesu in Johannes 4,21-24 im Bezug auf die Frage nach dem Gottesdienstraum?
2. Was könnten Aquila und Priszilla uns über die Raumfrage berichten (Apg 18,2 und 26; 1Kor 16,19 und Röm16,5)?
3. Was müssten die Räume bieten, um für Ihre Gottesdienste geeignet zu sein?
4. Weshalb kann ein Gemeindegründer die Planung des Gebäudes und der Räume nicht allein der Planung des Architekten überlassen? Weshalb muss er beteiligt sein?
5. „Die Errichtung von Gebäuden soll nicht vollständig die Zeit und das Geld der Menschen verschlingen – die Gemeinde darf sich nicht um die Räume drehen. Dennoch soll es nicht zu einem Hinterhofdasein der Gemeinde kommen."
Was ist mit dieser Aussage gemeint? Und wie wollen Sie es vermeiden, dass es zu einem Hinterhofdasein der Gemeinde kommt?
6. Was halten Sie von der Option, einen zweiten Gottesdienst durchzuführen, statt in größere Räume umzuziehen? Was spricht dafür? Was spricht dagegen?
7. Die Mitarbeiter, die sich mit der Raumfrage beschäftigen, sollen etwas vom Gemeindebau verstehen und Ahnung von Gebäuden haben. Sehen Sie schon Mitarbeiter auf Ihrer Liste, die ein solches Team bilden könnten?

Zu Kapitel 12:
Eine Gemeinde, die weitergibt

Außer der Fürsorge für die Menschen, die bereits dazugehören, wird sich eine wachsende Gemeinde bemühen, ihre Nachbarschaft und die ihrer Teammitglieder zu evangelisieren. Menschen sollen von Jesus Christus hören und zu ihm eingeladen werden. Obwohl die eigene evangelistische Arbeit Priorität hat, wird eine Gemeinde auch Bemühungen in der Mission unterstützen, um zu helfen, Menschen in anderen Kulturen für Jesus Christus zu gewinnen.

Wenn auch in der Gründungsphase einer Gemeinde die gerade beschriebenen Anliegen noch wenig greifbare Unterstützung finden werden, so ist es für die weitere Entwicklung dennoch gesund, Mission, Evangelisation und die Ausbildung haupt- und ehrenamtlicher Mitarbeiter zu fördern.

1. Inwiefern ist die Gemeinde in Antiochia vorbildlich, was Lehre, Evangelisation und Mission anbelangt (Apg 13,1-4)?

2. Die Christen in Philippi sind das zweite Beispiel für eine missionsorientierte Gemeinde. Nachdem die Gemeinde durch den Dienst des Paulus gegründet worden war, ließ sie ihm wiederholt Hilfe zukommen (Phil 4,15-16). Auf welche Weise taten sie das? Wie reagierte der Apostel Paulus darauf?

3. Auf einer Skala zwischen 1 und 10 gemessen: Wie wichtig ist Ihnen Evangelisation, also das Ziel, Menschen für Jesus zu gewinnen? Wie zeigt sich das jetzt in Ihrem Team?

(unwichtig) 1 – 2 – 3 – 4 – 5 – 6 – 7 – 8 – 9 – 10 (sehr wichtig)

4. Wie wollen Sie das missionarische Anliegen in Ihrer Gemeinde lebendig halten? Wie wollen Sie verhindern, dass die wöchentlichen Aufgaben einer wachsenden Gemeinde vom Evangelisieren ablenken?

5. Wie wollen Sie dabei auf die Bedürfnisse der angesprochenen Menschen eingehen? Welche Rolle spielt dabei die Diakonie, der Dienst in der christlichen Nächstenliebe?

6. Wen könnten Sie als ersten Missionar oder Gemeindegründer zum Berichten zu Ihrem Team einladen, damit sich Ihre Gemeinde von Anfang an wie selbstverständlich an Mission beteiligt.

7. Inwiefern sind die Zahlen im Finanzbericht ein Indikator dafür, wie Mission von der Gemeinde eingestuft wird?

Zu Kapitel 13:
Gemeinden gründen, die ihrerseits Gemeindegründungen unterstützen

Erste Einheit

Damit unsere Motivation begründet ist und – wo nötig – neu entfacht wird, dürfen Christen Gottes Gedanken über die Entstehung neuer Gemeinden auf sich wirken lassen. Nirgends erfahren wir das eindrücklicher als in der Bibel. Danach schalten wir ganz nüchtern den gesunden Menschenverstand ein und kommen zu dem Schluss: Ohne neue Gemeinden geht es früher oder später bergab, was die Größe und Wirksamkeit von Verbänden und Gemeinden betrifft.

1. Inwiefern sind neue Gemeinden die Konsequenz von wirkungsvoller Evangelisations- und Lehrarbeit?

2. Warum können sich Gemeindegründer mit Recht auf den Missionsbefehl (Mt 28,18-20) berufen?

17 – Fragen zur Diskussion und Vertiefung (Anhang)

3. Jesus Christus baut seine Gemeinde. Wie hat er zu seiner Zeit auf der Erde die ersten Mitglieder gewonnen?
4. Inwiefern hat seine Menschwerdung einen Vorbildcharakter für Gemeindegründung? Was heißt das für die Gemeinde Jesu heute?
5. Jesus erzählte ein Gleichnis von altem und neuem Wein, der in Schläuchen aufbewahrt wurde (Mt 9,16-17). Warum spricht dieses Gleichnis indirekt für den Start neuer Gemeinden?
6. Blättern Sie durch einige Passagen in der Bibel und suchen Sie nach Zuspruch, nach Ermutigung von Gott. Tauschen Sie sich über entdeckte Verse aus und teilen Sie sich mit, welche Worte der Bibel Ihnen Gott bisher als Ermutigung unterstrichen hat.

Zweite Einheit

Wie dieses Buch deutlich macht, ist es nötig, immer wieder neue Gemeinden zu gründen. Wer sollte das besser verstehen, als die Leiterschaft einer neuen Gemeinde? Aber eine noch kleine Gemeinde ist vielleicht nicht in der Lage, ihrerseits eine Gemeindegründung allein zu beginnen und durchzuhalten. Fragen die Leiter einer Gemeinde, ob sie eine weitere Gründung angehen sollen oder nicht und erwarten sie dabei nur ein Ja oder Nein als Antwort, so ist die Frage zu eng gefasst. Es gibt so viele Varianten, um Gemeindegründungen zu initiieren und zu unterstützen. Die Gemeinde könnte sich zusammen mit anderen für den Start einer neuen Gemeinde einsetzen. Sie sollte sich überlegen, ihre Kräfte bei diesem Unternehmen mit anderen Gemeinden zu vereinigen.

1. Um das Anliegen der Gemeindegründung wachzuhalten, sind Informationen von anderen Gemeindegründungen nötig. Welche Gründungen gibt es bereits in Ihrer Nähe?
2. Lesen Sie z. B. in Ihrer jetzigen Gruppe einen Rundbrief aus dieser Gemeindegründung vor. Hören Sie aus dem Rundbrief Bedürfnisse dieser entstehenden Gemeinde heraus?
3. Können Sie etwas für dieses Projekt tun? Sollten Sie einen finanziellen Beitrag leisten, um dieser Gemeinde zum Start zu verhelfen? Gibt es Geräte wie Lautsprecher oder Instrumente, die Sie anbieten könnten? Haben Sie ein fähiges Team, wie eine Theatergruppe oder eine Musikgruppe, die dort mithelfen würde?
4. Nehmen Sie sich Zeit, um jetzt für die Gemeindegründung zu beten, deren Rundbrief Sie gerade gelesen haben.

Zu Kapitel 14:
Der Abschied des Gemeindegründers

Wann ist es für den Gemeindegründer Zeit, sich seiner nächsten Aufgabe zuzuwenden? Zwei der Grundmodelle sollen hier verglichen werden.

Ein Modell zeigt einen Gründer, der eine Gemeinde beginnt und darin seine Aufgabe für unbegrenzte Zeit sieht – zehn, fünfzehn, zwanzig oder mehr Jahre.

Im anderen Fall startet der Gemeindegründer eine Gemeinde und verlässt sie, nachdem sich die Gemeinde selbst trägt und verwaltet.

1. Was kann man vom erfahrenen Gemeindegründer, dem Apostel Paulus, lernen? Welches der beiden Modelle schwebt Ihnen vor? Was sind jeweils die Vorteile dieser Modelle?

2. Wenn Sie Ihre jetzige Gemeinde gegründet haben: Was müsste noch vollendet werden, bevor Sie die Gemeinde in andere Hände geben? Wie würde sich Ihre Entscheidung, jetzt zu wechseln, auf die Gemeinde auswirken?

3. Ist es überhaupt nötig, diese Frage vorher zu klären? Weshalb? Weshalb nicht? Schreiben Sie drei Personen Ihres Vertrauens auf, mit denen Sie über diese Fragen reden könnten.

4. Die Entscheidung, eine neue Gemeindegründung zu planen, sollte nicht gerade getroffen werden, wenn die jetzige Gemeinde in Schwierigkeiten steckt. Welche Faktoren wären für Ihre Entscheidung maßgebend, länger dort zu bleiben oder der Gemeinde nur zum Start zu verhelfen?

5. In welcher Phase des Gemeindeaufbaus wollen Sie eine Satzung oder Gemeindeordnung verfassen oder einsetzen? Wie soll die Gemeinde in Zukunft geleitet werden? Gibt es dafür Vorgaben von Verbänden oder einer sendenden Gemeinde?

6. Wie stellen Sie sich die Beziehung zur Gemeinde vor, nachdem Sie als Gemeindegründer eine neue Aufgabe übernommen haben? Einerseits sollte man seinem Nachfolger nicht hineinreden. Andererseits darf man nicht so tun, als hätten Gemeinde und ihr Gründer nie etwas miteinander zu tun gehabt.

7. Was haben Sie unternommen, um zu verhindern, dass Sie die Gemeinde nächstes Jahr nicht wiedererkennen, wenn Sie nächste Woche gehen sollten? Woran erkennen Sie, dass die Werte und die biblischen Aufträge für die Gemeinde bei den entscheidenden Mitarbeitern verankert sind?

Zu Kapitel 15:
Vom Umgang mit Gegenwind

1. Wenn Sie über Ihre Situation nachdenken. Woher könnte Widerstand auftauchen?
2. Wie sind Christen in der Bibel mit Widerspruch oder gar Verfolgung umgegangen?
3. Welche Hilfen in Bezug auf den Umgang mit Gegenwind gibt der Autor? Welche erscheinen Ihnen besonders hilfreich und weshalb?
4. Nennen Sie jetzt zwei oder drei Gemeindegründungen, die mit Widerständen zu kämpfen haben. Beten Sie gemeinsam für diese Christen.
5. Manche Opposition kann verhindert oder gemildert werden, wenn das Gründungsteam weise vorgeht. Was wollen Sie rechtzeitig unternehmen, um es anderen Gemeindeleitern schwer zu machen, Ihnen Misstrauen entgegenzubringen? Was wollen Sie tun, damit man Sie möglichst nicht als Konkurrenz betrachtet? Welche Maßnahmen sollten Sie ergreifen, damit gute Beziehungen – soweit es an Ihnen liegt – zu anderen Gemeindeleitern vor Ort entstehen?

Praktische Übung: Gemeindegründung auf dem Papier

Führen Sie eine praktische Übung durch, mit der Sie die bisher erfassten Aktivitäten vertiefen. Diese Übungen könnten Sie z. B. in der Kerngruppe durchführen. Nehmen Sie sich Zeit und notieren Sie alle Aufgaben, die für eine Gemeindegründung nötig sind, auf Karteikarten:

1. Welche Aufgaben müssen bei einer Gemeindegründung angegangen werden? Beschriften Sie die Karten mit den benötigten Aktivitäten: Flyer drucken lassen, mögliche Räume auflisten usw. Überdenken Sie dabei noch einmal die ersten Kapitel.

2. Welche Aufgaben müssen zu einem bestimmten Termin erfüllt werden? Welche sind immer wieder nötig, wie z. B. das Gebet? Sortieren Sie die Karteikarten in zeitlicher Reihenfolge und legen Sie die sogenannten Dauerbrenner etwas neben die zeitlich festlegbaren Aktivitäten. Bei der Übung werden Sie außerdem merken, dass die Schritte voneinander abhängig sind – ein Hauskreis kann erst beginnen, wenn erste Teilnehmer bereitstehen. Nutzen Sie das zeitliche Zuordnen zur Diskussion. Es wird Ihnen helfen, die Strategie klarer zu sehen und Lücken zu entdecken.

3. Als Nächstes schreiben Sie die Person auf die Karten, die für die Aufgabe verantwortlich sein soll, falls Sie dies bereits sagen können.

4. Wenn Sie schon planen können, wann die Aufgabe erfüllt sein sollte, schreiben Sie auch den Termin auf die Karte.

5. Fotografieren Sie die sortierten Karten oder, was noch besser ist, heften Sie den so erstellten Plan an eine Wand, sodass Sie immer wieder daran erinnert werden und eintragen können, wann Sie nun wirklich die einzelnen Etappen erreicht haben – früher oder später. Hier gilt es, flexibel zu sein. Es werden im Laufe der Zeit noch weitere Tätigkeiten hinzukommen und eingetragen werden, die zunächst gar nicht bedacht worden sind, die sich durch neue Gelegenheiten ergeben. Dieser Plan lässt sich außerdem gut als Gebetsplan verwenden.

Bibliografie und andere Hilfen

Deutschsprachige Literaturangaben

Bunke, Ernst. Johann Hinrich Wichern: *Der Vater der Inneren Mission.* Gießen: Brunnen, 1956.

Coleman, Robert E. *Des Meisters Plan der Evangelisation.* Hänssler, Neuhausen-Stuttgart, 1978.

Cole, Neil. *Klein und stark: Minigruppen – ein Weg zur ganzheitlichen Nachfolge.* Emmelsbüll: C&P, 2005.

Diedrich, Max. *Geschichte der Christlichen Gemeinschaft St. Michael Berlin 1883-1958.* Berlin: Christliche Gemeinschaft „St. Michael", 1958.

Frost, Michael und Alan Hirsch. *Die Zukunft gestalten: Innovation und Evangelisation in der Kirche des 21. Jahrhunderts.* Glashütten: C&P, 2008.

Green, Michael. *Evangelisation zur Zeit der ersten Christen.* [englisches Original: *Evangelism in the early Church*]. Neuhausen Stuttgart: Hänssler, 1970.

Gute Nachricht. Stuttgart: Deutsche Bibelgesellschaft, 2000.

Kennedy, James. *Dynamische Evangelisation.* Bad Liebenzell: Verlag der Liebenzeller Mission, 1978.

Keupp, Rainer. „Jahresbericht des Ohofer Gemeinschaftsverbands e.V." Wolfsburg, 4. März, 2006.

Logan, Robert E. und Steve L. Ogne. *Der Gemeindegründungs-Werkzeugkasten: Strategische Anleitung für Gemeindegründer und Supervisoren.* Johannes Institut, Wiesbaden, 1994.

Peters, George W. *Gemeindewachstum. Ein theologischer Grundriss.* Bad Liebenzell: Verlag der Liebenzeller Mission, 1982.

Plock, Wilfried. „Leitwort", Gemeindegründung: Beiträge zu Gemeindegründung & Gemeindeaufbau, 04/2004, 3.

Warren, Rick. *Kirche mit Vision: Gemeinde, die den Auftrag Gottes lebt.* Asslar: Projektion J, 1998.

Englischsprachige Literaturangaben

Arn, Win. "Stop That Building Committee!!", *The Win Arn Growth Report* 39. Monrovia, CA: Church Growth, k.J.

Comiskey, Joel. *Planting Churches that Reproduce: Starting a Network of Simple Churches.* Moreno Valley, CA: CCS Publishing, 2009.

Gallagher, Dave. „Assessing Potential Leaders for Church Plants or Multi-Site Expansion." 12. 01 2009. www.pastors.com/blogs/ministrytoolbox/archiv (Zugriff am 06. 10 2009).

Garrison, David. *Church Planting Movements: How God is Redeeming a Lost World.* Midlothian VA: WIGTake Resources, 2004.

Hesselgrave, David J. *Planting Churches Cross Culturally.* Grand Rapids: Baker Book House, 1986.

Murray, Stuart. *Planting Churches: A Framework for Practitioners.* Colorado Springs: Paternoster, 2008.

Rainer, Thom. „Simple Church Revisited." 4. June 2009. www.thomrainer.com/2009/06/simple-church-revisited.php (Zugriff am 7. August 2009).

Redford, Jack. *Planting New Churches.* Nashville: Broadman Press, 1978.

Schaller, Lyle E. *44 Questions for Church Planters.* Nashville: Abingdon Press, 1991.

Shenk, David W., und Ervin R. Stutzman. *Creating Communities of the Kingdom.* Scottdale, PA: Herald Press, 1988.

Schwarz, Christian A. *Farbe bekennen mit Natürlicher Gemeindeentwicklung: Wie kann ich mein Christsein kraftvoll leben und entfalten?* Emmelsbüll: C & P, 2005.

Towns, Elmer. *Getting a Church Started.* Lynchburg, VA: Church Growth Institute, 1985.

Wagner, C. Peter. *Church Planting for a Greater Harvest.* Ventura, CA: Regal Books, 1990.

Literatur, die sich besonders mit Leiterschaft befasst

Maxwell, John C. *Charakter und Charisma: Die 21 wichtigsten Qualitäten erfolgreicher Führungspersönlichkeiten.* Gießen: Brunnen, 2008.

Hybels, Bill. *Mutig führen – Navigationshilfen für Leiter.* Asslar: Gerth Medien, 2. Auflage 2003.

Adressen und Internetseiten

Akademie für Weltmission in Korntal bei Stuttgart: www.awm-korntal.de

Arbeitskreis für Gemeindegründung im BeG: www.bevge.de/112.html

Bund evangelischer Gemeinschaften e.V. (BeG): www.bevge.de

Christus-Gemeinde Hannover e.V.: www.christusgemeinde.info

City Mentoring Project: www.citymentoringproject.de

Eide Schwing: www.gemeindegruendung-praktisch.de

Evangelische Hochschule Tabor, Marburg: www.tabor.de

Fellowship Deaconry, Liberty Corner, USA: www.fellowshipdeaconry.org/

Inland-Mission des Bundes Freier evangelischer Gemeinden: www.feg.de

Joel Comiskey Group, USA: www.comiskey.org

Natürliche Gemeindeentwicklung, Christian A. Schwarz: www.ncd-international.org/

Ohofer Gemeinschaftsverband e.V.: www.bevge.de/44.html

Stiftung Marburger Medien: www.marburger-medien.de/

Stiftung Marburger Mission: www.marburger-mission.org

Weitere Organisationen, die Gemeinden gründen oder fördern

Anskar-Kirche: www.anskar.de

DAWN: www.dawneurope.net

Deutsche Inland-Mission: www.dim-online.de

Bund Evangelisch-Freikirchlicher Gemeinden: www.baptisten.de/mission

Internationale Arbeitsgemeinschaft Mission: www.iam-mission.de

Kontaktmission: www.kontaktmission.de

Konferenz für Gemeindegründung: www.kfg.org

Liebenzeller Mission: http://www.liebenzell.org/deutschland/

Mehr und bessere Gemeinden: http://ncdnet.blogs.com/

Ideenverzeichnis (AUSZÜGE)

Berufung der Gemeinde (Beispiel)...17, 126
Besuche bei Geschäftsleuten..87
Das Evangelium erklären...92
Dinner for Six zur Förderung der Gemeinschaft................................104
Empfang für neue Gottesdienstbesucher..102
Feiern ist wichtig...131
Kleingruppen, Gottesdienste und Kurse ergänzen sich........................19
Leitertreffen (VGS)...136
Lieben, Lehren, Liefern – ein Check-up für Kleingruppen...............108
Meinungsumfrage (kurze)..85
Projektplanung ganz einfach...232
Vorstellungsbesuche...79
Vorstellungsbrief, der einen Besuch ankündigt...................................86
Willkommensbrief nach dem Gottesdienstbesuch 154
Willkommenskarte im Gottesdienst 154

Stichwortverzeichnis

Administrator 61
Akademie für Weltmission 9
allein Jesus Christus 92
Älteste 205
Analyse 33
Anfechtung 213
Angst, Freunde zu verlieren 168
Antiochia 49
Atmosphäre der Gnade 150
Auftrag 126
Barnabas 35
Bauplan 177
Bedürfnisse erfragen 194
Begrüßungsteams 158
Berufung 16, 126
Besuche 77
Besuche von Tür zu Tür 81
Besuchsmission 115
Beten 44
Bevölkerungswachstum 40, 46
Bevölkerungszahlen 43
Beziehung zu Jesus 93
Beziehung zum Gemeindegründer nach dessen Abschied 208
Beziehungen 28, 81
Bibel 13, 108, 214
Bibel kennenlernen 67
Bibel soll zu Wort kommen 110
Bibelschulen 187
Bibelübersetzungen 123, 150
Briefe 77, 107
Brücken für das Evangelium 76
Charakter 18
Dank 9

Datenerhebung 37
Demografie 42
Diakonissen 10, 39, 40, 42, 215
Dienst 133
Dinner for Six 106
Ehepartner 70, 105
Einladen 20
Eisbrecherfragen 109
Elburn 12, 34
E-Mail 107
Entmutigung 32
Entscheidungen für Jesus 60
Entschlossenheit, auf Menschen zuzugehen 92
Erfahrungen 67
Erlösung durch Jesus 147
Erwartung 165
ethnischen Gruppen 189
Evangelisation 21, 25, 36, 68, 74, 96, 122, 132, 161, 176, 178, 179, 180, 181, 191, 221, 228, 233
Evangelist 61
evangelistische Aktivitäten 182
Fachgeschäfte 31
Fehler 13
Fellowship Deaconry 53
Feste feiern 132
Finanzberichte 135
Finanzen 133
finanzielle Grundlage 52
Flexibilität 173
Freundlichkeit 149
Fürbitte 186
Fürsorge 109

Furcht ... 70
Gästebegegnung ... 102
Gastfreundschaft ... 100
Geben ... 44
Gebet .. 28, 39, 46, 53, 94, 98, 109, 124, 125, 167
Gebet füreinander ... 137
Gebet in Kleingruppen ... 185
Gebetsbrief ... 195
Gebetsunterstützung ... 195
Gehstruktur ... 20
geistliche Reife ... 158
Gelegenheiten ... 36
Gemeinde ... 29
einfach-wirkungsvoll ... 26
ihr Auftrag ... 17
Was ist Gemeinde? ... 15
Gemeindegebäude ... 160
Gemeindegründer ... 51, 65
Gemeindeordnung ... 206
Gemeindepflanzung ... 14
Gemeinschaft ... 214
Gemeinschaft mit Jesus ... 219
Gemeinschaftsverbände ... 214
Gespräche ... 93, 98
Gespräche über Christus ... 82
Glaube ... 70
Glauben an Jesus ... 110
Gleichnis vom Wein ... 190
Gott ... 14, 83, 180
Gott beruft und sendet ... 34
Gott führt ... 34, 204
Gott gewirkte Begegnungen ... 116
Gottes Hilfe ... 18
Gottes Liebe ... 150
Gottes Wort ... 147
Gottesdienste ... 18, 140
Gottesdienste, mehrere ... 167
Grundwerte ... 21, 128, 130
Hausbesuche ... 43
Hausbibelkreise ... 52, 108
Hausgemeinde ... 23
Haushalterschaft ... 52
Hauskirche ... 23
Heiliger Geist ... 34, 39, 61, 191
Hindernisse ... 69
Hingabe ... 186
Hip-Hop Session ... 97
Hirten ... 60
Hoffnung ... 18, 47
Infotisch ... 88
Initiative ... 68
Initiator ... 49
Inkarnation ... 189, 190
Interessentenliste ... 124
Internet ... 90
Jesu Geschichte! ... 78
Jesus Christus ... 11, 16, 29, 51, 68
Jubiläum ... 45
Jüngerschaft ... 26
Kaffeetisch ... 166
Karten ... 107
Kasualien ... 215
Kerngruppe ... 50, 117
Kindertreffen ... 100
Kleine-Gemeinde-Mentalität ... 143
Kleingruppen ... 18
Kleingruppenleiter ... 138
Kommstruktur ... 20
Königreich Gottes ... 122
Kontaktaufnahme ... 74
Kontakte ... 33, 80
Kontakte pflegen ... 100
Kraft des Heiligen Geistes ... 70

Stichwortverzeichnis

kritische Menge 142
Kurse 18
kurze Dienstzeiten 198
ländliche Gebiete 85
langweilig, nicht langweilig 226
Lebensumstände 38
Lehre 29
Lehrer 61
Leitungsaufgaben 201
Liberty Corner 27, 184
Loyalität 119
Mangel an Glauben 53
Mannschaftsbildung 68
Marburger Medien 84
Meine Geschichte 78
Missio Dei 189
Mission 179
missional 72
Missionsaussage 128
Missionsprojekt 185
moderne Medien (Handy) 107
Multiplikation 24
Musik 164
Musikteam 154, 167
Nachricht von Jesus Christus 74
Nöte 18
Nutzung, optimale 176
Opposition 210
Parkflächen 174
Parkplätze 165, 174
Paulus 35
Philippi 36
Pionier 39, 65, 199, 221
Pionieraufgabe 203
Plan 34
positiv bleiben 212
postmoderne Menschen 72

postmodernes Denken 25
Postwurfsendungen 89, 114
Predigten 196
Pressesprecher 211
Profil der Nachfolger 204
Rap 98
Reich Gottes 76, 162
Satzung 204
Schilder 166
Schulung 138
Schwerpunkte 13
Selbstverständnis 30
Simple Church 26
Sitzplätze 165
SMS-Mitteilungen 107
Standard, hoher 27
Stiftung Marburger Medien 45
Strukturen 28, 148
Team 56, 58, 59
technische Ausrüstung 28
Telefonate 107
Testfragen 68
Theaterteam 167
theologische Prägung 31
Traditionen 148
Trauungen 215
Treffpunkt, der erste 144
Überwindung kirchlicher Grenzen .. 186
Umbruchsituationen 41
Umfragen 82, 85
Umzug 209
Unterstützer 139
Verein 205
Vertiefung 216
Vertrauen 76
VGS-Leitertreffen 137
Vision 37, 51, 65, 123, 137

Stichwortverzeichnis

Vision des Gemeindegründers 120
Vision für Evangelisation 178
Visionär 60
Volksfest 88
Vorbild Jesu 190
Vorstellungsbesuche 79
Vorstellungsbrief 87
Wachstum 146
Wachstumsgrenzen 203
Wahl der Musik 149
Wahl des Standorts 40
Wege der Kontaktaufnahme 92
Widerstand 211
Zeitplan 170
Zeitpunkt des ersten Gottesdienstes . 141
Ziel 11
Zielgruppe 47
Zusammengehörigkeit 140

Bibelstellenverzeichnis

Ex 23,15-19	132
Neh 8,9-12	132
Ps 96,8	147
Pred 11,4-6	116
Jes 53,6	95
Jer 26,2	147
Mt 4,19	68
Mt 5,1	160
Mt 6,21	133
Mt 9,9-10	75
Mt 9,16-17	190
Mt 9,38	125
Mt 13,18-23	117
Mt 14,20	122
Mt 15,33	122
Mt 17,19	123
Mt 24,3	122
Mt 28,18-20	29, 132, 178
Mk 6,10-12	36
Mk 12,35	160
Lk 4,16	147, 160
Lk 4,43	178
Lk 10,1	56, 132
Lk 10,21-22	124
Lk 13,6-9	39
Lk 15,21-27	132
Lk 22,32	124
Lk 24,53	147
Joh 1,39	20
Joh 1,41-42	75
Joh 1,44-52	75
Joh 4, 21.23-24	161
Joh 10,16	131
Joh 15,18	211
Joh 17,11	124
Joh 17,17	124
Joh 17,20-21a	130
Joh 17,22-23	124
Joh 20,21	178, 189
Apg 1,8	180, 185
Apg 2,38	77
Apg 2,42	123
Apg 4,6 und 6,7	77
Apg 4,13	122
Apg 5,42	147
Apg 9,11	76
Apg 13,1-3	49, 125
Apg 13,1-5	193
Apg 13,2	35
Apg 13,2-5	35
Apg 13,5	160
Apg 13,13.46	35
Apg 13,44-52	36
Apg 14,23	205
Apg 14,26-28	180
Apg 14,27	69
Apg 15,36	49
Apg 15,40	56
Apg 16,1	56
Apg 16,7-10	35
Apg 16,9	35
Apg 16,10	33
Apg 16,13	36
Apg 16,32	75
Apg 17,4	36
Apg 17,19	36
Apg 18,2	36
Apg 20,20	15, 76

Apg 26,1	36
Apg 28,30-31	162
Röm 1,5	179
Röm 3,10	95
Röm 3,23	95
Röm 6,23	95
Röm 10,13	96
Röm 12,13	102
Röm 15,20	35
Röm 15,23-24	196
Röm 15,24	35, 162, 189
Röm 16,16	190
Röm 16,3-4	119
1Kor 3,6	14
1Kor 12,7-10	154
1Kor 12,25	147
1Kor 14,24-25	147
1Kor 14,26	147
1Kor 14,33	148
1Kor 14,40	148
1Kor 16,19	161
2Kor 11,28	197
Eph 1,16	197
Eph 2,8-9	212
Eph 4,11	56, 60
Eph 4,12	154
Phil 1,25	67
Phil 2,2-4	124
Phil 3,1	11
Phil 4,15-16	180
Kol 3,16	147
Kol 4,13	38
Kol 4,8	125
1Thess 1,9	178
1Tim 1,3	196
1Tim 2,4	189
1Tim 2,4-6	212
2Tim 3,14-17	212
2Tim 4,10-11	119
Tit 1,5	196
Phlm 1,10	77
Hebr 10,24-25	189
Hebr 13,17	29
Jak 5,16	147
1Petr 2,5a	14
1Petr 5,2a-3	65
1Petr 5,7-11	211

Mehr als ein Nachwort ...

... ist wohl eine „Nach-Tat". Die Tat, die auf das Erklären, Vormachen, Ermutigen, Überzeugen folgt.

Jetzt sind wir dran. Wir Leser. Eide Schwing hat erklärt, vorgemacht, ermutigt – und hoffentlich auch überzeugt. Jetzt sind wir dran. Normalerweise notiere ich mir vorne im Buch das Datum, an dem ich das Buch durchgelesen habe. Dann stelle ich es in mein Bücherregal. Das ist wohl für dieses Buch zu wenig. Das Buch, oder besser gesagt das Anliegen dieses Buches und die Praxis seines Verfassers brauchen „Nachmacher".

Ich konnte Eide Schwing und seine Familie schon bei ihrer ersten Gemeindegründung im Ausland über Jahre hinweg beobachten. Mit Mut, Leidenschaft, Geduld, unkonventionellen Ideen, einem langen Atem und einem weiten Herzen sind sie Menschen nachgegangen. Schritt für Schritt entwickelte sich die kleine Gemeinde – und wurde größer und selbstständig.

In den letzten Jahren konnte ich erneut beobachten, wie Dr. Schwing als Dozent an der Akademie für Weltmission viele Studenten ermutigt hat. Gemeindegründungen in Deutschland, Europa und darüber hinaus, tragen in sich die Umsetzung von Impulsen aus diesem Buch. Es gab „Nachmacher". Mit Mut, Leidenschaft, Geduld, unkonventionellen Ideen, einem langen Atem und einem weiten Herzen sind sie Menschen nachgegangen. Gemeinden entstanden und entstehen. Gott sei Dank!

Jetzt sind wir gefragt, den Menschen, für die Gott uns einen klaren Auftrag gibt, die gute Nachricht nahezubringen – und Gemeinde zu pflanzen.

Das ist dann in der Tat – viel mehr und viel besser als ein Nachwort!

Ihr
Traugott Hopp
Rektor der Akademie für Weltmission

Akademie für Weltmission (AWM)

Die AWM unterstützt als rechtlich eigenständige Institution ggmbH die AEM (Arbeitsgemeinschaft Evangelikaler Missionen) in der Aus- und Weiterbildung von Missionaren.

TRAINING

In Seminarwochen mit mehreren, zeitgleich stattfindenden Seminaren werden aktuelle Themen aufgegriffen, um den Horizont von Missionaren im interkulturellen Dienst zu weiten.

STUDIUM

In Kooperation mit Columbia International University, South Carolina, werden ein Zertifikatsprogramm, vier komplette Master-of-Arts-Studiengänge (MA) sowie ein Postgraduiertenstudium in Internationaler Theologischer Ausbildung (ITE) angeboten. Im Rahmen des Masterstudiengangs unterrichtet der Autor des Buches Dr. Eide Schwing als Gastdozent regelmäßig Kurse in „Coaching für Kleingruppensysteme" und „Prinzipien der Gemeindegründung". Nähere Informationen sind über die Internetseite der AWM (www.awm-korntal.de) erhältlich.

MEDIEN

In der **KORNTALER REIHE** veröffentlichen wir missionstheologische Fachbeiträge. Bisher sind erschienen:

Motivation der Generation X, Jürg Pfister, 2003, Korntaler Reihe Bd. 1,
VTR, Pb., 128 S., 12,80 €, ISBN 978-3-933372-64-2

Missionsgeschichte Deutschlands, Klaus Wetzel, 2005, Korntaler Reihe Bd. 2,
VTR, Pb, 125 S., 12,80 €, ISBN 978-3-937965-18-5

Die Beschneidung des Sundanesen, Friedemann Knödler, 2006, Korntaler Reihe Bd. 3,
VTR, Pb, 109 S., 11,80 €, ISBN 978-3-937965-52-9

Bevölkerungsentwicklung und Mission, Klaus Wetzel, 2006, Korntaler Reihe Bd. 4,
VTR, Pb, 252 S., 25,80 €, ISBN 978-3-937965-47-5

Transformierender Glaube, erneuerte Kultur, sozioökonomische Entwicklung,
Andreas Kusch (Hg.), 2009, Korntaler Reihe Bd. 5,
VTR, Pb, 383 S., 29,80 €, ISBN 978-3-937965-78-9

Heilung durch Gebet, Heilungsverständnis und Heilungspraxis im weltweiten Kontext,
Andreas Kusch, Jürgen Kuberski und Roland Scharfenberg, 2009, Korntaler Reihe Bd. 6,
VTR, Pb, 112 S., 11,80 €, ISBN 978-3-941750-13-5

Gemeindegründung praktisch, Eide Schwing, 2010, Korntaler Reihe Bd. 7
VTR, Pb, 242 S., 19,95 €, ISBN 978-3-941750-29-6

Kirchengeschichte Asiens, Klaus Wetzel, 2010, Korntaler Reihe Bd. 8
VTR, Pb, 678 S., 49,80 €, ISBN 978-3-941750-25-8

KONTAKT

Akademie für Weltmission Korntal ggmbH
Hindenburgstr. 36
70825 Korntal-Münchingen
Deutschland
www.awm-korntal.de

www.ingramcontent.com/pod-product-compliance
Lightning Source LLC
Chambersburg PA
CBHW071432150426
43191CB00008B/1103